Das Buch

Richtiges Englisch? Verdammt schwierig. Millionen Deutsche geben sich für ihr Sprachkönnen eine gute Note, doch selbst die Besten machen Fehler. Humorvoll und geistreich bringt der Autor der erfolgreichen SPIEGEL ONLINE-Kolumne »Fluent English« Licht ins Dickicht der deutsch-englischen Sprachverwirrung.

»I know what you mean.« Spätestens wenn Sie diesen freundlichen Satz von Ihrem englischen oder amerikanischen Gesprächspartner hören, ahnen Sie vielleicht, dass Sie für einen unfreiwillig komischen Moment im englisch-deutschen Sprachaustausch gesorgt haben. Zum Beispiel, wenn Sie beim Eisverkäufer »two ice balls« bestellt, die Kollegen über den »beamer in the conference room« informiert oder sich über eine »genial idea« gefreut haben. But don't make you worries! In 23 Kapiteln erzählt Peter Littger unterhaltsame und nützliche Geschichten von unserem »English made in Germany« und hilft typische Fallstricke in unserem Alltagsenglisch aufzudecken und Missverständnisse zu vermeiden. »The devil lies in the detail« – it's a handy companion for those wanting to improve their English.

Der Autor

Peter Littger, geboren 1973 in Aachen, verbrachte einen Teil seiner Schulzeit in einem englischen Internat. Er studierte Geschichte, Volkswirtschaft und Nordamerikawissenschaften in Berlin sowie Soziologie, Literatur und Medienökonomie an der London School of Economics. Er war Redakteur der *Zeit*, Gründungsredakteur des Magazins *Cicero* sowie in verschiedenen Positionen im Verlag Gruner+Jahr. Heute ist Peter Littger als Berater für Medieninhalte in vielen Ländern tätig. Er war Beauftragter des Auswärtigen Amts für deutsch-britische Jugendbeziehungen und ist Vorsitzender der 1911 gegründeten King Edward VII. British-German Foundation. Seit 2013 schreibt er für SPIEGEL ONLINE die Sprachkolumne »Fluent English«.

Ihr Beitrag

Wenn auch Sie lustige oder lehrreiche Erlebnisse mit der englischen Sprache gemacht haben und mit dem Autor teilen wollen, schreiben Sie ihm an fluentenglish@littger.com.
Mehr zum Thema hier: www.littger.com/fluentenglish.

KiWi
1413

PETER LITTGER

The devil lies in the detail

Lustiges und Lehrreiches
über unsere
Lieblingsfremdsprache

Kiepenheuer & Witsch

MIX
Papier aus verantwor-
tungsvollen Quellen
FSC® C083411

Verlag Kiepenheuer & Witsch, FSC® N001512

4. Auflage 2015

Umschlaggestaltung: Barbara Thoben, Köln
Umschlagmotiv: © rdnzl – Fotolia.com
Gesetzt aus der Scala
Satz: Buch-Werkstatt GmbH, Bad Aibling
Druck und Bindung: CPI books GmbH, Leck
ISBN 978-3-462-04703-5

Für Johanna

Inhalt

Der Telefonjoker

1. Kapitel

*Für ganz alltägliche Situationen, und vor allem für die brenz-
ligen, zahlt es sich aus, einen Telefonjoker zu haben, den man
immer anrufen kann. Er kann sogar helfen, die richtige Eis-
creme zu bestellen und ist besser als jede Wörterbuch-App.
Meiner heißt Richard.*

Vergangenen Sommer beobachtete ich im (für mich vollkommen unaussprechlichen) walisischen Seebad Aber-
ystwyth eine ältere deutsche Touristin. Sie stand vor einer
Eisbude und fragte: »Can I have two ice balls?« Nein, sie
war sogar freundlich, wie es sich gehört, und sagte: »Can
I please have two ice balls?«

Ich hatte zuvor bemerkt – I had noticed –, dass sie mit
ihrem Mann Deutsch sprach. Beide schienen etwas ge-
langweilt zu sein – they both seemed somewhat bored.
Nun brachte sie den Eisverkäufer zum Lachen – he burst
out laughing: »My ice balls are not for sale, Ma'am!« Das
bedeutete, ganz im Ernst – all jesting aside: »Meine geeis-
ten Hoden verkaufe ich nicht, gnädige Frau!«

Ob die Dame den Scherz verstanden hat, weiß ich natürlich nicht, ich habe sie nicht gefragt. Auf jeden Fall hatte
sie mit ihrer Frage allen Anlass zu dieser zweideutigen
Anspielung gegeben – man nennt sie »sexual innuendo«,
kurz »innuendo«. Oder »nudge nudge wink wink«. (Ein
Zitat aus einem Sketch von »Monty Python«, den Sie sich
bei YouTube einmal ansehen sollten).

Hätte unsere deutsche Touristin in Wales »two scoops

of ice-cream« gesagt, wäre ihre Bestellung keine Erwähnung wert gewesen – her order wouldn't have been worth
a mention.

Immerhin hatte sie der Eisverkäufer angesprochen wie
eine Dame: »Ma'am«. Das in den USA eher gebräuchliche »Madam« ziert sich im Vereinigten Königreich nicht.
Es ist sogar eine Beleidigung, weil es eigentlich »Puffmut-
ter« bedeutet. Und diesen Anschein machte die deutsche
Touristin wahrlich nicht.

Feine Damen werden also mit »Ma'am« (*Mäm* oder/
und in den USA: *Mahm*) gerufen (eine albern-eiserne Regel im britischen Englisch sagt, es müsse sich auf »ham«,
also *häm*, reimen), wenngleich die allerhöchsten Stände
zuerst einmal mit ihren Titeln (Your Majesty, Your Lady-
ship etc.) adressiert werden, und dann für den Rest der
Unterhaltung Ma'am folgt. Aber das alles führt hier viel
zu weit.

Natürlich verstand der Eisverkäufer, was die Dame aus
Deutschland wollte, und er brachte ihre Bestellung in ver-
söhnlich-freundlichem Ton auf die nächste Schwierig-
keitsstufe: »What would you like?«

Herrgott, was heißt denn jetzt noch mal Vanille, Pista-
zie, Zitrone? Oder gar Brombeere, Johannisbeere? Und
wie sagt man »im Becher« oder »in der Waffel«, »mit
Sahne« und »mit Streuseln«? Die neuen Herausforde-
rungen waren der Eishungrigen anzusehen.

Was in solchen Situationen helfen kann, ist ein Hoch-
geschwindigkeitsnetz und eine Wörterbuch-App, am besten eine, die auf Sprechbefehle hört. Aber so etwas nutzt
man im Ausland ja meistens nicht, schon weil die not-

wendige Verbindung ins Internet zu viel Geld kostet. Außerdem lassen derlei mobile Geräte – gadgets – ihre Benutzer in freier Wildbahn und vor Eisbuden dastehen wie verirrte Käpt'n Kirks – like someone totally misplaced from outer space. Andererseits ließe sich eben vieles sehr leicht abfragen:

Vanille	vanilla (einfach! Aussprache *wah-nilla*); hier kommt auch oft das Angebot »frozen custard« ins Spiel: die Eisvariante einer speziellen Vanillecreme, die vor allem in den USA und Großbritannien verbreitet ist. (Franzosen sprechen deshalb von der »crème anglaise«.)
Pistazie	pistachio (*pistascho*)
Zitrone	lemon
Brombeere	blackberry
Johannisbeere	currant (nicht »cassis« – heißt zwar unter Gärtnern auch schwarze Johannisbeere, ist aber außerhalb von Gärten der Schnaps daraus)
in der Waffel	a cornet please (»Hörnchen«, ist eher britisch); cone; wafer
im Becher	a sundae please (wie der Sonntag: *sann-däy*)
am Stiel	an ice lolly (oder iced lolly; in den USA: popsicle, ausgesprochen: *popsi-kl*)
mit Sahne	with cream please
Streusel	with flakes, brittle, granules please; topping (eher Glasur); crumble, streusel (eher auf Kuchen)

Dass der Streusel in der englischsprachigen Welt ungefähr so viele Bedeutungen hat wie der Schnee bei den Eskimos, war mir früher nie aufgefallen. Ob es noch mehr sind? Spätestens hier wäre es gut, jemanden dabeizuhaben, der weiß, wie Streusel schmecken und wie man sie bestellt. Keine Maschine, sondern einen Menschen, der einem einen Rat geben kann, wenn man mit dem eigenen Englisch oder mit einer App nicht mehr weiterkommt – someone who can help out with the right word. Jemanden, den man anrufen darf und der im richtigen Moment abhebt.

Ich kenne zum Glück so jemanden. Er heißt Richard. Mit ihm könnte ich zum Millionär werden, würde Günther Jauch endlich eine Spezialsendung für Englischkenntnisse machen. Mit Richard im Hintergrund fühle ich mich sicher. In that sort of quiz show, Richard would be my trump card. With him, I feel safe. He could stand in as a proper phone-a-friend lifeline. (So heißt der Telefonjoker in der Fernsehsendung »Who Wants to Be a Millionaire?«, dem Original von Jauchs Ratespiel.)

Die deutsche Touristin in Wales hatte weder das eine – ein Sprechtaschentelefonwörterbuch – noch das andere: den Telefonjoker. So ist es nur der Geschäftstüchtigkeit des Eisverkäufers zu verdanken, dass sie am Ende mit zwei Kugeln Vanille und einem Schokoladenüberguss abgespeist wurde, obwohl sie eigentlich zwei Kugeln Stracciatella wollte, wie sie recht ausführlich ihrem Mann erklärte – der erneut gar nicht lachte.

Mir wäre das bestimmt nicht passiert! Schließlich habe ich Richard, mein wandelndes Wörterbuch – a kind of walking dictionary. Obwohl es mich natürlich frustriert, dass er selbst noch nie etwas gefragt hat, denn er spricht tadellos Deutsch. Das macht unsere Beziehung etwas einseitig – in this regard, it's a one-sided relationship. Somewhat frustrating. Is my English really so much worse than his German? Oder bin ich einfach zu ehrgeizig? Am I overambitious, should I relax more?

Vor allem wer britisches Englisch mag, weiß Richard zu schätzen: Er klingt wie ein Sprecher des »Radio Four Today«-Programms der BBC – was kein Wunder ist, denn dort hat er früher gearbeitet. Heute leitet er eine Redaktion des TV-Senders ITV in London. Das hält mich nicht davon ab, ihn immer wieder anzurufen, sodass ich mein Leben quasi bilingual führen kann:

Ich: Richard, wie heißt der Mittelstreifen auf der Autobahn?
Richard: Central reservation.
Ich: Richard, was ist eine Gratwanderung?
Richard: Balancing act, or tightrope walk.
Ich: Richard, wie schreibt man: Zahlungsziel: 30 Tage?
Richard: Payment terms: 30 days.

Ohne Richard wäre ich aufgeschmissen. In all honesty, without him I'd be lost.

Und dann neulich, plötzlich, rief er mich an. Eventually, I got a call from him. Er reiste gerade durch Süddeutschland, und wir plauderten ein wenig über Städte, die fast keiner kennt, obwohl sie zu den schönsten zählen: Dinkelsbühl, Rottweil, Meersburg. Dann der Moment, auf den ich immer heimlich gewartet hatte. Richards erste Frage!

»Peter, what's that green shit: Waldmeister?«

Ich muss hier erklären, dass er »shit« anerkennend meinte, in einer Art Anwandlung von Jugendlichkeit – in a somewhat juvenile mood. Ich nehme an, ihm hat der Waldmeister geschmeckt und an früher erinnert. Doch diesen nun zu übersetzen? Seine erste Frage drohte eine Blamage für mich zu werden – an impending humiliation. Ich dachte nach. Mein Telefonjoker war gerade nicht erreichbar, ich sprach ja mit ihm.

Rein botanisch ist Waldmeister »woodruff«. Doch dann fiel mir ein, dass schon Werner Lansburgh in seinem herrlichen Buch »Dear Doosie« erklärt hatte, dass es sich bei Waldmeister schlicht um Farbstoff – artificial colouring – handelt (zum Beispiel in der Version von Dr. Oetker). Anders gesagt: dass es für dieses »unsäglich zarte, waldschattig scheu und gleichwohl schillernd zitternde Grün« einfach keine adäquate Übersetzung gibt. Es bleibt also »Waldmeister«.

I am very sorry, Richard! Werner Lansburgh was quite right in pointing out: »Auch Wörter haben eine Seele.« Und das deutsche »Waldwunderwort« hat sie allemal! Hat es dir denn geschmeckt? Did you like the green shit?

Yes, it was an excellent ice-cream, he replied. In a wafer with streusel.

Thank you, Richard. We got off to a good start!

101 teuflische Patzer

aids – ist kein schönes Wort, um eine Liste typischer Patzer anzuführen. Es muss aber sein, da es einen Plural von »aid« (»Hilfe«) nicht gibt. »Aids« ist also ausschließlich eine Krankheit – rein sprachlich gesehen leider auch eine deutsche. Denn immer wieder hört man zum Beispiel die direkte Übersetzung von »Staatshilfen« (würde auch im Deutschen in der Einzahl genügen): »We got state aids.« Oder noch furchtbarer: »We got public aids.«

to answer to a question – ist eine unenglische Art, auf Fragen zu antworten. Keine Frage: Das ist nicht unverständlich. Aber es ist in englischen Ohren holperig, denn gängig ist es, die Präposition »to« wegzulassen und einfach »answer your question« zu sagen. Wahre Konfusion stiftet das falsch verwendete Hilfsverb »will« (siehe unten), das nicht »wollen«, sondern »in Zukunft machen« bedeutet und den Satz zum Ungetüm macht: »I will answer to your question.« Wann? Morgen? Nächstes Jahr? Weil längst nicht nur wir Deutsche, sondern auch viele andere Europäer solche Missverständnisse erzeugen, warnt Michael Skapinker von der *Financial Times*: »Are we witnessing the development of a new English dialect?« Er nennt diesen Dialekt »Eurish«.

anxious – hätte in dieser Liste als erstes Wort einen angemessenen Platz! Schließlich bin ich darauf erpicht, dass Sie diese Fehlerliste nicht »ängstigt«. In beiden Fällen könnte man im Englischen das Adjektiv »anxious« verwenden. Den feinen Unterschied machen – wie so oft – die Präpositionen: »I am anxious to learn this list« = »Ich bin bestrebt, diese Liste zu lernen«. »I am anxious about (reading) this list« =

»Mich ängstigt die Liste«. »Anxious« wird von uns Deutschen häufiger falsch verstanden als verwendet, weil sich die meisten nur der Bedeutung »ängstlich« bewusst sind. Ich bin hingegen erpicht darauf, Ihnen die positive Seite des Wortes nahezubringen – I am anxious for you to learn the positive meaning of the word.

backside – ist keine Rückseite! Nicht von einem Haus (»rear«), nicht von einem Papier (»back page«, »flipside«, »verso«). Es ist nicht mal im übertragenen Sinn eine Kehrseite (»verso«, »flipside«) oder ein Nachteil (»downside«). Nein, es ist auch nicht unsere Rücksicht, sodass man es tunlichst vermeiden sollte, andere zu bitten: »Please take more backside.« (Korrekt: »Please be more considerate.«) »Backside« ist einzig und allein die Rückseite eines Menschen, und die heißt bei uns zum Beispiel »Hintern«.

to become – stellt einen großen Klassiker unter deutschen Patzern dar: Immer wieder gerne gehört (und zitiert): »Where can I become a water?« = »Wo werde ich zum Wasser?« Mein Favorit: »Where can I become a ticket?« (Selbst-) Verständlich fragt man: »Where can/do/may I get/find/buy a ticket?«

billion – bedeutet »Milliarde«, also tausendmal weniger als unsere Billion. Diese wiederum heißt »trillion«, während unsere Trillion eine »quintillion« ist.

branch – ist leider nicht die gängige Übersetzung für die Branche, in der Sie arbeiten. Man spricht von »industry« oder »sector«: »I am in the consumer goods industry« oder »I am in the health sector«. »Branch« ist in unserer Zivilisation die Filiale eines Unternehmens und in der Natur der Ast eines Baums.

but you ... – eignet sich nicht als Satzbeginn, wird aber von vielen Deutschen immer wieder verwendet. Manche Sprecher neigen sogar dazu, ihr Gegenüber mit dem Zeigefinger dabei förmlich aufzuspießen: »But you said something different!« Doch damit nicht genug: Häufig kommt es zu einer maschinengewehrartigen Wiederholung: »But you ... but you ... but you ...« Das erinnert mich an das unbeholfene, so genannte Oxford-Stottern mancher Briten (»the ... the ... the ...«). Alles in allem ist »but you ...« eine für britische Ohren äußerst unfreundliche Art ins Gespräch einzusteigen, die uns etwas verbissen und zugleich wehleidig wirken lässt.

calendar – muss oft als »diary« (*daia-ri*) herhalten, vielleicht auch, weil die Gefahr besteht, dass wir den Kalender mit Milchprodukten (»dairy«, *däh-ri*) verwechseln. Auf jeden Fall ist es generell unüblich von »calendar« zu sprechen, wenn man sich verabredet. Wer wissen möchte: »Was sagt Ihr Kalender?«, fragt: »What does your diary say?« Und wer bestätigen möchte, dass ein Termin eingetragen ist, sagt: »The appointment is penciled in.« Und wer dann doch keine Zeit hat, sagt: »Can you please put off/postpone/reschedule our meeting?«

chef – ist nicht der Chef, sondern der »Koch« oder »Chefkoch«. Gelegentlich nennen wir den Vorgesetzten auch »chief«, was ihn einfach so zum Indianeroberhaupt macht und höchstens in Verbindung mit einer genaueren Berufsbezeichnung zum Oberchef, zum Beispiel »chief data officer« oder auch »editor-in-chief«. Am besten nennen Sie Ihren Boss »boss«, dann ist die Welt in Ordnung. Er darf Sie sogar herumbossen. Denn das ist seine Aufgabe, selbst wenn das nervt. Hauptsache, er kocht nicht!

congratulations – wird von Deutschen ständig benutzt, um anderen zum Geburtstag zu gratulieren. Doch so undankbar das wirkt, der Jubilar wird es nicht so verstehen wie wir, sondern irgendwie anders, zum Beispiel: »Prima, dass du schon so alt bist und du so lange durchgehalten hast. Ich gratuliere dazu.« Dabei wollen wir sagen: »Auf dass du noch viele Geburtstage hast und dass das nicht dein letzter bleibt.« Im Englischen muss man genau das machen: »Many happy returns!« Oder einfach: »many returns!« Vergessen Sie »congratulations«!

consequent – ist ein riskantes Adjektiv für alle Reiter des folgenden Prinzips: »Wer A sagt, muss auch B sagen.« Denn wer diese Art der Konsequenz in seinem Leben sucht, muss im Englischen ein wenig umdenken und – wenn überhaupt – »consistent« verwenden, um »konsequent« zu sagen (und das Adverb »consistently« für »konsequenterweise«). Zum Beispiel: »Ich bin ein konsequenter Nichtraucher« = »I don't smoke, consistently«. Das uns vertrautere »consequently« ist im Englischen ein Kausal- und Zeitadverb. Es bedeutet »infolgedessen«, »daraufhin«, »hintereinander« oder ganz einfach »nachdem«. Konsequent richtig wäre es also zu sagen: »He said A and, consequently (anschließend), he said B.« Konsequent falsch wäre dagegen: »When he says A he also says B. In this he is very consequent.« Der Mensch ist keine zeitliche Abfolge von Ereignissen. Er kann deshalb (»as a consequence«) niemals »consequent« sein.

to cover up – bedeutet nicht »aufdecken«, sondern »zudecken«, »verschleiern« oder »überspielen«. Ein kosmetischer Abdeckstift ist zum Beispiel ein »cover up stick« und ein professioneller Vertuscher wäre ein »cover up specialist«, was wiederum nicht »verdeckter Ermittler« bedeutet, denn der ist ein »undercover agent«. Nun verwechseln wir »cover up« häufig mit dem Gegenteil, und das führt dann zum nächsten

Problem: Was heißt denn nun »aufdecken«? Ganz einfach: »to uncover« oder »to disclose« oder »to show up«, wobei letzteres auch »aufkreuzen« bedeutet. Und wer den Tisch aufdeckt, sagt: »I am setting/laying the table.«

critic – bedeutet nicht »kritisch«, sondern »Kritiker«. Doch was hilft Ihnen das? Bloß weil Sie ab und zu kritisch sind, verfassen Sie nicht regelmäßig kritische »reviews«, auch »critiques« genannt. Was Sie jetzt brauchen, ist die richtige Selbstbeschreibung. Stufe 1: »kritisch« = »critical«. Das ist etwas steif. Stufe 2: »questioning« oder »fault-finding«. Das ist zu besserwisserisch. Stufe 3: »discerning«. Das ist es!

crochet – ist nicht das englische Rasenspiel, in dem farbige Bälle mit knüppelartigen Schlägern (»mallets«) durch Drahttörchen (»hoops«) geschlagen werden müssen. Das schreibt man »croquet« und spricht es *krou-keh*. Auch ist es keine Kartoffelkrokette, die im Englischen »croquette« geschrieben und *krou-kett* ausgesprochen wird. Und selbstredend ist »crochet« nicht das Rasenspiel des Commonwealth, das »Cricket« oder bei uns auch »Kricket« heißt und dem Baseball ähnelt. Nein, »crochet« bedeutet Häkeln. Es wird *krou-scheh* gesprochen und von allzu vielen Deutschen immer wieder mit »croquet«, »croquettes« oder »cricket« verwechselt – und umgekehrt! »Crochet bikini« ist ein Häkelbikini. »Crochet blanket« ist eine Häkeldecke. Und »crochet gloves« sind gehäkelte Handschuhe.

desert – ist keine Nachspeise. Sondern die Wüste! Wird aber von Deutschen oft für die Nachspeise gehalten. Jedenfalls hört man immer wieder die Frage: »How is your desert?« *(Hausjor dässäd?)* Das liegt ganz einfach daran, dass die englische Nachspeise »dessert« geschrieben und *die-söht* ausgesprochen wird. Im Deutschen würden wir das »e« vor einem doppelten »s« niemals betonen. Doch das genau müssen Sie hier machen, um richtig verstanden zu werden: *Mai die-söht s'äxälänt!* Oder Sie bestellen und genießen in Zukunft zur Sicherheit auf die feine britische Art und nennen Ihren Nachtisch fortan »pudding«. (Aber Vorsicht: Nicht mit »black pudding« verwechseln! Das ist die Blutwurst.)

differentiated – ist eines dieser hochgestochenen Worte, mit dem Sie im Englischen hoch danebenstechen, weil es niemand versteht. Wollen Sie wirklich etwas als »differenziert« beschreiben, sagen Sie je nach Anlass und Thema zum Beispiel »considered«, »discerning« (siehe oben: »critic«), »sophisticated« oder »thoughtful«.

digitalisation – ist ein klassischer Patzer unter Innovationsbesessenen. Sie machen es sich damit unnötig schwer, da Sie sich mit einem Wort verhaspeln, das im Englischen so gut wie nie verwendet wird. Man sagt: »digitisation«.

to do an intern – heißt schlicht, mit jemandem Sex zu haben, der Praktikant ist. Da »Gym« wie der männliche Vorname »Jim« klingt, sorgt es auch für Verwirrung, wenn man am Telefon mitteilt: »I am doing Gym.« Vor allem für durchschnittliche US-amerikanische Ohren ist das eine Spur zu jovial! Dabei will man/frau ja bloß sagen, dass man/frau gerade an seinen/ihren Problemzonen arbeitet – was das Telefonieren sowieso ausschließen sollte ...

eventual – ist eine häufige Quelle für Missverständnisse. Wir sagen gerne: »Eventually, I miss the appointment.« Doch anstatt »eventuell« bedeutet es »schließlich« oder »am Ende«, sodass die anderen verstehen: »Ich werde die Verabredung auf jeden Fall verpassen.« Es ist dem falsch verwendeten »actual« ähnlich, das in dieser Liste allerdings nicht einzeln aufgeführt wird, weil es »actually« (»eigentlich«)

keine größeren Missverständnisse erzeugt, selbst wenn es der deutsche Sprecher gerne mit »aktuell« (»current«, »latest« oder »up to date«) verwechselt. »Actual« heißt »derzeitig«, »vorliegend«, »zur Zeit gültig« und verleiht »aktuellen Zahlen« (»actual figures«) eine andere Nuance, aber verfälscht die Aussage am Ende (»eventually«) nicht dramatisch.

please excuse myself – entspricht nicht der feinen englischen Art, sich zu entschuldigen. »Excuse me« ist korrekt, aber nicht mehr als eine Floskel, die man übrigens »cliché« nennt. Mit »excuse me« bitten Sie die anderen, etwas durchgehen zu lassen wie einen kleinen Rempler, den Sie im nächsten Moment vielleicht wiederholen. Es hat einen abgenutzten Charakter, so wie »sorry«. Sollte man wirklich Mist gebaut haben und sich ernsthaft auf Englisch entschuldigen müssen, ist das jedenfalls gar nicht so einfach, weil man zuerst durch ein Dickicht sorry-artiger Floskeln hindurchmuss. Auf Nummer Sicher gehen Sie mit dem Satz: »May I apologise?«. Oder nicht als Frage: »Please accept my apologies.« Granted.

fantasy – ist vielleicht die schönste aller Fantasien, aber meistens nicht diejenige, die der Lehrer einfordert, wenn er sagt: »Streng bitte deine Fantasie an!« Immer dann, wenn »Vorstellungskraft« gemeint ist, spricht man von »imagination«. So könnte etwa der Satz »Mir fehlt die Fantasie, wie wir das Problem lösen können« folgendermaßen übersetzt werden: »I don't have enough imagination for us to tackle the issue.« Oder einfacher: »I cannot imagine a solution.«

to finish off – wird von manchen für die Beendigung einer Tätigkeit gehalten, bedeutet aber leider »abmurksen«. Ohne das Wörtchen »off« würde es funktionieren: »I finished at three (o'clock).« Es gibt sehr viele Varianten, um dasselbe zu sagen, zum Beispiel: »I completed work«, »We ended work«, »He concluded work«. Oder: »Let's bring this paragraph to an end.« Done!

fire – ist nicht das Feuer, das Ihnen andere mit einem Feuerzeug reichen. Wer nur ein Streichholz oder »mal Feuer« braucht, fragt: »Do you have a light?« Wer hingegen ein Feuer legen möchte, liegt mit »fire« ganz richtig (»to set fire to« oder »to set on fire«). Manchmal geht es bei »fire« aber auch um das Feuer der Liebe: Wir erinnern uns an das Lied der »Doors«: »Light My Fire.« Oder an Bruce Springsteens »I'm On Fire«. Ach ja, und dann gibt es noch die direkte Aufforderung »Schieß los!«: »Fire away!«

2. Kapitel

Der Englisch-Patient
Gesundheit I

Verreisen Sie nie ohne einen gut sortierten Erste-Hilfe-Wort-schatz! Denn wenn Sie erst einmal verletzt sind, haben Sie be-stimmt keine Nerven, Ihre Wörterbuch-App zu bedienen und Ihr Telefon zu suchen.

Reiselustige Menschen beschäftigt gelegentlich die Frage, wie sie sich eigentlich mit Ärzten verständigen sollen, deren Sprache sie nicht sprechen – people who are fond of travelling wonder at times how they should make themselves understood when dealing with physicians whose language they don't speak.

Ich habe mir diese Frage leider nie gestellt – unfortunately, I have never asked myself this question. Bis ich im vergangenen Sommer mit meinem ältesten Sohn in New York war, wo wir uns plötzlich in der Notaufnahme eines Krankenhauses wiederfanden! Perhaps I should add that the emergency room is never far away when touring with a kid!

Es begann bei Toys"R"Us am Times Square. Mein Sohn fand den Spielzeugtempel so langweilig, dass er andauernd die Rolltreppe in die falsche Richtung hinauflief. Bis er hinfiel und sich das Schienbein aufschlug – he cut his shin while going up the escalator the wrong way.

Kleinlaut sagte er »Aua« – I heard him saying »ouch« sheepishly. Sein Gesicht war schmerzverzerrt – pain contorted his face –, und das Blut lief in seine Schuhe – his shoes were covered with blood.

23

»Mein Fuß ist so heiß, und das Bein sticht und pocht und kribbelt«, sagte er verzweifelt. »Und es zieht in den Fuß.« He said it with an obvious air of despair. Und dann fragte er mich noch verzweifelter: »Weißt du, wie man das auf Englisch sagt?«

Ich konnte ihm seine Verzweiflung leider nicht nehmen – I wasn't able to alleviate his desperation. Denn ich antwortete: »Nein!«

Da guckte er verdutzt. »Papa, du schreibst ein Buch über Englisch, aber das weißt du nicht? Hast du denn wenigstens dein iPhone dabei?«

Keine Frage: Kinder, die im digitalen Zeitalter geboren sind, betrachten den digitalen Datenstrom als ständig verfügbares Hilfsmittel. Vor allem für Notlagen: Langeweile, Hunger (»Wo ist der nächste Supermarkt?«) und anscheinend auch Schmerz – so called »net natives« seem to believe that all their problems can be resolved by digital means.

Schlagartig wurde mir klar, wie schlecht ich auf so einen Moment vorbereitet war. Ich kramte in meinem Gedächtnis nach Worten und musste gleichzeitig an meinen mittlerweile verstorbenen Großvater denken. Er war im Jahr 1907 auf die Welt gekommen, genau hundert Jahre vor meinem Sohn, seinem Urenkel – he was born almost exactly one hundred years before his great-grandson. Und er hatte es ohne Online-Wörterbücher und Apps geschafft, 103 Jahre alt zu werden – he had accomplished a very long life without any of these online i-gizmos. Er gehörte einer Generation an, die recht passabel Französisch gelernt hatte, aber kein Englisch – like many in his generation he had picked up sound French, but no English. Trotzdem war er mit über neunzig Jahren noch in die USA gereist.

Wie die meisten Soldaten hat er selten über seine Erlebnisse im Zweiten Weltkrieg gesprochen. Aber ich erinnere mich, dass er mir als Kind einmal eine großväterliche Weisheit mitgab, die ich nie vergessen habe – a key takeaway I will always remember: Die Sprache sei das einzige Kapital eines Verwundeten. Mit ihr könne er Schmerzen leichter ertragen, Vertrauen zu Ärzten und Schwestern gewinnen und überhaupt verstehen, was passiert. Mein Sohn schien das gerade zu bestätigen: Sprachlosigkeit als äußerste Form der Krise!

»It tickles«, sagte ich vorsichtig. »Ich glaube, man sagt: it tickles.« Es bedeutet: Es kribbelt, es pikst und sticht. Doch es ist so ungenau, dass es zu wenig aussagt. Meinen Telefonjoker Richard konnte ich nicht anrufen. Er war in London, und dort war es sechs Uhr am Morgen. Also begann ich tatsächlich in meinen Jackentaschen nach meinem Telefon zu suchen. In der Hoffnung, dass der Akku nicht leer war ...

Inzwischen gaben sich die lieben Amerikaner um uns herum alle Mühe. Ein Dame von Toys"R"Us hatte längst den Rettungsdienst der New Yorker Feuerwehr alarmiert. Am Hinterausgang an der 44. Straße war schon ein Krankenwagen aufgekreuzt, der mit allen Lichtern blinkte und auf uns wartete – the ambulance had arrived and was blinking like a christmas tree. Alles wirkte, als wollten sie mit uns eine neue Folge von »Emergency Room« drehen – they seemingly made every effort to stage a new episode of that television series. Es war eine komische Situation: Wir saßen bei Toys"R"Us in der Ecke der Barbiepuppen und spielten die Hauptrollen in einer Episode, deren Text wir nicht kannten – we were starring in this episode but didn't know the script!

Ein Rettungssanitäter stellte sich vor: »Hi, I am John.« Er hatte eine rollende Liege dabei – a paramedic turned up with his stretcher. In America they call it »gurney«. Er fragte meinen Sohn: »Are you o. k.?« Der antwortete auf Deutsch »mittel« und wedelte mit der Hand. Es war eine lässige und originelle Reaktion, um aus der Sprachklemme herauszukommen! John wandte sich mir zu: »What does he feel? Any noticeable sensations?«

Wie sagt man denn nun »stechen« und »pochen« und »kribbeln« und »Es zieht in den Fuß«? Als Kölner ist es mir nicht fremd, über Schmerzen und Gefühle zu sprechen. Rheinländer kleiden ihre »Jeföhle« bekanntlich auch ohne Aufforderung in Worte: »Isch han Kopp-ping.« Und tatsächlich wirkt der Schmerz auf Kölsch, man sagt »Ping«, wie eine eigentümliche Kreuzung aus Chinesisch und Englisch.

Der Sanitäter John, der meine geistige Abwesenheit wohl bemerkt hatte – surely he had noticed my bemusement –, fragte noch einmal: »Is your boy alright? Any pang?«

Pang! Ein Wort wie ein Stromschlag! Ein plötzlicher Motivationsschub, der meinen Vokabelschatz reaktivierte, der tief in meinem Gedächtnis schlummerte – the word reactivated my memory. Es fuhr so tief in mich wie »pang«-Schmerzen manchmal fahren. Man sagt zum Beispiel: »It felt like a pang in my heart« – ein tiefer Schmerz im Herzen. Auch kann »pang« einen Seelen- und Gefühlsschmerz ausdrücken: »The memory of my uncle falling off the cliff came back to me with a pang.« Ich rate

Ihnen, »pang« auf der Stelle in Ihren aktiven englischen Wortschatz aufzunehmen!

Es schoss aus mir heraus – I fired away: »Yes, my son has a pang. His foot feels warm from inside. The shin prickles. And it's throbbing and tickling. And the pain is dragging into his foot.«

Mein Sohn schaute mich mit großen Augen an. Meine Ladehemmung – say: mental block – hatte ihn geängstigt. Jetzt lachte er wieder, und dass er sein Bein für einen Moment vergessen konnte, zeigte mir, dass es ihm nicht so schlecht ging. Doch eins war auch klar: Die Wunde musste genäht werden – the wound needed stitching – und das möglichst bald. Wir mussten also los – we had to get on with that episode: get going to the ER (noch einmal: ER = Emergency Room; mehr über gängige Abkürzungen erfahren Sie im Kapitel »OMG – ich finde das Klo nicht!«).

Doch zuerst musste ich noch ein Formular unterschreiben, das mir die Dame von Toys"R"Us unter die Nase hielt: »Disclaimer of liability« – Haftungsausschluss. Sie hatte sich in der Zwischenzeit die Videoaufzeichnungen der Rolltreppe angesehen: »Your boy went up the elevator the wrong way. That's not our fault. Please sign here.« Als hätten wir das nicht längst gewusst!

Die Fahrt im Krankenwagen dauerte länger als ich dachte. Es quietschten keine Reifen und die blauen, gelben und roten Leuchten des Wagens blieben auch aus. Waren wir kein Notfall mehr? Mein Sohn schlief auf der Trage ein, es sah gemütlich aus – his place on the stretcher looked extremely comfy.

Das war eine gute Gelegenheit, noch einmal über die besten Schmerzausdrücke nachzudenken und sie in einen

Erste-Hilfe-Koffer der Worte zu packen. Ohne ihn werde ich nie mehr verreisen!

It's prickling | it prickles | I have a prickling sensation – Es kribbelt. Auch: Es kratzt. (Sagen Sie »to scratch« nur, wenn Sie sich selber kratzen: »I scratch myself.« Wenn es im Hals kratzt, sagt man: »My throat feels rough.«)

I have got a numb feeling | sensation – Ich habe ein taubes Gefühl. Ähnlich wie: »I hardly feel anything.«

It's tingling | it tingles – Es kribbelt schon wieder. Diesmal geht es etwas mehr ins Kitzeln. Vielleicht, wenn eine Wunde heilt.

It's tickling | it tickles – Wenn es wirklich nur kitzelt.

It's like pins and needles – Und noch einmal: Ich spüre ein Kribbeln. Und wenn der Fuß einschläft: »I have got pins and needles in my foot.«

It's itching | it itches | itching sensation – Es juckt.

It's burning | it burns | burning sensation – Es brennt.

It's smarting | it smarts – Es brennt. Ähnlich wie »it's sore«: Es brennt, es ist wund.

It's biting | it bites – Es brennt.

It's throbbing | it throbs | throbbing sensation – Es pocht.

I've got sharp pain(s) – Ich habe einen stechenden Schmerz. Die Mehrzahl klingt besser. Aber sagen

Sie nicht »a pain«. Sie können auch »in pain« sein:
»I am in great pain.« (klingt schlimm!)

I've got dull pain(s) – Ich habe einen dumpfen Schmerz.

I've got nagging pain(s) – Ich habe einen bohrenden
Schmerz.

I've got dragging pain(s) – Ich habe ziehende Schmerzen.

It's piercing | I have got piercing pain(s) – Ich habe einen
stechenden/bohrenden Schmerz.

It's stinging | it stings | I have got stinging pain(s) –
Ich habe einen stechenden, beißenden Schmerz.

Ich erinnere mich daran, dass ich mir vor Jahren einmal
die Bänder und den Fuß verletzt hatte. Wenn man sich
aussuchen könnte, wo man sich verletzt, würde ich immer Neuseeland wählen! Nicht nur, dass die Versorgung
ausgezeichnet ist. Das dortige Gesundheitssystem über-
nimmt auch alle Kosten – it's an excellent place to seek
medical treatment as they bear all costs. Oder wie man
sich in den Kneipen von Neuseeland zuruft: »It's my
shout!« Ich zahl die Runde! In den Krankenhäusern machen sie das auch. In den USA leider nicht!

Ich lernte damals eine Menge Vokabeln rund um meine
Beine und ihre Bänder – the ligaments. Die Kreuzbänder
im Knie sind »crucial ligaments«. Bänder zu stauchen
oder zu zerren, nennt man »ligament sprain« oder »a pul-
led ligament«. Eine Dehnung ist »a stretched ligament«
oder »strained ligaments«. (Be careful: Don't confuse the
terms »sprain« and »strain«!) Ein vollständiger Riss eines

Bandes ist »ligament rupture« oder lateinisch »desmorrhexis«. Dasselbe gilt für die Muskeln – the muscles.

Das Unangenehme in meinem Fall war der Kapselriss im Fuß. Im Deutschen ist das einfach gesagt. Im Englischen muss man etwas ausholen: »a laceration of the capsule«. Erspart blieb mir zum Glück ein Bruch: »fracture«. Zum Beispiel des Fußgelenks – the ankle. Die Handgelenke heißen »wrist«, der »Ellbogen« ist »elbow«. Alle anderen Gelenke werden als »joints« bezeichnet, etwa ein Fingergelenk: »knuckle joint«, ein Kniegelenk: »knee joint«, oder ein Hüftgelenk: »hip joint«. Und ein künstliches Hüftgelenk? It's an artificial hip joint. Und weil ich gerade dabei bin: Hier noch einige wichtige Stellen, die Sie sich verletzen könnten. Von oben nach unten:

Stirn	forehead
Hinterkopf	occiput; man spricht es *oksi-pod*.
Schlüsselbein	collar bone (»Kragenknochen«) Und da der Schlüssel auf Lateinisch »clavis« heißt, sagt man auch »clavicle«.
Unterarm	forearm (Und was bedeutet »underarm«? Das ist die Achselhöhle, aber die verletzen Sie sich bestimmt nicht.)
Sehnenscheidenentzündung	Jede Art der Sehnenscheidenentzündung ist »tendinitis« (Mir ist allerdings eine andere Bezeichnung in diesem Moment etwas geläufiger: »typewriter's cramp«.)
Rippe	rib

Leiste	groin. Einen Leistenbruch nennt man »hernia«.
Meniskus	meniscus
Schienbein	shin; der Knochen: »tibia«
Wadenbein	calf; der Knochen: »fibula«

Und was ist die Zivilisationskrankheit Nummer eins: der Bandscheibenvorfall? It's called »slipped disc«. In den USA mit dem seltenen »k«: »slipped disk«.

Der Rest unserer Geschichte in New York ist übrigens schnell erzählt: Nachdem wir im Mount Sinai Roosevelt Hospital aufgenommen worden waren, wurde mein Sohn zuerst geröntgt und später mit drei Stichen genäht – first we had to register, then my son was x-rayed and later he got three stiches in his shin. (Das man übrigens nicht mit dem »chin« verwechseln darf: dem Kinn. Die Aussprache: *schinn* und *tschinn*. Ähnlich wie Chicago und Schiwago.)

Before we were able to leave the spot, I had to pay $1,700. Unsere Versicherung erstattete die Summe – the insurance covered the amount. Wer glaubt, dass das teuer war, täuscht sich allerdings: Krankenwagenfahrt, Röntgen, Nähen und ein Kaffee – meine Oma hätte gesagt: Das summiert sich – it all mounts up! In other words: It wasn't hefty charges. It was reasonable – angemessen.

Und wo ich gerade von »charges« spreche – speaking of charges: Wer aus einem Krankenhaus entlassen werden will, fragt nicht: »When will I be freed/released/liberated?«. Das fragt man in Gefangenschaft! Die Zauberformel lautet: »When will I be discharged?« »Discharge« hat viele Bedeutungen, in der Sprache der Mediziner beschreibt es übrigens auch eine nässende Wunde: »a discharging wound«.

Aber dieses Problem hatten wir ja nun gebannt. Wir wurden entlassen. Mein Sohn konnte laufen, und so gingen wir für den Rest des Tages keine Rolltreppen mehr hoch oder runter, sondern zur Erholung von diesem kleinen Schock lieber einen Hamburger essen.

What would Otto Waalkes say?
Filserenglisch

Mal irren wir auf dem »woodway«, mal mieten wir »meat-wagen«, mal verballhornen wir Marken wie »Kentucky schreit ficken« – seit dreißig Jahren ist Filserenglisch eine Spezialität aus Deutschland. Schon Bundespräsident Richard von Weizsäcker hatte damit Spaß!

Ich kenne meinen Freund Axel seit den Achtzigerjahren, der ersten Hochphase des deutsch-englischen Kauderwelschs – I met him during the first heyday of German-English gibberish. Nur so kann ich erklären, dass er seine Heimatstadt Wuppertal heute noch »Wuppervalley« nennt.

Wenn ich Axel sehe, fragt einer von uns: »How goes it you?«

Und der andere antwortet: »Nice. You?«

Und wenn wir uns verabschieden, sagt Axel manchmal: »I wish you what.«

Dann antworte ich: »I you too. Armpit!«

Selbstverständlich ist das kein verkehrsübliches Englisch – it goes without saying that this is not standard English. Aber wir sind längst nicht die Einzigen, die so sprechen – Axel and I aren't alone in that regard. Kennen Sie zum Beispiel das Werbeposter der Berliner Stadtreinigung BSR, das zwei Müllmänner in ihren orangenen Anzügen zeigt? Der eine lehnte sich versonnen an den anderen und über den beiden stand: »We kehr for you.«

Neulich stieß Florian zu uns, ein alter Bekannter aus Wuppervalley. Er teilte uns mit: »I now live in intestinal city.« Wir dachten kurz nach. Ha, klar: Darmstadt!

Briten oder Amerikaner, die so etwas lesen, verstehen nur Bahnhof. It requires a decent command of German to get the essence of that nonsense – nur wer Deutsch spricht, versteht den Quatsch.

Doch was soll's! Axel und ich sind ja unter uns – that's just between the two of us! Warum sollten wir also Rücksicht darauf nehmen, ob uns gemeine Amerikaner oder Briten verstehen? Wer sich in verständlichem Englisch verabschieden will, sagt: »Take ist easy«, »Take care« oder »Have a good one«. Und antwortet dann: »And you.« Doch solche stinknormalen Sätze machen weniger Spaß.

Machen wir uns nichts vor – let's face it: Unsere Pubertät fiel in eine schwierige Zeit für jeden, der ein tadelloses Englisch lernen wollte – our formative years were not blessed with the best learning conditions for flawless English. Schließlich sind Axel, Florian und ich die Kinder von Otto Waalkes, der vor ungefähr dreißig Jahren »English for Runaways« unterrichtete – it was thirty years ago when we were taught by Otto Waalkes how to speak German and make it sound like English.

Unter Komikern wurde das Spaßenglisch daraufhin zur Tradition. Zehn Jahre später war zum Beispiel die Sendung »RTL Samstag Nacht« voll davon. Ich erinnere mich an »Kentucky schreit ficken« von Stefan Jürgens und Olli Dittrich – because jokes about »Kentucky Fried Chicken« wouldn't have been just as spaßig!

Auch heute muss ich sehr oft an Otto Waalkes denken.

Zum Beispiel wenn ich Werbung sehe. Nur ein Beispiel von sehr vielen: Die Autovermietung »Starcar«, ein sogenannter Billiganbieter – a low-cost rental car company –, bezeichnet ihre Fahrzeuge als »Meatwagen« und schreibt dazu die Zeile: »Billige Jokes – billige Autos.« What would Otto Waalkes say? Wahrscheinlich genau das!

Doch Waalkes, der Witzbold aus Emden, war längst nicht der einzige Pionier denglischer Sprachkultur. Die Menschen, die in den Achtzigern etwas älter waren als Axel und ich, amüsierten sich über die »Filserbriefe« in der *Süddeutschen Zeitung*. Sie enthielten Alltagsbetrachtungen einer Journalistin namens Gisela Daum, die frei nach ihrer deutschen Schnauze an einen gewissen Peter in London schrieb. Dafür plünderte sie den englischen Wortschatz und drehte ihn durch den Fleischwolf. Hinten heraus kam ein Haufen Sprachhack aus deutschen Sätzen und Redewendungen mit englischem Vokabular und Klang: »Sorry, that I fall so with the door in the house.« Oder: »Here comes me an idea.«

Gisela mangled English and German in such a brutal manner that the result was truly bloody. It consisted of German syntax and idioms and English vocabulary and sound, such as: »You are on the woodway.« Another example: »That makes overhead nothing out.«

Genau dieser Kauderwelsch ist der Urtext der Späße, die Axel und ich und viele andere Deutsche heute noch treiben – exactly this gibberish is the urtext for our pranks.

Es waren übrigens zwei in Deutschland stationierte britische Soldaten, die 1986 die Filser-Hymne sangen.

Sie nannten sich »Bruce & Bongo«, und ihr Gassenhauer »Geil« wurde viele Woche im Radio gespielt und der ganzen Welt auf MTV gezeigt. Wir alle nervten unsere Eltern mit dem Refrain:

»Boris ist geil.
Affen sind geil.
Everbody's geil, g-g-g-g-geil.«

Doch was hat uns eigentlich damals wie heute so am Filserenglisch »beghostered« – what has made us Germans so excited about Filserenglisch? Here is what I think: Zunächst einmal konnten wir über den Unsinn besonders laut lachen, weil wir ihn verstanden. Es war leicht, ihn nachzumachen – first of all we enjoyed the fact we got it. Hence, we were able to replicate it easily. Und weil uns Gisela Daum regelmäßig, manchmal wöchentlich, mit ihrem deutsch-englischen Hack versorgte, hatten die Deutschen auf Partys oder im Büro immer neues Kauderwelsch auf Lager. Also we benefitted very much from Gisela's effort to serve us on a regular basis with her German-English mishmash, so that there was always a lot to tell at parties or in the office. No surprise that readers bombarded Gisela with their letters – manchmal konnte sie sich vor Leserbriefen nicht retten.

Überhaupt: Dass Filserenglisch in den Achtzigerjahren entstand, ist kein Zufall. Der Spaß erforderte schließlich ein Mindestmaß an Englischkenntnissen – it wasn't a coincidence that Filserenglish kicked off in the eigthies for it required a basic command of English, which we Germans had attained by then. Erforderlich war ein Grundvokabular, das wenigstens so groß war wie später der Wortschatz von George W. Bush. Er regierte als US-Präsident mit geschätzten hundert Worten und sprach auch eine Art Englisch-Hack – but that's an entirely different story.

Fast vierzig Jahre waren wir Deutschen von den Filmen, der Musik, den Produkten und der Werbung, kurz: dem Lebensgefühl der englischsprachigen Welt berieselt worden. Das war die Voraussetzung für einen neuen, spielerischen Umgang mit jener fremden und zugleich höchst vertrauten Kultur. Being German, we felt spurred on to creating something new and playful with the English language that had been around in our home country since almost 40 years. The American and British way of life had gradually become engrained in our own lives since we had been washed over with their music and films as much as their consumer products.

Außerdem gab es den deutsch-schwedischen Schriftsteller Werner Lansburgh, der ganz im Ernst – no kidding – der beste Englischlehrer für die Deutschen war, den ich kenne. He was the paragon of teaching Germans how to speak English. Seine weltklugen und ausgeklügelten zweisprachigen Bücher an eine fiktive Geliebte »Doosie« (Du + Sie) waren beides: ein Beitrag zur Vergangenheitsbewältigung (Lansburgh war als Jude aus Deutschland geflohen) und ein nützlicher, sehr unterhaltsamer Englischunterricht. Seit 1977 kauften die Deutschen rund eine halbe Million seiner Bücher. Er machte ihnen Lust auf Englisch, und in dieser Stimmung gedieh auch das Filserenglisch.

Es hat seitdem einen festen Platz in der deutschen Kultur eingenommen – believe it or not: mangled English is a part of German culture and has been for three decades.

Und weiterhin benutzen wir Gisela Daums Rezept: Man werfe Englisch in den Fleischwolf – Americans say meatgrinder, Brits say mincer – und amüsiere sich köstlich über das, was hinten rauskommt.

Zum Beispiel der berühmte Satz: »You can say you to me.« Auf diese Art soll Helmut Kohl der britischen Premierministerin Margaret Thatcher das »Du« angeboten haben. Ob er es wirklich gesagt hat, kann niemand bestätigen. Trotzdem haben alle gelacht. Der Satz zählt zum festen Inventar von Sprüchen, die nur wir Deutsche kennen, und die auch nur wir verstehen.

Gisela Daums Vorbild war übrigens der bayerische Schriftsteller Ludwig Thoma. Er hatte sich Anfang des 20. Jahrhunderts den Landtagsabgeordneten Josef Filser ausgedacht, der in ungelenkem Bayerisch Briefe über sein Leben schrieb. Thoma veröffentlichte die Texte zuerst im Magazin »Simplicissimus« und danach in zwei Büchern. Eines hieß »Josef Filsers Briefwexel«.

Auch Gisela Daum gelangen mit ihren Filserbriefen (und den echten Antworten darauf!) einige satirische Glanzleistungen – in that, Gisela clearly mastered satire! Sie zettelte auch einen Briefverkehr (»letter traffic«) mit dem Spitzenpersonal der Republik an, zum Beispiel mit dem damaligen Bundespräsidenten Richard von Weizsäcker: »I hope that you can laugh over my English, also on those pages where from you the speech is.« In Anspielung auf Helmut Kohl fuhr sie fort: »No, not every man can laugh over himself. But opensightly have you no problems to jump over your own shadow.«

Lakonisch (und zunächst in makellosem Englisch) antwortete von Weizsäcker: »I know what I am worth since Queen Elizabeth has presented me to her royal horses.« Für die Schlussformel ließ er sich dann allerdings hinreißen: »But what too much is is too much. Nothing for ungood. I thank you for your warmful words.« Den Brief unterschrieb er handschriftlich: »Higheightingsfull, your Federal Richard.«

Auch das englische Königshaus erhielt zwei Briefe. Nur wenige Wochen vor dem Fall der Berliner Mauer schrieb Gisela Daum der Queen: »Prince Charles should become King of Germany. For the monarchy would our Federal Richard even with pleasure soforth in rent go. [...] Two hundred years back were we it namely who have outhelped you with kings from Hannover. Why not vice versa now? [...] Everyfalls go I quite stark therefrom out, that your Majesty lets me a wellwilling answer tocome.«

Damit auch nichts von der Forderung verloren gehen konnte – that nothing would get lost in translation – stellte Gisela Daum dem Buckingham Palast eine zweite, verständliche Version ihres Briefes zu. Darin schrieb sie in korrektem Englisch: »In any case I'm full of confidence that Your Majesty will grant me a favourable response. Yours Gisela Thumb«

Mit knappen Worten und in allerfreundlichstem Ton antwortete Robert Fellowes, der Privatsekretär der Königin am 8. September 1989: »It was kind of you to have written, but I can assure you that there is no chance of The Prince of Wales becoming King of Germany.«

Im Rückblick wundert es mich nicht, dass sich viele Menschen in diesem Klima hemmungsloser Albernheit angestachelt fühlten, selber wie wild zu filsern und die Mundart weiterzuentwickeln: Schließlich kann man mit Filserenglisch ungezwungen über alles Mögliche sprechen, ohne rot zu werden – Filserenglisch is perfectly suited for an informal talk about anything you like and without regretting it afterwards.

Deshalb ist Filserenglisch für mich auch mehr als ein Witz – one would say in English: it's not just funny haha, it's also funny peculiar. Is that because Filserenglisch is something different on top – eine alltagstaugliche Geheimsprache, a secret language for us Germans? Eines steht fest: Wer kein Deutsch versteht, ist ausgeschlossen. Und wer nur ein wenig Englisch kann, ist schon dabei.

Wollten sich Gisela Daum und ihre vielen Leser vielleicht auch über Amerikaner und Engländer lustig machen? So wie ihr Vorbild Ludwig Thoma, der sich als bissiger Satiriker über die bayerische Gesellschaft lustig machte?

Im Nachhinein sehe ich darin einen Grund für den Erfolg: Mit Filserenglisch können wir uns bis heute mit ein wenig Humor von der dominanten englischen Kultur und Sprache abgrenzen – well, why should I translate this? Folks from America and Britain: this was not at all important!

Längst frage ich mich auch, was Filserenglisch eigentlich ist. Ein Dialekt? I keep asking myself, what is this funny Filser? A local parlance, a new form of dialect? Of what? English? German? Bisher wurde es von niemandem als Dialekt anerkannt – it has not been acknowledged officially, neither by us, the Germans, nor by the Oxford Dictionary – aber es existiert und wird sicherlich auch in diesem Moment irgendwo gesprochen. It's being spoken right now by someone somewhere.

Gisela Daum dichtete übrigens den herrlichen Satz: »The devil will I do!« Und ich würde sagen, dass sie den Teufel tatsächlich auf eine Art erfunden hat: Es ist der Teufel, ohne den es auch dieses Buch nicht geben würde. Während wir unser Kauderwelsch brabbeln, sitzt er da und lacht sich ins Fäustchen – und das hat gar nichts damit zu tun, dass man den »Teufelspakt« im Englischen »Faustian pact« nennt – no: he is not laughing in his little fist – for in English you say: He is laughing in his sleeve.

Eins ist klar: Wer zu viel Filserenglisch spricht, muss auf der Hut sein. Denn wie sagten unsere Großmütter: »Schiel nicht zu lange, sonst bleiben deine Augen stehen.« Without doubt, Filserenglisch poses a risk to us: If you indulge excessively it might get contagious. As our grandmothers said: »Don't cross your eyes for too long, otherwise they will stay crossed.«

Doch das ist halb so wild – »it's half so wild!« Mein Freund Axel sagt sowieso immer zu mir: »To the devil with your quirled shit. For me this is an overdrivenly intellectual apartsitting.« Allerdings sind wir uns nicht einig: Ich würde sagen, »Auseinandersetzung« muss »Outoneanothersitting« heißen.

Ich denke, es ist höchste Zeit für ein offizielles Wörterbuch!

On the ladies!
Präpositionen

Englisch könnte so einfach sein – wären da nicht überall diese gemeinen Tretminen wie »on« oder »off«, »at« oder »by«. Sie lauern in fast jedem Satz und verleiten uns dazu, auf Tische zu steigen – oder gar Kollegen zu bespringen, anstatt ihnen nur gesittet zuzuprosten!

Vor einigen Monaten traf ich Vera *aus* Freiburg. Wir fuhren *im Zug* oder *in* der Bahn, ganz wie es Ihnen besser gefällt. Die Hauptsache ist ja, dass man nicht *wegen* eines Streiks *in* einem schwäbischen Kaff stecken bleibt – the main thing is *for* us not to get stuck *in* the Swabian boonies because *of* a strike.

Übrigens könnten wir uns *von* den Schaffnern der Deutschen Bahn auch *zu* einem Klassiker von Anglizismen hinreißen lassen: »Willkommen *an* Bord unseres Soundso-Zugs.« Das englische Original lautet *»aboard«* oder *»on* board«, und das immer *ohne »of«!* Zum Beispiel: »I am *on* board the ICE«, oder: »Welcome *aboard* the train *to* Berlin.«

Verbreitet ist *in* Deutschland auch der Ausdruck »*auf* einem Zug« zu sein. Einmal *in* der provinziellen Form: »Ich bin *auf* dem Bummelzug *nach* Rübenbach.« Oder weltläufig: »Ich bin morgen *auf* dem Zug *nach* New York« (den es ja *unter* keinen Umständen gibt). Ob »*auf* dem Zug« noch traditioneller Schaffnerjargon oder schon ein abgehobener Anglizismus ist, das kann ich nicht sagen. Fest steht, dass man es *in* der englischsprachigen Welt gar nicht anders kennt – you always go *on* trains. Dass das *in* unseren Ohren *nach* einer Reise *auf* Dächern klingt, da müssen wir *durch* – never mind that *to* us it sounds like riding *on* top *of* a train! Jeder weiß ja, dass diese Form der Freiluftakrobatik *bei* uns verboten ist und *im* wahren Leben nur *von* Schauspielern *in* Indien praktiziert wird.

Warum ich das alles erzähle? Weil Vera und ich *im* vorderen Teil des Zugs saßen, und sie sich als Englischlehrerin ganz ähnliche Fragen stellt wie ich. Wir waren beide *in* Basel zugestiegen – we both got on at Basle – und waren recht bald danach *durch* Zufall *ins* Gespräch gekommen: »Sagt man eigentlich ›*in* the front *of* the train‹ oder ›*in* front *of* the train‹?« *Nach* einigen Klärungsversuchen half uns eine Dame, die *unweit von* uns saß: »We are *at* the front *of* the train.« Sie stellte sich als Engländerin vor und sagte dann: »A train *in* English is like a bus, a plane, a telephone or like a television set. Like the Internet. Like holiday. Or like the contrary! Everything goes, stays and sits *on* it, not *in* it.«

In England fährt man also *auf* dem Bus, fliegt *auf* dem Flugzeug, spricht *auf* dem Telefon, sieht eine Sendung *auf* dem Fernseher, surft *auf* dem Internet, geht *auf* die Ferien. Und sagt: »*auf* dem Gegenteil«.

»Ok, gespeichert!«, sagte Vera. »*On* my harddisc and *in* my brain. Doch was ist *mit* dem englischen Wörtchen ›*at*‹? Das ist doch noch viel schwieriger!«

Dieser Hinweis war Futter *für* unsere Unterhaltung, die uns *während* der gesamten Fahrt *bis* Köln beschäftigen sollte. Mir gingen einige Beispiele *mit* »*at*« *durch* den Kopf:

I am not *at* liberty to talk *about* my friend's flings	Ich bin nicht *in* der Lage (Freiheit!) *über* die Affären meines Freundes zu sprechen
At the age *of* 41 he wrote his first book	*Im* Alter *von* 41 schrieb er sein erstes Buch
I did both jobs *at* a time/*at* the same time	Ich erledigte beide Arbeiten *auf* einmal
We were *at* the coast *at* noon	Wir waren mittags *an* der Küste
Please be here *at* five	Sei bitte *um* fünf hier (*In* time – ungefähr? No, *on* time – punktgenau!)

Doch worauf wollte Vera hinaus – what was Vera driving *at, after* all? Sie holte tief Luft, um sie *mit* spürbarer Empörung wieder abzulassen: »*At*‹ sind zwei Buchstaben, die regelmäßig mein Englisch versauen!« Ich schaute sie an – I looked *at* her – und dachte: Das Gefühl kenn' ich!

In diesem Moment hielt der Zug *in* der Stadt Karlsruhe – *at* this moment our train called *at* the city *of* Karlsruhe. Da musste ich *an* eine unfreiwillig komische Situation denken, die ich immer wieder erlebe – an unintentionally funny situation struck my mind that I have experienced many times. Jan, ein deutscher Kollege, hatte sie gerade erst wieder *gegenüber* amerikanischen Gästen erzeugt. Dabei wollte er doch nur *mit* seiner Tischdame *vom* Vorabend prahlen: »Last night, Frau Merkel was *on* my table – Frau Merkel war *auf* meinem Tisch!« Anschließend hielt Jan *in* der Runde *nach* Bewunderung Ausschau, doch alle kicherten nur ein bisschen. Und er wunderte sich.

Ich fragte Vera, warum es wohl immer wieder *zu* diesem typisch deutschen Patzer »*on* the table« komme. Schließlich sitzen wir *im* Deutschen auch nicht »*auf* dem Tisch«, sondern »*am* Tisch«, also »*at* the table«. »Das verflixte ›*at*‹ liegt uns einfach nicht«, sagte sie. Und die Dame aus England fasste zusammen: »You Germans seem to be really *at* odds *with* ›*at*‹ – Ihr Deutschen scheint damit wirklich zu hadern.«

There we went – da fuhren wir! *In* einem Zug durch Deutschland und *zu* dritt *in* ein Gespräch vertieft *über* unser schwieriges Verhältnis *zu* den Verhältniswörtern, die sich *auf, neben, vor, unter, hinter, über* oder *zwischen* fast alles kletten, was wir sagen – like onerous (»nervtötende«) leeches (»Egel«) they cling *by, at, on, next to, in front of, behind, beneath, above, underneath* or *between* almost everything we say!

Die Rede ist *von* den Präpositionen, die Sie *bis* hierher leicht erkennen konnten, weil ich sie kursiv gestellt habe. Nun bin ich selbst überrascht, wie oft wir sie verwenden – I am surprised *by* the sheer amount of prepositions we use: *ohne* Not waren es mehr als 150!

Vera konnte das nicht beeindrucken. Oder vielleicht doch? Auf jeden Fall hatte sie die Präpositionen kräftig auf dem Kieker – she really had a down on them: »Sie machen uns das Leben so schwer! Am besten Sie schreiben mal ein eigenes Buch über die vielen Fallstricke!« Damit wollte sie sagen: Ein einziges Kapitel reicht nicht aus. Und wahrscheinlich hat sie recht. Trotzdem versuche ich es! For a start, at least!

Einsteiger in die englische Sprache verzweifeln oft

schon, wenn sie über irgendeine Sache sprechen wollen, also eine Meinung zu ihr, eine Vorstellung von ihr oder eine Sicht auf sie haben. Denn dann haben sie schon ein Problem mit ihrer Meinung. Sagt man nun »opinion to ...«, »opinion about ...«, »opinion of ...«, »opinion on ...«, »opinion over ...« oder vielleicht »opinion at ...«?

Da sich die englischsprachige Kultur seit Jahrhunderten in der freien Meinungsäußerung übt, darf es uns zunächst nicht wundern, dass das Sortiment an Ausdrucksformen verflixt groß ist, das mit dieser Kultur mitgeliefert wird:

- Peter expressed his opinion about the issue ...

- Paul couldn't follow Peter's view of the issue ...

- Paul's take on the issue was different ...

- Bill's attitude toward Paul's line was critical ...

- David took up an entirely diverging approach to the issue ...

- Mary decided to think through everyone's positions ...

- The group then talked it over again ...

- As a result, the discussion grew out of perspective ...

Are you still with me – können Sie mir noch folgen?

Vera hatte einen Rat, den sie auch als Lehrerin gibt: »Es ist egal, mit welchen Wendungen wir unsere Meinung äußern. Selbst wenn wir uns mit einer Präposition vertun, werden wir verstanden. Wichtig ist nur, dass wir überhaupt eine Meinung haben!«

Ich mag diesen unorthodoxen Ansatz, würde aber hinzufügen: solange wir vermeiden, die deutsche »Meinung zu« oder die »Meinung über« direkt übersetzen. Denn »my opinion to ...« oder »my opinion over« gibt es einfach nicht, beides klingt sehr unbeholfen! Und »my view over ...« wäre nur der Ausblick eines Touristen, aber nicht der Durchblick eines Gesprächsteilnehmers.

»Chaos«, sagte Vera. Und noch einmal: »Chaos!« Schnell waren wir uns einig, dass das größte Problem mit deutschen Präpositionen darin besteht, dass sie sich manchmal ganz leicht ins Englische übersetzen lassen, aber mindestens genauso oft auch nicht. Das passende Wörtchen zu finden, ist in beiden Sprachen mindestens so sehr vom Zufall geprägt wie von irgendeiner gemeinsamen Systematik – to find the apt preposition is as much a result of chance as it is based on a method. Überzeugen Sie sich selbst! Man sagt ...

- ▪ »auf dem Weg« (»on the way«), aber nicht »auf der Straße« (sondern: »in the street«)

- ▪ »in dem Auto« (»in the car«), aber nicht »auf dem Parkplatz« (sondern: »in the car park«)

- ▪ »in dem Büro« (»in the office«), aber nicht »in der Schule« (sondern: »at school«)

- ▪ »auf dem Meer« (»on the sea«), aber nicht »auf dem Dachboden« (sondern: »in the attic«)

- ▪ in beiden Sprachen immer etwas anderes, wenn man jemanden willkommen heißt: »Willkommen zu Hause« (»welcome at home«), »Willkommen in München« (»welcome to Munich«)

Besonders kniffelig ist es, mit den kleinen Beziehungswörtern große Beziehungen auszudrücken: »Ich bin mit

dir verwandt« kann man auf zwei Arten sagen: »I am related to you« oder »I am related with you«. Ich bin mit dir
verheiratet, nur auf eine: »I am married to you.« Denn
»with« ist Kindern und Kegeln vorbehalten. Vielleicht erinnern Sie sich an Al Bundy und seine schrecklich nette
Familie. Sie hieß im amerikanischen Original »Married
With Children«.

Vera und ich spielten dieses Spiel noch eine Weile, bis wir
bei Tag und Nacht ankamen. Das war ein guter Anlass für
einen Test – we challenged our command of daytimes and
nighttimes. Versuchen Sie es auch einmal! Lesen Sie die
linke Spalte und halten Sie die rechte zu:

im Morgengrauen | bei Tages-anbruch	at dawn
morgens | am Morgen	in the morning
mittags | am Mittag	at noon (at midday)
nachmittags / am Nachmittag	in the afternoon
abends | am Abend	in the evening (aber: at ten in the evening)
nachts | in der Nacht	at | by night; in the night

Erkennen Sie eine Regel? Ich auch nicht.

Am Wochenende wird es noch kniffeliger: Sagt man
»at the weekend« oder »on the weekend«? Kommt darauf
an, wo! In Großbritannien »at ...«, in den USA »on ...«.
Und auf beiden Seiten des Atlantiks funktioniert »over
the weekend«. (Wenn Sie mehr über die Unterschiede

zwischen amerikanischem und britischem Englisch erfahren wollen, lesen Sie das Kapitel »Wir landen kurz und heben dann wieder ab!«)

Vera erwähnte noch zwei andere interessante Formulierungen, die auf das Wochenende abzielen und die auch ich oft höre: »by the weekend« und »by the end of the week«. Damit ist eine Frist irgendwo zwischen Freitag- und Sonntagabend gemeint, und »by« bedeutet in diesem Fall »bis« (also dasselbe wie »until« oder »till«)

Wo wir gerade von »by« sprechen: Stolpern Sie auch ständig über dieses Wörtchen? Ich halte es für die vorwitzigste aller englischen Präpositionen – I constantly stumble across this cheeky little word-fellow. Vera und ich kamen alleine auf 15 weitere deutsche Bedeutungen:

by the beach	am Strand
by a miracle	auf wundersame Weise
by tradition	aus Tradition
by daylight	bei Tageslicht
blinded by hatred	blind vor Hass
by a mistake	durch einen Fehler
by writing | proxy	in Schriftform | Vertretung
by birth	kraft Geburt
by definition	laut Definition
by a margin | majority | distance	mit einem Vorsprung | Mehrheit | Abstand
by appointment (only)	(nur) nach Vereinbarung | Verabredung

by agreement	per Beschluss	Vertrag
by an author	by a band	von einem Autor	einer Band
by a hair	a whisker	a shave	um ein Haar
by the three of us	zu dritt

Besondere Vorsicht ist mit der Formulierung »by heart« geboten! Deutschsprachige Menschen benutzen sie oft missverständlich, wenn sie etwa sagen: »I am an engineer by heart«. Das kann gar nicht übersetzt werden, da man nicht »auswendig« ein Ingenieur sein kann. Zugleich ist »by heart« eine sehr bemerkenswerte englische Wendung: Denn sie gibt vor, dass aus dem Herzen kommt, was in Wahrheit im Kopf gespeichert ist und auch mit »by memory« oder »off the top of my head« ausgedrückt werden kann: »I know your telephone number by heart« – was das wohl für eine herzerwärmende Nummer ist? Wer hingegen sagen möchte, dass er von Herzen glücklich ist, eine Unterstützung von ganzem Herzen leistet oder eine Tätigkeit von Herzen ausübt, könnte es so ausdrücken:

- »I am overly happy ...«
- »The matter | person has my wholehearted support.«
- »I am a genuine engineer.«

»But don't you have a similar wordlet in German?«, fragte die englische Dame in unsere Runde. Selbstverständlich meinte sie »bei«, eine sehr praktische Präposition, die mit allen englischen Standardpräpositionen wie »with«, »at« oder »in« übersetzt werden kann.

Gleichwohl stimmen die Bedeutungen von »by« und »bei« nur in wenigen Fällen überein. Womit wir wieder bei dem Hauptproblem für jeden Übersetzer wären: dem Zufall. Präpositionen bedeuten Chaos – there is chaos in the field of prepositions!

»Wenn es doch nur nicht so auf sie ankäme – if only prepositions wouldn't matter that much«, stöhnte Vera. »Sie bringen das stärkste Hauptwort in Bewegung und haben die Kraft, es aus der Bahn zu werfen. Mehr noch! Ohne Präpositionen fehlt oft der Sinn.«

Sie hat natürlich recht: Der unvollständige Satz »Ich gehe ... Haus« ist bedeutungsleer, solange er keine Präposition enthält. Und mit jeder, die man einsetzt, ergibt sich ein völlig anderes Bild: »Ich gehe *ins* Haus«, »Ich gehe *aus* dem Haus«, »Ich gehe *aufs* Haus«, »Ich gehe *unters* Haus«, »Ich gehe *durchs* Haus« oder »Ich gehe *übers* Haus«.

»I know an excellent joke for this conversation!«, unterbrach uns die englische Dame. Um zu zeigen, für welche Komik die Macht der Präpositionen sorgen kann, erzählte sie einen Kalauer der Marx Brothers. Er stammt aus dem Film »Animal Crackers« von 1930. Groucho Marx sagt: »One morning, I shot an elephant in my pajamas. How he got in my pajamas, I don't know.«

Vera lachte: »The joke works very well in German, too.« Die englische Dame nickte zufrieden: Dann ist doch alles halb so wild – never mind these language issues!

Doch das beruhigte mich nicht. Im Gegenteil – quite the contrary (das ist stärker als »on the contrary«): In mir kamen die Selbstzweifel hoch – self doubt crept up on me. Schließlich sind wir in der ganzen Welt dafür bekannt, strengste Anforderungen an jeden Ausländer zu stellen, der Deutsch sprechen möchte. Doch gerade mit Präpositionen stümpern wir oft selbst herum wie blutige Anfänger: »Ich gehe auf die Post.« (Steigerung: »Ich gehe auf Arbeit und danach auf Schalke.«) Oder: »Ich bin am Arbeiten. Zum Beispiel beim Daimler.«

Mit einem derart laxen Sprachempfinden ist es schwierig, sich in einer fremden Sprache über Wasser zu halten. Besonders dann, wenn der Alkoholpegel bedenklich ansteigt – with the blood alcohol level considerably rising. Ein dankbares Beispiel dafür gab früher einmal Heinrich Lübke ab, der zweite Präsident der Bundesrepublik. Durch ein spezielles linguistisches Unvermögen wirkte er beinahe daueralkoholisiert.

Aber ganz gleich, wie viel Unsinn Lübke wirklich vom Stapel ließ, zu seiner Verteidigung muss ich hier betonen, dass er höchstens durchschnittlich darin war, englische Trinksprüche mit missverständlichen Präpositionen zu verhunzen. Schließlich höre ich immer wieder bei, nein, während, auf, quatsch, in … hicks Deutschland und in Österreich: »On the ladies!«, »On our team!«, »On the Americans!«, »On British-German relations!«, »On the Queen!«

Ich bin dann immer etwas ratlos, genauso wie die meisten englischsprachigen Gäste. Denn mit ausreichend »Gin and Tonic« sowie Elan und Freude vorgetragen, sind solche Sätze nichts anderes als die schlichte Aufforderung, andere Menschen zu bespringen – these toasts are nothing less than a serious invitation to jump onto other people, to say the least. Excuse me, Mr Bundespräsident, or whoever it is to make such filthy suggestions! I am not going to mount the ladies, let alone Her Majesty!

»Und wie prostet man sich nun so zu, dass es weder peinlich ist noch die anderen sich vor Lachen krümmen?«, fragte Vera die Engländerin in unserem Abteil – what does make a proper toast?

Ohne darüber nur eine Sekunde nachzudenken, antwortete die Lady: »A toast always opens with ›to‹: ›To the President‹, for example. Or whomsoever. The rest is drinking!«

Damit haben wir ja dann nun alles Wichtige über Präpositionen gelernt, scherzte ich, als unser Zug im Sackbahnhof von Frankfurt einfuhr. Eigentlich wollte ich nach Köln, aber die Engländerin interpretierte meine Bemerkung als Aufforderung zum Abschied und setzte freundlich an: »It has been a pleasure to meet you ...« Und Vera blickte mich etwas entsetzt an: »Aber wir haben doch noch gar nicht über die wirklich heiklen Fälle gesprochen!«

Damit hatte sie recht. Aber ich wollte ja sowieso nach Köln fahren. Den Höllenritt zu den wahrlich explosiven Präpositionen konnte ich mir gar nicht entgehen lassen. Wenn bislang alles nur ein großes Chaos war, dann sollten wir jetzt auf die wirklich gefährlichen Tretminen stoßen. Sie waren dicht an dicht verteilt auf dem großen grünen Rasen der englischen Sprache und warteten nur darauf, von uns ausgelöst zu werden. Peng!

Das beste Wörtchen, um ihre Explosivität zu verdeutlichen, ist »off«. (Lesen Sie wieder die linke Spalte und halten Sie die rechte zu.)

The bomb goes off	Die Bombe explodiert
The cheese goes off	Der Käse vergammelt (bekanntlich explodierte er nur bei Asterix auf Korsika)
Switch off the light!	Mach das Licht aus!
The effort payed off	Die Anstrengung zahlte sich aus
His remark was off topic	Seine Bemerkung passte nicht zum Thema (war aber trotzdem interessant)
She knew it off the cuff	Sie wusste|konnte es aus dem Eff-eff
The plane took off	Das Flugzeug hob ab
You will get it 20 percent off	Sie bekommen es 20 Prozent günstiger
He finished him off	Er machte ihn kalt, tötete ihn. Kürzer: He offed him
See him off!	Das kann so, so und sogar so verstanden werden: Begleite(n) (Sie) ihn hinaus! Mach ihm Beine! Vertreib ihn! Unmissverständlich freundlich wäre: Please see him out. Allerdings ist auch das etwas ungewöhnlich für deutsche Ohren
The house was off the main road	Der Anfang vom berühmten »offroad«
Off you go!	Los mit Euch!

Was diese Übung zeigt: In Verbindung mit bestimmten Verben verändert »off« deren Bedeutung. Das war es, worauf Vera zu sprechen kommen wollte. Wir kennen das auch aus dem Deutschen, zum Beispiel ausgehend von »gehen«: »hochgehen«, »umgehen«, »ausgehen«, »losgehen«, »fremdgehen«. Für Menschen, die Deutsch lernen, sind auch diese zusammengesetzten Verben eine Qual. Doch sie reichen nicht an den Schmerz heran, den so eine englische Formulierung auslöst, wenn sie hochgeht! »Off« ist dafür besonders geeignet. Das Wörtchen hat mir schon Termine verhagelt, weil ich die feinen Unterschiede nicht kannte. Sie?

The meeting has been kicked off	Der Termin hat begonnen
The meeting has been put off	Der Termin wurde aufgeschoben
The meeting has been called off	Der Termin wurde gestrichen

Damit waren Vera und ich für die letzte halbe Stunde unserer Zugfahrt gewissermaßen auf dem Höhepunkt angelangt: sogenannte »phrasal verbs«, die sich aus Verben und Präpositionen (oder anderen Partikeln, etwa Adverbien wie »away«) zusammensetzen. Wollen Sie sich einer Person zuwenden, sagen Sie: »I turn to the person.« Wollen Sie auf dieselbe Person losgehen, sagen Sie: »I turn on the person.« Sie entscheiden also, ob Sie sich mit der Person freundlich oder per Faustschlag verständigen wollen. Verwechseln Sie die Präposition, haben Sie ein Problem!

Blöd ist es auch, wenn Sie zum Beispiel »hear out« mit »speak out«, »talk out« oder gar »sound out« verwechseln:

Please hear me out	Bitte lassen Sie mich ausreden
Please let me speak out clearly|frankly|honestly	Bitte lassen Sie mich (es) klar|frei|ehrlich beim Namen nennen
Please let us talk out the issue	Bitte lassen Sie uns das Thema ausdiskutieren
Please sound out (what) our competitor (says)	Bitte horchen Sie unseren Konkurrenten aus (oder finden Sie heraus, was er sagt)

Es gibt Hunderte, Tausende, wahrscheinlich Zehntausende solcher Beispiele, und alleine mit ihnen ließe sich spielend ein ganzes Buch schreiben. Nehmen wir als weiteres Beispiel nur das englische Verb »to warn«. Im Deutschen warnt man gemeinhin *vor etwas«*, mehr nicht! Im Englischen können Sie mit »warn« die Präpositionen »about«, »against«, »of« und auch das mysteriöse »off« verwenden:

Vera warned about (the) prepositions. – Vera warnt nicht *vor* (bestimmten) Präpositionen, sondern weist generell *auf* sie hin, damit wir sie beachten und nicht übersehen – so that we don't miss their function and character and so that they are not overlooked.

Vera warned of using prepositions. – Vera machte darauf aufmerksam, dass es nicht leicht ist, Präpositionen richtig zu verwenden.

Vera warned against (using) prepositions. – *Mit* oder *ohne* »using«: Vera riet davon *ab*, Präpositionen überhaupt zu verwenden.

Vera warned off (using) prepositions. – Das bedeutet *mit* »using«: Vera riet kategorisch davon *ab*, Präpositionen zu verwenden. *Ohne* »using« würde Vera den Präpositionen einen Verweis erteilen, eine verlockend lustige Vorstellung. Man verwendet die Formulierung »to warn *off*« gewöhnlich, um andere *von* einem Grundstück zu verweisen: »I was warned *off* the premises.«

Zu allem Überfluss können »phrasal verbs« als Hamburger, Big Mac oder Triple Burger in Erscheinung treten. Also mal mit einer Präposition: »to speak from experience«. Mal mit zwei Präpositionen: »to speak out of turn« (eine unpassende Bemerkung machen). Oder mit drei Präpositionen: »to speak out in favour of someone« (sich für jemanden aussprechen).

Eine Art »phrasal Patzer«, den Deutsche häufig machen, hat mit der seltsamen Redewendung zu tun, die wir alle in der Schule eingebrannt bekamen: »I look forward to doing something«. Viele Sprachgenossen scheinen seitdem jede Form des Sehens und Schauens für einen Ausdruck der Vorfreude zu halten. Das ist aber nicht der Fall!

I look at a matter	Ich schaue mir eine Sache an
I see to a matter	Ich kümmere mich um eine Sache
I look forward to the matter	Da isses! Ich freue mich auf eine Sache

Im englischsprachigen Alltag ist es sogar noch komplizierter:

I look after the child	Ich betreue das Kind
I look out for the child	Ich passe auf das Kind auf
I look for the child	Ich suche das Kind
I look the child over	Ich untersuche das Kind
I overlook the child	Ich übersehe das Kind
I look over the child	Unsinn: Wäre das Kind ein Buch, könnte man es durchsehen

Äußerst heikel sind selbstverständlich immer die Konstruktionen, die irgendwie auf Sex oder gar den Tod abzielen. Oder, besser gesagt, abzielen könnten, denn so ist es ja nicht gemeint, wenn ein Kollege fragt: »Did Peter just pass by?« oder »Do you want to fuck with me?« Übersetzt bedeuten sie: »Ging Peter gerade hier vorbei?« und »Willst Du mich verarschen?« Immer wieder höre ich aber deutschsprachige Menschen, die solche Wendungen (und noch viel mehr) durcheinanderwerfen und Sachen sagen wie: »Peter passed away yesterday.« Oder: »Do you want to fuck me?« Der erste Satz bedeutet, dass Peter gestern verstorben ist. Und der zweite … Das wissen Sie schon.

Shortly before the train came in Vera looked exhausted – kurz bevor wir im Kölner Hauptbahnhof einrollten, wirkte Vera ein wenig erschöpft. »Mir bleibt nur eine Frage«, sagte sie, »die ich schon die ganze Zeit stellen wollte: Darf man einen englischen Satz überhaupt mit einer Präposition beenden?« Ich höre diese Frage immer wieder, und zufällig kann ich sie beantworten.

Die Regel, einen englischen Satz nicht mit einer Präposition beenden zu dürfen, existiert tatsächlich und geht auf einen gewissen Robert Lowth zurück, der im Jahr 1762 ein Buch mit dem bescheidenen Titel »A Short Introduction to English Grammar« verfasst hat. Darin stellte der Professor für Dichtung und spätere Bischof von London einen Sprachkodex auf, der bis heute gilt, jedenfalls offiziell. Präpositionen am Satzende sind danach verboten, zum Beispiel: »That is the man I am talking to.« Erlaubt sei nur: »That is the man to whom I am talking.«

Schon Winston Churchill soll vor etlichen Jahrzehnten klargestellt haben, was von der Regel zu halten sei. Seine Ablehnung brachte er der Legende nach mit einem Satz zum Ausdruck, den er bewusst so formulierte wie es Lowth wollte: »This is the kind of pedantic nonsense up with which I will not put.« Schließlich war es schon zu Beginn und in der Mitte des 20. Jahrhunderts viel geläufiger und zeitgemäßer zu sagen: »This is the kind of pedantic nonsense I will not put up with – mit so einem engstirnigen Scheiß will ich mich gar nicht abgeben!«

101 teuflische Patzer

to fire on – ist ein herrlicher Germanismus. Ein Magazin des deutschen Auswärtigen Amts schrieb einmal über eine Sportveranstaltung: »They fired on the athletes.« Zum Glück nur mit Jubel. Korrekt wäre: »They cheered on the athletes.«

flirt – ist kein Flirt, sondern ein Mensch, der flirtet, und zwar prinzipiell. Der deutsche »Flirt« ist »flirtation«. Man kann dann unterscheiden zwischen »mild flirtation«, »heavy flirtation« oder gleich einem »fling«. Das ist die Affäre, die mit einem Flirt beginnt und unverbindlich mit einer SMS endet.

flute – ist eine Querflöte: »Frederick the Great was very good at playing the flute.« Hätte der preußische König nun die Blockflöte gespielt, so wie Millionen Kinder heute, dann wäre das nicht »flute«, sondern? »He played the recorder!« Sie lesen richtig: Die allseits beliebte Blockflöte ist im Englischen »a recorder«. Als ich das zum ersten Mal hörte, musste ich – wie Sie vielleicht auch – an den guten alten Kassettenrekorder (»cassette recorder« oder »cassette tape deck«) denken. In der Form eines Diktiergeräts hieß meiner übrigens »micro dictator« – ein kleiner Diktator also. Auch an diese Bezeichnung konnte ich mich nie so recht gewöhnen.

food card – ist keine Lebensmittelmarke (»food stamp«), sondern nur die teutonische Version der Speisekarte. Bitte verlangen Sie immer: »The menu please!« Das bedeutet natürlich nicht, dass man Ihnen unverzüglich ein Menü auftischt. Sie müssen sich schließlich erst einmal einen Überblick über das Angebot und die Preise verschaffen – die man übrigens selten als »prices«, sondern eher als »quotes« oder »costs« beschreibt. Standard ist die Frage: »How much is ...?« oder »How much does it cost?« Die Antwort ist allerdings in den meisten Fällen, egal ob Sie in London oder New York sind, nur vorläufig. Denn vergessen Sie nicht: Der Trinkgeldterror nähert sich in Großbritannien stramm einem Aufschlag von 20 Prozent. Die hat er in den USA längst erreicht.

to foresee – läuft gerne auf ein typisches Missverständnis von deutschen Bürokraten hinaus, wie schon in offiziellen Memos der EU geschehen. So »sieht« ein Beamter Gelder für ein Projekt »vor« und schreibt oder sagt: »We foresee two billion euros for this project.« Das bedeutet, dass er Kosten in Höhe von zwei Milliarden Euro voraussieht und damit gewissermaßen befürchtet. Dass das Geld zur Verfügung steht, wird nicht einmal angedeutet. Verständlich wäre: »We provide two billion euros ...«

fraction – wird besonders gerne von Politikern falsch verwendet. Was in Deutschland »die Fraktion« ist, also eine Gruppe, manchmal auch eine Splittergruppe, ist in England »a parliamentary group« oder (falls zum Beispiel nicht im Parlament) »a faction«. »A fraction« ist hingegen der Bruchteil von etwas, aber nicht automatisch eine Gruppe Menschen mit einem gemeinsamen Anliegen. Der Wortursprung ist in beiden Sprachen derselbe, das lateinische »frangere« bedeutet »brechen«. So wurde daraus in der englischen Sprache der mathematische Bruch: »to learn fractions«. Ein Knochenbruch ist übrigens »fracture«, die wir ja auch kennen.

with gas – or without? Das ist oft die Frage in italienischen Restaurants, wenn der Kellner die Wasserbestellung entgegennimmt und wieder sein Pseudo-Italoenglisch herausholt. In Großbritannien oder den USA würde das niemand fragen. Stattdessen gibt es eine ganze Flasche voll Ausdrücke, die ich Ihnen nicht vorenthalten will: »carbonated«, »fizzy«, »sparkling«, »brisk«, »bubbling«, »bubbly«, »effervescent« und, ich gebe mich geschlagen: »gassy«. Umgekehrt funktionieren: »non-carbonated«, »non-fizzy«, »non-sparkling« oder »still«.

genial – bedeutet nicht »brilliant«, »ingenious« oder – was der deutschen Bedeutung »genial« am nächsten kommt – »genius«: »He is a genius« = »Er ist genial«. »He could also be genial, which would be a good trait« = »Er könnte auch angenehm warmherzig, freundlich, aufgeschlossen und gesellig sein, was ein guter Charakterzug wäre«.

gift – ist ein Geschenk für jeden Oberlehrer! Es ist ja immer verlockend, wenn ein englisches Wort in derselben Hülle daherkommt wie das Wort, das man gerade sucht. Allerdings ist es sehr blöd, wenn es dann nicht dasselbe bedeutet. Interessant ist, dass das englische »gift« und unser »Gift« denselben Ursprung haben: Altnordisch bedeuteten »gyft« und »gipt« Belohnung, Gabe und Glück. Und im Plural sogar Hochzeit und Vermählung – daher sprechen wir heute noch von der »Mitgift«, die es gleichsam zur Braut dazu gibt. Im Englischen wurde die positive Bedeutung des Worts beibehalten. Gäbe es dagegen einen Preis für den zynischsten Wandel einer Wortbedeutung, könnte er an uns Deutsche gehen. (Selbstverständlich ist das ein vergiftetes Kompliment, was man im Englischen »backhanded compliment« nennt.) Wir haben aus einem Geschenk »Gift« gemacht! Warum, weiß ich auch nicht. Und was ist »Gift« nun im Englischen? »Poison«. »Vergiftet« ist also »poisoned«.

Gin Tonic – ist ein beliebtes Getränk in Deutschland, das ursprünglich ein »Gin and Tonic« war – und im englischen Sprachraum auch noch immer ist.

gladly – bedeutet nicht »glücklicherweise« (»luckily«, »happily«, »thankfully«) oder »zum Glück« (»fortunately«), wie man und frau im deutschsprachigen Raum immer wieder zu glauben scheinen, sondern »gerne«, »bereitwillig«, »freudig« oder »nur zu gern« (»mit Kusshand!«). Fortunately, I have the chance to clarify this issue and I trust you happily take my advice, which I have gladly passed on.

green cabbage – ist vielleicht ein grüner Kohl, aber nicht unser Grünkohl. Eines der vielen Missverständnisse, das auf deutschen Speisekarten in englischer Sprache auftaucht. Ob es überhaupt eine akkurate Übersetzung gibt, darüber streiten sich die Grünkohl-Experten. Ein Koch aus Bremen hat mir grünes Licht für die Übersetzung »kale« gegeben. Seitdem verfolgt mich das Wort in allen hippen Gegenden der englischsprachigen Welt. Die Leute scheinen auf den Geschmack gekommen zu sein. Nur den Pinkel dazu kennen sie noch nicht, jedenfalls kommt »kale« meistens allein, also ohne »smoked sausage«.

half ten – ist eine Uhrzeitangabe. Doch welche? Man würde denken: Wenn »viertel zehn« viertel nach neun ist, dann ist »halb zehn« eine Viertelstunde später. Im Englischen jedoch bedeutet es »halb elf«. Warum? Weil das Wörtchen »past« verschwunden ist, das ich vor dreißig

Jahren noch dazwischen gelernt habe: »half past ten«. Was war Englisch damals noch einfach!

happiness | luck – sind ein Anlass für eine kleine philosophische Reflektion. Ich fasse mich kurz: Wir Deutschen verwechseln die Begriffe »luck« und »happiness« deshalb häufiger, weil wir das mit dem Glück in der eigenen Sprache nicht ganz so genau nehmen. Es fällt in dieselbe Kategorie wie zum Beispiel die »Unterhaltung«, die im Englischen mal »entertainment« und mal »conversation« ist. Umgekehrt sind wir zum Beispiel etwas genauer, wenn die Engländer bloß von »experience« sprechen: Da unterscheiden wir zwischen »Erfahrung« und »Erlebnis«. Wenn Sie nun einmal kurz darüber nachdenken, wird Ihnen der Unterschied zwischen »luck« und »happiness« rasch auffallen: »Luck« erfordert Glück im Sinne des Zufalls (»chance«) oder einer guten Fügung: der Fortune. Sie gibt es als »fortune« auch im Englischen. Das Missgeschick ist »misfortune« oder »adverse fortune«. Für Pech sagt man auch »mishap«, gesprochen *miss-happ*, »bad luck« oder »ill luck«. »Luck« beschreibt also eher Momente des Glücks, während (längere) Phasen des Glücks als »happiness« bezeichnet werden. Ist man deshalb intensiver und länger »happy« als »lucky«? Vielleicht. Fest steht für mich nur, dass »happiness« aus dem Innern kommt, während »luck« durch Dinge von außen bestimmt wird. Deshalb glaube ich, dass es »happiness« nicht ohne ein bisschen eigenes Zutun gibt. »Luck« schon.

hardly – bedeutet »kaum«. Und deshalb kaum dasselbe wie »heartily« (»herzlich«). Beide Worte werden in vielen deutschen Mündern aber fast identisch geformt, was sie zu schönen sogenannten »eggcorns« macht: Wörter, die gleich klingen, aber nicht dasselbe bedeuten. Achten

Sie also auf den Unterschied: »You are heartily (*haa-ti-li*) welcome!« – »Sie sind herzlich willkommen!« Dagegen: »You are hardly (*haa-dli*) welcome!« – »Sie sind so gut wie gar nicht willkommen!«

head up – bedeutet nicht »Kopf hoch«, sondern existiert nur als Verb: »to head up a team« bedeutet »ein Team zu leiten«. Nächster Versuch: »Heads up!« Das gibt es, bedeutet aber nur im buchstäblichen Sinne »Köpfe hoch!«. Im übertragenen Sinne bedeutet es: »Achtung!« (Um aufpassen zu können, muss man schließlich auch den Kopf hochnehmen.) Wer nun einen anderen trösten oder ermutigen möchte, sagt: »Bear up!« oder »Keep smiling!«

I hear you – ist ein Hammer von einem Missverständnis! Heißt übersetzt: »Ich kann es nicht mehr hören.« Wir Deutschen denken gerne, der Satz sei die Aufforderung, richtig zu diskutieren. Er versteht mich – also trete ich jetzt in eine Debatte ein. Falsch. Austreten!

honorary – ist kein Hauptwort, sondern höchstens Falschgeld, da es von Deutschen gerne als »Honorar« (»fee«/»professional fee«), »Vergütung« (»remuneration«) oder »Aufwandsentschädigung (»allowance«) verstanden wird. Das Adjektiv »honorary« funktioniert (wie jedes Adjektiv) nur in Verbindung mit anderen Hauptwörtern, die es dann in irgendeiner Weise erhöht und veredelt: »honorary citizen« (Ehrenbürger), »honorary doctorate« (Ehrendoktor), »honorary guest« (Ehrengäste, besser als VIPs!) und so weiter. Die einzige Ähnlichkeit zum Deutschen ist der »honorary consul«, also der Honorarkonsul, der übrigens kein Honorar beziehen darf.

horn – heißt nicht Schuhanzieher. Ich habe das Wort einmal in einem Schuhladen in Manhattan benutzt, als ich

Schuhe anprobieren wollte: »Do you have a horn?«, fragte ich den Verkäufer – und erntete ein herzliches Lachen. Der andere Verkäufer kicherte, was mich stutzig machte. Mir wurde dann erklärt, dass ich demnächst besser nach einem »shoe horn« fragen solle, sofern ich nicht an einem intimen Kontakt mit dem Schuhverkäufer interessiert sei.

how is it called? – ist eine oft gehörte Frage von Menschen, die Englisch flüssig, aber nicht fehlerfrei sprechen. But how do you say it in a flawless way – wie lautet die Frage in tadelloser Form? Ganz einfach: Man ersetze »how« durch »what«: »What is it called?«

informations – wird gerne im Plural benutzt, obwohl Information im Englischen nur im Singular existiert. »Ich denke, diese Information bin ich Ihnen schuldig.« – »I gather I owe you this information.« »Ich habe drei Informationen für Sie.« – »I have three pieces of information for you.«

irritations – können für heftige Irritationen sorgen, wenn wir sie uns arglos anheften, um auszudrücken, dass wir (etwas) verwirrt oder verblüfft sind. Verständlicher wären zum Beispiel Halbsätze wie: »I am stunned«, »I am baffled«, »I am puzzled«, »I am confused« oder »I am flabbergasted.« Doch wir ziehen es gelegentlich vor, irritiert zu sein und sagen: »I am irritated.« Oder: »That's irritating.« Je besser unser Englisch ansonsten ist, desto irritierender ist die Aussage! Denn sie kann eine Menge bedeuten, von »genervt« und »gereizt«, über »ärgerlich« und »sauer«, bis »vollständig angepisst«. Kein Wunder, dass unser Gegenüber immer so verwirrt guckt.

Amerikanisches Hüsteln
Im Kino

Immer wieder stoßen wir auf englische Wörter, die wir eigentlich kennen sollten – aber die wir nicht verstehen. Wir bluffen und reimen uns eine Bedeutung zusammen, im Zweifel eine mit Sex. Zeit für einen spontanen Test!

Als ich im vergangenen Jahr im Kino war, um mir den Film »American Hustle« mit Amy Adams und Christian Bale anzusehen, unterhielten sich meine Sitznachbarn über den Titel, also über das Wort »hustle«. Es ist gerade in der englischsprachigen Popkultur, wie soll ich sagen ... recht populär.

»Was heißt eigentlich ›hustle‹?«

»Ist das nicht dasselbe wie ›hassle‹?«

»Du meinst, hassle ist hustle?«

»Ja genau: Stress und Ärger – hassle!«

»Also Stress auf amerikanische Art?«

»Ja, gut möglich.«

Dann wurde es dunkel, und der mysteriöse amerikanische Hustle begann. Es ist die Geschichte eines Betrügerpärchens, Irving und Sydney. Zuerst tricksen sie sich versehentlich in die Fänge des FBI und später erfolgreich wieder heraus – first they get accidentally tangled up with the FBI, but in the course of the story manage to disentangle themselves with a happy ending.

Vor allem das Toupet des Hauptdarstellers werde ich

nicht vergessen! Er verkörpert einen Hochstapler: einen, der nicht nur einen kräftigen Haarwuchs, sondern auch Wissen vortäuscht und es damit ziemlich weit bringt.

Aber vielleicht tragen wir ja alle in Wahrheit ein Toupet? Modell »Fluent English«? Ich vermute sogar, wir müssen es tragen. Immer häufiger. Denn wie schrieb mir ein Leser meiner Kolumnen so treffend wie ehrlich: »Je selbstverständlicher Englisch für uns wird, desto mehr muss ich raten oder sogar bluffen. Ich kann ja nicht einfach zugeben: Ich weiß es nicht.« Mal dient das Sprachtoupet also dazu, Sprachlücken zu verdecken (»The character is not *sympathetic* and the film is *genial.*«). Mal schieben wir es über die Ohren, um Hörprobleme vorzutäuschen. (»What? Not sympathetic and not genial? I cannot hear you!«) Und besonders gerne machen wir beides gleichzeitig.

Und was bedeutet nun »hustle«?

Eigentlich sollte ein Kinofilm für sich selbst sprechen, egal, welchen Titel er hat. Vielleicht sind deshalb in letzter Zeit immer weniger große Filme ins Deutsche übersetzt worden. Ich nehme an, weil man einerseits davon ausgeht, dass das deutschsprachige Publikum Englisch versteht, und andererseits wohl auch, weil es einfach cooler wirkt. Die Liste der Beispiele wird auf jeden Fall immer länger: »The Counselor« mit Brad Pitt. »Oblivion« mit Tom Cruise. »Gravity« mit Sandra Bullock und George Clooney. »Inception« oder »Departed« mit Leonardo diCaprio. »Django Unchained« mit diCaprio und Christoph Waltz. »The Zero Theorem« mit Waltz und Matt Damon. Der Film »Captain America: The Winter Soldier« mit

Scarlett Johansson wurde sogar eigens für die deutschen Kinos umgetauft, und ich würde sagen, nicht zugunsten einer besseren Verständlichkeit: »The Return of the First Avenger«.

Ich fühlte mich an diesem Abend jedenfalls angestachelt, herauszufinden, was sich die Menschen, die mit mir im Kino waren, aus »American Hustle« und »hustle« machten. Also befragte ich sie spontan nach der Kinovorstellung. Es ergaben sich fünf Gruppen:

Gruppe 1: Einige Zuschauer hatten keine Ahnung und wollten in Ruhe gelassen werden. Sie gingen weiter. Es waren die Nichtswisser – im Englischen übrigens in germanischer Überlieferung »nitwits« genannt.

Gruppe 2: Sie versuchten sich das Wort »hustle« durch seinen Klang zu erschließen, also onomatopoetisch: »Husten«, sagten die einen. »Hüsteln«, die anderen. Das führte nicht weiter. Am besten fand ich die Deutung »Hysterie«. Das brachte uns immerhin auf eine neue, herrlich abgehobene Variante für den Filmtitel: »Hysteria americana«. Auf jeden Fall ergab das einen gewissen Sinn.

Gruppe 3: Die Mehrheit. Sie glaubten wie meine Sitznachbarn, »hustle« sei »hassle«. Der Film handelte in ihren Augen von einer Art »amerikanischer Alltagsplackerei«. Wenn Sie gute Begriffe für Plackerei suchen, sagen Sie »drudgery«, »daily grind« (*graind*), »slog«, »travail« oder »donkeywork« – eine Eselsarbeit. Die Assoziation zwischen »hustle« und »hassle« war zwar nicht richtig, aber auch nicht ganz falsch. Sie war also zufällig ein bisschen richtig. Typisch Fluent English!

Gruppe 4: Die zweitgrößte sowie kreativste Gruppe. Sie verlor sich in erotischen Vorstellungen: nackte Mädchen, wilder Sex. Seltsam, das alles gab's im Film nicht zu sehen! (Obwohl mich seine Einstufung unter FSK 6 auch etwas verwundert hatte.) Aber die Gruppe war überzeugt: »Hustle ist Porno.« Sie verwiesen auf den *Hustler,* das Magazin von Larry Flynt. Außerdem fiel ihnen die Zeile »a hustle here and a hustle there ...« aus Lou Reeds Song »Walk on the Wild Side« ein. (Sie finden übrigens ein reiches Repertoire an Deutungen von englischen Musiktexten in der wunderbaren Datenbank von Rap- und Rockgenius: www.genius.com) Lou Reed hatte 1972 über fünf homo- und transsexuelle Prostituierte gesungen, die er aus Andy Warhols Kunstfabrik, der »Factory« kannte. Mit Sexdienstleistungen schlugen sie sich durch die USA (»they hitchhiked their way across the USA«). Und sie hatten wirklich »ein Fickchen hier, ein Fickchen dort«.

Gruppe 5: Sie hätte die richtige Antwort geben können. Aber sie formierte sich nicht.

Zugegeben: »Hustle« zu erklären ist nicht leicht. Dass das Wort so stark schillert und sich deshalb so gut als Filmtitel eignet, liegt auch daran, dass es in den letzten hundert Jahren vor allem in den USA einige Male umgedeutet worden ist. Und ja, dort kann es auch bedeuten, auf den Strich zu gehen, anzuschaffen.

In Großbritannien dagegen wird »hustle« in seiner negativen Bedeutung mit Trickdieben in Verbindung gebracht, so genannte »con men« (»Nepper, Schlepper, Bauernfänger«) oder »grifter«, wie man in den USA sagt. Das zeigt die BBC-Serie »Hustle«, die bis 2012 lief (deutscher

Untertitel »Unehrlich währt am längsten«). Mit Sex hatte sie nichts zu tun.

Allgemein ist »hustle« ein bestimmter (wahrscheinlich amerikanischer) Ehrgeiz, eine Hatz bis hin zur Überforderung. Ein Drängen bis hin zur Nötigung. Eine Art zu handeln und ungeduldig zu sein, die manchmal wohl nicht ohne Tricksen auskommt. Das »Urban Dictionary« enthält eine Definition, die mir auch einleuchtet: »Hustle« sei eine Strategie, die in allen Lebensbereichen vornehmlich dem Gelderwerb diene: »Anything you need to do to make money ... be it selling cars, drugs, bodies. If you are making money, you are hustling.«

Fest steht: »Hustle« ist eine bestimmte Form, sich ins Zeug zu legen und etwas schnell zu erledigen. In dieser Bedeutung ist es eine ideale Vokabel für fleißige Menschen, die im Büro unter Strom stehen oder es mit ihrer Karriere eilig haben. Dass dies nicht unbedingt mit Gaunereien, mit Kriminalität oder Sex zu tun haben braucht, zeigt auch die gängige Wendung »hustle and bustle«: Sie bedeutet nichts anderes als die alltägliche »Hektik« oder einfach ein »geschäftiges Treiben«.

Der Duden kennt übrigens auch eine Bedeutung für »Hustle«. Sie passt gut in die Zeit des Films, und bildet gewissermaßen die sechste Gruppe in meiner kleinen Befragung: »ein Modetanz der 1970er-Jahre, bei dem die Tänzer in Reihen stehen und bestimmte Schrittkombinationen ausführen«.

Ich denke, diese Bedeutung von »hustle« können wir jetzt wieder vergessen.

6. Kapitel

Probier's mal mit Gemütlichkeit
Deutsche Wörter im Englischen (mit Liste)

Wenn Sie mit Ihrem Englisch am Ende sind, dann sprechen Sie doch einfach ein bisschen Deutsch! Wörter wie »kaffee-klatsch«, »gesundheit« oder »wurst« sind schließlich auch in England oder Amerika geläufig – und deutsche Bandwurm-wortmonster haben sogar Kultstatus!

Wie leicht es manchmal ist, mit Deutsch auch in den USA verstanden zu werden, erlebte Rüdiger in Denver. Nicht einmal seine Visitenkarte hätte er zu übersetzen brauchen, als er die »Brew Expo America« besuchte, eine Fachmesse fürs Brauereigewerbe. Seit in Amerika vor ungefähr 25 Jahren »the German reinheitsgebot« entdeckt wurde, steht alles Deutschsprachige in der Branche hoch im Kurs – everything German is hugely popular in the US brewing industry.

Schon Rüdigers Titel »Braumeister« löste unter den Geschäftspartnern Freude aus. Gäbe es auch im englischsprachigen Raum so energische Sprachpfleger wie in Deutschland oder Frankreich, sie müssten in Wallung geraten – they would have to fly into a rage – angesichts der vielen Germanismen und des Kauderwelschs, das Rüdiger in Denver serviert wurde: »Rudiger, you are an echt braumeister from Deutschland! That's wunderbar!«, people told him all over the place.

Niemals hätte der Mann aus Niederbayern gedacht, dass sein deutsches Fachchinesisch für Amerikaner so süffig ist wie ein Schluck von seinem herb-süßlichen Hefeweizen – German brau-jargon seemed to go down equally well with the Americans as kissing the cup of his finest ... let's just say »hefeweizen« for that is more palatable than the English specification »wheat beer«.

Rüdiger beeindruckte auch, wie viele allgemein gebräuchliche deutsche Wörter den Leuten in Denver geläufig waren – he was impressed with the popularity of some common German terms. Als er einmal niesen musste, sagte sein Gesprächspartner: »Gesundheit!« Mich erinnerte das an die Serie »Boardwalk Empire«, die neulich den ersten Boss des FBI, Edgar Hoover, zeigte, als er in den Dreißigerjahren des 20. Jahrhunderts seinen Mitarbeitern ebenfalls »gesundheit« wünschte, wenn sie niesten.

Immer wieder hörte Rüdiger auch »wahnsinn«. Das Wort hat es zwar im Unterschied zu »wunderbar« noch nicht ins amerikanische Wörterbuch »Merriam-Webster« geschafft. Doch spätestens seitdem in Kansas die weltgrößte Wasserrutschbahn eröffnet hat, die »verruckt« heißt und von einer amerikanischen Firma namens »Schlitterbahn« betrieben wird, besteht kein Zweifel mehr, dass auch »wahnsinn« in Amerika angekommen ist.

Zugleich gibt es eine neue »Gemütlichkeit«, die ebenfalls ein bisschen wahnsinnig ist. Denn egal, ob man heute nach Kanada, Südafrika oder Neuseeland reist, egal, ob man in Boston, Birmingham oder Brisbane Lust auf ein Bier und eine Brezel hat: Die deutsche Brauhauskultur hat in unzähligen »biergardens«, »brauhouses« oder »brewery pubs« ein Zuhause gefunden. »Bräu« und »bier«, »essen« und »trinken«, »bratwurst« und »weisswurst«, »sauerbraten« und »sauerkraut«, »schnitzel« und »kartoffelsalat« sind in aller Munde. Da ist es beinahe überflüssig noch zu erwähnen, dass »jägermeister«, »glühwein«, »schnapps« in Strömen fließen, von etlichen deutschen Biersorten ganz zu schweigen – not to mention a vast number of German beers.

Viel geprostet und geschunkelt wird auch in New York. Sogar im hundsteuren »Standard Hotel« am High Line Park. Dort kann man locker für 500 Dollar übernachten und im hoteleigenen »biergarten« eine »pretzel«, einen »leberkäs« oder »obazda« bestellen. Und im Winter lockt rund um die Eisbahn der »ice rink side kaffeeklatsch«!

Viel bodenständiger geht es im »Bavarian Bierhaus and Biergarten« von Sylvester Schneider zu. Es liegt in Manhattans East Village, wo vor rund hundert Jahren noch mehr als 350 000 Deutsche lebten, die dem Viertel den Namen »Little Germany« gaben. Heute ist »Zum Schneider« eine Institution für alle möglichen flüssigen und festen Spezialitäten »from the heimat«. Und ein Zufluchtsort für alle, die sich fern von Deutschland nach ein wenig Nestwärme sehnen – it's a haven (*häi-wänn*) for everyone who wishes to enjoy »Oktoberfest«, »karneval« oder »bundesliga« over the sea. Das Geschäft mit der deutschen Stimmung läuft auch dort prächtig – partying the German way seems to be paying anywhere!

Und wie sagt man nun »Nestwärme«? »German coziness« wäre o. k. Oder einfach »warmth« oder vielleicht auch »togetherness«, wie mein Lieblingsenglischlehrer Werner Lansburgh einst vorschlug. Aber auch das trifft es beides noch nicht. So why not saying »nestwarmth«? It sounds wunderbar, and that's what it's all about!

Unterdessen floriert im Vereinigten Königreich die deutsche »wurstkultur«. Vorbilder dafür sind Imbissbuden wie die »Eppendorfer Grill-Station« in Hamburg. Oder »Ku'damm 195« in Berlin, dessen Eigentümer ausgerechnet Gregor Bier heißt. In London eröffnen immer mehr ähnliche Läden, zum Beispiel »Herman Ze German« – and such places are called »wurst parlours«. Längst gibt es sie auch auf den Wochenmärkten über ganz England verteilt. Egal ob in Lancashire, in Cambridge, in Liverpool oder in Newcastle, überall eröffnen »braten grills«, »German schwenkgrills« oder »sausage stalls«.

Selbst deutsches Brot ist auf dem … (ich sage es ohne jede Absicht, den Krieg zu erwähnen) … auf dem Vormarsch. »Weissbrot«, »dreikorn«, »laugenstange«, das alles wurde mir in London schon angeboten. Sogar »Kamps« backt jetzt auf der Insel. Mit ihrer roten Schrift, dem senfgelben Brezel-Logo und dem etwas rätselhaften Slogan »The heart of fine baking« – presumably a wordplay on »the art of fine baking« – versprüht die Bäckereikette das Lebensgefühl deutscher Fußgängerzonen. Es bleibt zu hoffen, dass es »Kamps UK« nicht so ergeht wie einst »Tchibo UK«. Der Kaffeeröster, der auch »badelatschens« und »radioweckers« verkaufte, musste nach kurzer Zeit wieder schließen, weil sein Angebot nicht so recht in britische Haushalte passen wollte.

Aber es sind ja zum Glück nicht nur Fressalien und Badelatschen, durch die das Deutsche in den englischen Wortschatz fließt. Einen noch viel größeren Einfluss haben unsere Sportler. So kennt die ganze Welt zum Beispiel den »Kaiser«: klar, Franz Beckenbauer. (Gewöhnlich versteht man im Englischen unter »kaiser« oder »kaiser roll« ein Brötchen.) Seit einiger Zeit ist nun auch von einem »Naturbursche« die Rede – lately »naturbursche« has made it into English: Das ist Thomas Müller. Und der Sportredaktion der britischen Zeitung *The Guardian* fiel auf, dass der Bursche eine besondere Art hat, Tore zu schießen: »He mullers.«

Sehr auf die deutsche Sprache bedacht sind auch einige Hersteller deutscher Spitzenprodukte, allen voran die Automobilkonzerne. Wenn ich nur an die Slogans »Fahrvergnügen« und »Das Auto« von Volkswagen denke. Auch Audi hat einen markanten deutschen Spruch in den Köpfen von Briten und Amerikanern geparkt, selbst wenn viele »Vorsprung durch Technik« kaum aussprechen können. Man nennt diesen Kniff übrigens den »country of origin effect«. Er soll die beliebte Herkunftsbezeichnung »made in Germany« verstärken, indem der Hersteller einen überzeugenden Gedanken über sein Produkt in seiner Landessprache mitliefert – the idea is to express a persuasive message about the product in the producer's tongue.

Weil die Vermarktung deutscher Waren im Ausland gut funktioniert, spricht man rund um den Globus auch vom »exportweltmeister«. Der Begriff kam zur selben Zeit in Mode, als auch die olivfarbenen Parkas mit dem kleinen deutschen Fähnchen am Ärmel zum Exportschlager wurden. Vielleicht ist deshalb die »Bundeswehr« im Englischen so geläufig wie es auch der »Bundestag« und der »Bundeskanzler« sind. Oder der »Mittelstand« und die »Mitbestimmung«. Oder das »Waldsterben« und das »Wirtschaftswunder«. Und über all diesen Dingen hängen selbstverständlich immer »Weltanschauung« und »Weltschmerz«!

Vor allem seit Angela Merkel an der Macht ist, fühlen sich viele englischsprachige Berichterstatter angestachelt, aus ihren Berichten kleine Deutschstunden zu machen. Nicht nur, dass sie Merkel als »Übermutti« bezeichnen. (Lesen Sie mehr dar-*über* im Kapitel »Wann ist ›über‹ wieder over?«) Sie greifen auch zu deutschen Wörtern, um das Verhalten der Kanzlerin zu kommentieren:

- mal spöttisch: »Merkel's dummkopf policy«, in der *Washington Post*

- mal kritisch: »Merkel's diktat«, in der *Financial Times*

- mal zutreffend: »Merkel is fleissig«, im Magazin *The New Yorker*

Doch woher kommt dieser Ansporn? Warum befleißigen sich die Sprecher der wahren Übersprache Englisch deutscher Worte? Wollen sie wirklich ihren Ausdruck bereichern oder wollen sie sich bloß schmücken?

Was englischsprachige Menschen an der deutschen Sprache am meisten fasziniert, hat ein gewisser Karl Follen bereits im 19. Jahrhundert erklärt: »Die deutsche Sprache ist auf eine Weise schöpferisch und fruchtbar, dass sie für jegliche Idee, die sich ausdrücken lässt, ein Wort bereitstellen kann.« Follen war ein deutscher Auswanderer in die USA, der 1835 das Buch »A Practical Grammar of the German Language« verfasste.

Rund 180 Jahre später spricht die junge amerikanische Autorin Robyn Schneider in einem Video auf YouTube über »lexical gaps«, also Lücken im englischen Wortschatz, und über ihren Hang, sie mit deutschen Worten aufzufüllen: »I am obsessed with German words that don't exist in English.« Vor allem unsere zusammengesetzten Wörter haben es ihr angetan. Das sind ihre sieben Lieblingsbegriffe:

1. Sitzfleisch
2. Schadenfreude
3. Fernweh
4. Weltschmerz
5. Kummerspeck
6. Sitzpinkler
7. Warmduscher

Der Brite Ben Schott geht mit seiner Huldigung des fremden Klangs und vor allem der unbändigen Länge mancher deutscher Wörter noch einen großen Schritt weiter – he goes much further in his admiration for the unfamiliar sound and the unruly length of the German vocabulary.

Unter dem Titel »Schottenfreude« hat Schott (der kein Schotte ist!) ein Buch mit 120 Bandwurmwörtern veröffentlicht, die er sich allesamt selbst ausgedacht hat. Im Vorwort hat er mich mit der Einschätzung verblüfft: »Wenn dem Engländer die Worte ausgehen, wendet er sich häufig dem Deutschen zu.«

Schott nennt seine Wortschöpfungen »German words for the human condition«, was so viel bedeutet wie: deutsche Worte, um das menschliche Befinden auszudrücken. Und tatsächlich sind ihm ein paar bemerkenswerte Kreationen gelungen: die »Kühlschrankblockade«, die

»Schmutzwortsuche«, die »Witzfindungsstörung« oder die »Sonntagsleere«. Verstanden?

Trotzdem bleiben die meisten »Schottisms« hinter den Erwartung zurück. Sie wirken ein wenig wie von einem Roboter generiert und um jeden Preis zusammengeschraubt, so dass man dem Erfinder des genialen »Schotts Sammelsurium« zurufen möchte: »Dear Ben, that's not the way German works!«

Es wäre ja außerdem völlig falsch zu behaupten, dass es im Englischen keine zusammengesetzten Wörter gäbe, also keine »compound nouns«. Schließlich ist das Englische auch eine westgermanische Sprache, die solche Konstruktionen leicht macht. Ich erinnere bloß an zwei alte Bekannte wie »housewife« und »handyman«.

Zugegeben: Englische Komposita sind selten so lang wie »narrowmindedness« (Engstirnigkeit). Trotzdem tauchen gerade in letzter Zeit immer mehr originelle Exemplare auf. Ich denke zum Beispiel an »Manhattanhenge«, die glänzende Bezeichnung für den außergewöhnlichen Sonnenuntergang in New York City, wenn das Licht parallel durch die Straßenschluchten scheint. Und wie schon gesagt: »nestwarmth« würde auch gut funktionieren!

Trotzdem hält sich unter englischsprachigen Menschen eine bestimmte kultartige Verehrung für deutsche Bandwurmwörter à la »Junggesellenabschied«. Als das aus sieben Hauptwörtern bestehende »Rindfleischetikettierungsüberwachungsaufgabenübertragungsgesetz« abgeschafft wurde, berichtete darüber sogar die Zeitung *The Australian* am anderen Ende der Welt: Und auch eine Übersetzung für das Monster hatte die Redaktion mitgeliefert: »the law concerning the delegation of duties for the supervision of beef labelling«.

Doch egal, ob kurz oder superlang: Auf dem Höhepunkt ihrer Schwärmerei geraten die Freunde deutscher Wörter oft schlagartig in eine Krise. Es ist der Moment, in dem sie unsere Sprache wirklich benutzen wollen. Dann gleichen die fremden deutschen Wörter plötzlich nur noch schönen wilden Tieren: Man bestaunt sie gerne in ihrem Käfig, aber will nie alleine mit ihnen sein!

Ich erinnere mich noch lebhaft, wie der amerikanische Gastvater meines Bruders größte Schwierigkeiten damit hatte, den Umlaut in »Köln« auszusprechen. Er legte dafür seinen Kopf in den Nacken und spitzte den Mund, um am Ende doch nur ein »ü« herauszupressen: »Külln«. Das zeigte mir schon vor zwanzig Jahren, dass es nicht nur die Länge deutscher Worte ist, die abschreckt – there is a general uneasiness about German words, regardless of their length.

Es war der amerikanische Schriftsteller Samuel Langhorne Clemens, der uns allen besser als Mark Twain bekannt ist, der sich mehrfach in den Zoo der deutschen Sprache gewagt hat. Danach hat er immer wieder, auf zünftig Deutsch: gekotzt! In seinem Aufsatz »The Awful German Language« von 1880 erklärte er, warum er vor allem den deutschen Bandwurmwörtern nicht über den Weg traute: »›Unabhängigkeitserklärungen‹ seems to be ›Independencedeclarations‹, which is no improvement upon ›declarations of independence‹, so far as I can see.« Er spottete über die »alphabetischen Festzüge«: »These things are not words, they are alphabetical processions. And they are not rare; one can open a German newspaper at any time and see them marching majestically across the page: Generalstaatsverordnetenversammlungen, Alterthumswissenschaften [damals noch mit »th«], Stadtverordnetenversammlungen.«

Wie sehr dem armen Mark Twain der Kopf schwirrte, erkannten seine Leser daran, welches Wort er felsenfest für die Übersetzung von »mother-in-law«, also »Schwiegermutter«, hielt: »Schlagmutter«. Ob dahinter eine Absicht steckte, also gewissermaßen eine satirische Spitze im Kleid eines neu komponierten Kompositums für all diejenigen, die mit ihrer Schwiegermutter geschlagen sind? Ich könnte es sehr gut nachvollziehen. Aber ich weiß es nicht!

Mark Twain sehnte sich auf jeden Fall nach möglichst kurzen und vielsagenden deutschen Worten, nicht nach den langen Bandwurmmonstern. Seine Begeisterung galt zum Beispiel »Zug« und »Schlag«, für die er mehr als zwanzig Übersetzungen ins Englische fand.

Das führt mich noch einmal zur deutschen Bundeskanzlerin, die sich nichts ahnend dem Appell von Mark Twain angeschlossen hat, seit sie im Sommer 2013 mit »Neuland« eine griffige Beschreibung für das Internet prägte. Sofort wurde »neuland« in den englischen Wortschatz aufgenommen. Aus Sicht der Amerikaner grenzte die Wortwahl unserer naturwissenschaftlich gebildeten Kanzlerin an Genialität, und wo ich »Grenze« sage, ist auch leicht erklärt, warum: Das Netz lässt sich leicht mit der Erschließung des amerikanischen Westens im 19. Jahrhundert und mit der damaligen Grenze ins Ungewisse vergleichen. Sie wurde »frontier« genannt, dahinter lag Neuland, das immer weiter in den Westen wanderte, bis es schließlich vollständig erschlossen war und die Idee der »frontier« im Pazifik versank. Angela Merkel's »neu-land« is mankind's new frontier!

Auf die Gefahr hin, dass Sie nicht sofort verstanden wer-den, können Sie die folgenden 99 deutschen Wörter ru-hig einmal ausprobieren. Ich habe sie in englischspra-chigen Büchern, auf Internetseiten, in Zeitungen, auf Plakaten und anderen Quellen gelesen oder auch gehört:

99 *Germanismen im Englischen*

abseilen | to abseil | to abseil down

Autobahn

Angst

Berufsverbot

Biergarten | beergarden

Bildungsroman

Bratwurst

Dachshund

Delikatessen

Diktat

Doppelgänger | Doppelganger

Dreck

Dummkopf

echt

Ersatz

Fahrvergnügen

fleischig|fleishig (ebenso milchig; aus dem
  Jiddischen)

Fußball|fuzzball (da kein »ß« existiert)

Fräulein

fressen|to fress

Geist

gemütlich|Gemütlichkeit

Gestalt

Gesundheit

Glockenspiel

Glühwein

Großwetterlage

Hausfrau

Hefeweizen

Hinterland

Inselberg

Jägermeister|Jägerbomb

Kaffeeklatsch

kaputt|kaput

Karabiner

Katzenjammer

Kindergarten

Kitsch | kitschness

Kohlrabi

Kuchen

Kultur | Kulturkampf

Kummerspeck

Langlauf

Leberwurst

Lederhosen

Leitmotiv | leitmotif

Lied

Lumpen | Lumpenproletariat

Machtpolitik

Marzipan

-meister (zum Beispiel Braumeister,
    Beermeister)

Mensch | mensh

Mittelstand

Müsli | muesli

Mutter | Mutti

Nachlass

Nachtmusik

Naturbursche

Nichts (Sie lesen richtig: nichts. Gar nichts!)

Oktoberfest

Politik | -politik (zum Beispiel Ostpolitik,
   Ordnungspolitik, Realpolitik)

Poltergeist

Pumpernickel

Quark

Rollmops | rollmop

Rucksack

Sauerbraten

Schadenfreude

schleppen | to schlepp

Schloss

Schmaltz

Schnecke

Schnitzel

Schnaps | schnapps

Schnorrer (aus dem Jiddischen)

Schuss

Schwärmerei | schwaermerei

schwitzen | to shvitz (aus dem Jiddischen)

Sitzbad

Sprachgefühl | Sprachraum

Sprechgesang | Sprechstimme

spritzen | to spritz

Streusel

Schwindler | swindler

über (auch ueber)

Umwelt | Umwelten

Ur- (zum Beispiel: Urschleim, Urtext, Ursprache)

verboten

Volkssport

Waldsterben

Wanderjahr (beruflich pausieren: sabbatical) | wanderlust

Weißwurst

Weltanschauung | Weltschmerz

Wiedergänger

Wirtschaftswunder

Witzelsucht (eine psychologische Krankheit)

Wunder- | wunder- (zum Beispiel wunderbar, Wunder-
kammer, Wunderkind)

Zeitgeist

Zwieback

Wann ist »über« wieder over?
Achtung, ein Modewort

Das Wörtchen »über« ist der neue Über-Tick in der englischen Sprache. Es stammt aus der Mottenkiste des Philosophen Friedrich Nietzsche, der sich den »Übermenschen« ausdachte. Mittlerweile ist es sogar schon ein Verb, man »übert« nach Hause: »I uber home.« Ich habe das langsam über!

Auf einmal ist überall »über«. In den Filmen aus Übersee. In zahllosen Texten und Überschriften. Und in den Moderationen aller möglicher Fernsehansager, egal, ob in den USA, in Großbritannien oder in Australien. Das ist überhaupt nicht übertrieben – this is by no means an exaggeration!

Mal mit Umlaut, mal ohne, das deutsche Präfix dient im Englischen neuerdings dazu, alles Mögliche zu veredeln: Es macht alles Tolle noch toller, alles Reiche noch reicher, alles Schöne noch schöner, alles Geile noch geiler, alles Kompetente noch kompetenter und alles Mittelklassige noch mittelklassiger – the German prefix »uber« serves to make everything that shines even more shiny.

Hier ein paar Beispiele, die ich in den letzten Jahren gehört und gelesen habe: »That's uberawesome«, sagte David Letterman. »She's an uber-beauty«, urteilte Ellen DeGeneres über Cate Blanchett. »Gwyneth Paltrow is an über-inspirator«, behauptete die *Financial Times*. »Let's make it ubersexy«, appellierte die *Vogue*. »The ranks of the über-rich have swelled by 59 percent ...«, bemerkte die

New York Times. Sogar von einer neuen sozialen Schicht war in der *Financial Times* schon die Rede: die »über middle class« in der Stadt Oxford.

Während es die Buchstabenfolge u-b-e-r bislang im Englischen nur sehr selten gab – genau genommen nur in den Worten »puberty«, »exuberant« und »exuberance« (überschwänglich und Ausgelassenheit) oder »gubernato-rial« (Angelegenheiten eines Gouverneurs) – ist sie mit »über« nun allgegenwärtig.

Wer wissen will, wie dieses »über« funktioniert – ganz einfach: so wie »over«, ein englisches Wörtchen, das es früher oft gab, und damit meine ich bis vor ein paar Jahren: »overambitious«, »overcareful«, »overtime«, »over-coat«. »Overfamiliar« benutzte man sogar schon in der Zeit von Queen Victoria und das war von 1840 bis 1901. Und noch davor sagte man: »overmorrow«. Ich finde, das sollte wieder eingeführt werden, da es doch viel prakti-scher ist als »the day after tomorrow« – von mir aus wäre auch »übermorrow« okay.

Apropos »over«: Den Business-Kaspern unter uns ist »overdone« sehr vertraut: »Mensch, das haste jetzt aber overdone« oder »'n bisschen overdone, die Sache« sind in aller Munde. Dass bereits »over« klanglich etwas über-germanisch anmutet, liegt schlicht daran, dass auch diese Vorsilbe, so wie »über«, von demselben indogermani-schen Wort »upo« abstammt, was vor vielleicht 2000 Jah-ren »unter« hieß, weshalb ein »i« angehängt wurde, so dass daraus »uperi« wurde. Hören Sie, was ich höre? Up-eri, über, over, super, hyper. Selbst das lateinische »super« und das griechische »hyper« stammten also davon ab.

Das akademische Englisch kennt auch eine andere deutsche Vorsilbe: »Ur-«. So sprechen manche Forscher von »urschleim«, »urtext« oder »ursprache«. Außerdem werden manche englische Wörter mit unserer »Politik« oder dem »Wunder« zusammengesetzt. Allerdings klingen sie in Gesprächen auf Englisch ziemlich überladen, um nicht zu sagen, übertrieben: Ordnungspolitik, Ostpolitik, Realpolitik. Wunderkind, Wunderkammer. People who use these words seem a bit out of touch, don't you think?

Das deutsche Wort »Ersatz« hat es dagegen in den englischsprachigen Alltag geschafft: »Ersatz coffee« und sogar »ersatz emotions« habe ich in gewöhnlichen Gesprächen schon vernommen.

So populär allerdings wie »über« war bislang noch kein anderes deutsches Wörtchen. Da es einen an jeder Ecke überraschen will, wird es immer leichter, »über« zu überhören und zu überlesen. Als seien unzählige »übers« vom Himmel gefallen, übersät es heute die englische Sprache, sodass ich längst den Überblick verloren habe. Die *New York Times* fragte schon vor vielen Jahren: »Ach du Lieber! Don't you wish über was over?«

Im Oxford English Dictionary wird »über« übrigens so erklärt: »denoting an outstanding or supreme example of a particular kind of person or thing: ›she's a self-proclaimed uberbitch‹; ›an audience composed largely of ubergeeks‹; to a great or extreme degree: ›an uber-cool bar.‹«

Kein Wunder, dass das Wörtchen längst auch zum Markennamen eines Chauffeurdienstes aus San Francisco avanciert ist, der mit einer App inzwischen auch in Deutschland Fahrgäste aufsammelt. Er heißt »uber.com«.

Wenn man sich in den USA so einen Wagen bestellt, um zum Beispiel nach Hause zu fahren, sagt man mittlerweile: »I'll just uber home.« Die Redaktion des *Boston Globe* berichtete darüber beinahe etwas übergeschnappt: »At first it was a noun; now it's an action. This kind of verb-ification of a brand name is ›the holy grail‹ of marketing.« Aha – »über« repräsentiert jetzt schon einen heiligen Gral!

Dass »über« auf den Philosophen Friedrich Nietzsche, also nicht gerade auf einen übermäßig gut gelaunten Menschen, zurückzuführen ist, stört überhaupt niemanden. Während sich Nietzsches »Übermensch« in den USA Anfang der Dreißigerjahre zur überzüchteten Fantasiefigur des »Superman« entwickelt hatte, überlebte er in der deutschen Heimat als reine Überlegung: im Überbau der Nazi-Rassenlehre.

Sogar die Zeile »Deutschland über alles« ist im Englischen wieder salonfähig. Mit dem Song »California Über Alles« der »Dead Kennedys« von 1979 fing es an, soweit ich mich erinnere. Heute überschattet »über alles« wie ein überflüssiger Textbaustein die überdurchschnittlich intelligenten Intelligenzmedien. So verwendet ihn zum Beispiel das Londoner Magazin *The Economist* mit übermäßiger Hingabe: »Merkel über alles.« Ich will da weder überkritisch, überschlau noch politisch überkorrekt sein, aber wirklich überzeugend ist das nicht.

Als Angela Merkel im Februar 2014 London besuchte, dichtete Ann Treneman, eine Journalistin der *Times* (sie trägt den überaus altmodischen wie schönen Titel »parliamentary sketch writer«), die Überschrift: »Learn with Über-Mutter as she shows how to give away nichts«.

Ja spinn ich – ein englischer Satz mit gleich zwei deutschen Wörtern?

Ann Treneman war nicht die erste, die Angela Merkel als Mutter bezeichnete und auf der »Über-Mom« herumritt, ein Begriff, der vor allem in Amerika für Helikoptermütter gebräuchlich ist. (Das führt so weit, dass es mittlerweile eine Plastikbox für Rotztücher gibt, die »Über-Mom« heißt.) Den Spitznamen »Mutti« haben die englischsprachigen Medien der Bundeskanzlerin schon vor einiger Zeit gegeben. Die Steigerung »Über-Mutter of Europe« hatte ich zuvor allerdings noch nicht gehört. Auch das Wortspielchen »to mutter about the mutter« war mir neu. Ann Treneman schrieb: »›Like a visit from the Pope‹, I heard a peer mutter about the mutter.« (Ein »peer« ist ein Abgeordneter des britischen Über – pardon, Oberhauses, »to mutter« bedeutet »tuscheln«) Ich weiß nicht genau, was los ist mit den Briten, aber im Verhältnis zu Deutschland haben sie zurzeit mindestens eine Mutter locker.

Herrlich professionell überspielten die britischen Medien übrigens den Umstand, dass sich die »Über-Mutter« nach ihrer teils übersetzten und teils tadellos englischen Rede auf den Stuhl zwischen Mr Speaker und den Lord Speaker setzte, als sei sie, die Frau Merkel, eine Über-Queen. Ob sich die wahre Queen im Buckingham Palace darüber beklagt hat, wissen wir nicht. Protokollarisch ging das jedenfalls gar nicht. Doch was soll's: Schwamm drüber – no hard feelings!

Die internationalen Medien übertrugen später jedenfalls aus dem Buckingham Palace ein überaus freundliches Hallo:

Queen: Very nice to see you again.
Merkel: Jaa, thank you for the invitation.
 I am very honoured.
Queen: Well, you have a very busy day,
 I think. Haven't you?
Merkel: Joa. But it's my duty to have busy days,
 I think.

Ohne ein Anzeichen der Übermüdung überquerte Merkel danach rasch wieder den Ärmelkanal gen Heimat. Die Briten mögen das für übereilt gehalten haben. Doch die übermäßig teuren Hotels in London hatten eine Übernachtung wohl verboten – auch eine Art, den Briten zu sagen, dass ihr übertriebener Liberalismus in Überschallgeschwindigkeit die Mittelschicht verdrängt und man als Übernormalomutti aus Ostdeutschland nicht mal mehr zu einem Abendessen bleiben kann, um in aller Ruhe über die Zukunft Europas zu sprechen!

PS: Im Moment beobachte ich schon den Re-Import von »über« nach Deutschland. Oder glauben Sie, dass früher jemand Zeilen wie »Die Über-Bayern« (*ARD*) oder »Über-Merkel« (*Spiegel*) geschrieben hätte? Mich überkommt das Gefühl, dass wir hier einem Trend unterliegen. Vielleicht können wir das ja noch einmal überdenken?

I flip out when you spritz around with water

8. Kapitel

Ein Sprachspiel der besonderen Art (mit Liste)

Warum an englischen Ausdrücken verzweifeln, wenn es auch mit vielen deutschen geht? Unsere Sprachen ähneln sich manchmal so sehr, dass uns direkte Übersetzungen gar nicht peinlich zu sein brauchen. Im Gegenteil: They work wonders!

Philipp, ein Philosoph, pflegt mit seinem jüngeren Bruder Johannes einen besonderen Zeitvertreib – Philipp who is a philosopher favours a special pastime with his younger brother Johannes. Der eine lebt in Berlin, der andere in New York, und wenn sich die beiden treffen oder miteinander skypen, versuchen sie Englisch bewusst so zu sprechen, dass alles furchtbar deutsch klingt. Dabei sagen sie gar nichts Falsches!

Was sie machen, nennen sie »Germanic English«. This name hits the nail on the head – dieser Name trifft den Nagel auf den Kopf. Und wie Sie sehen: klingt ungeniert deutsch, ist aber fehlerfreies Englisch.

Genauso funktioniert das kleine Sprachspiel der Brüder: Sie ergötzen sich an tadellosem Englisch, das so wirkt, als sei es gegen alle Regeln der Grammatik und Idiomatik direkt aus dem Deutschen übersetzt. Die Übersetzung des letzten Satzes funktioniert leider nicht in Germanic-English, ist dafür aber viel knackiger: They simply delight in impeccable English with a hopelessly German sound. Philipp und Johannes sprechen vom »handstand«, vom

93

»ballast« oder von einem »cramp«. Sie sagen Sätze wie: »I give up.« Sie fragen: »What have we here?« Und sie bemühen Floskeln: »We sit in the same boat.«

Auch ich stolpere immer wieder über scheindeutsches Englisch – I regularly come across English that is seemingly German. Da sind zunächst die typischen Lehnwörter, die 1:1 übernommen werden und die jeder schon gehört hat: »Gemütlichkeit«, »Hausfrau«, »Schadenfreude«, »Schnaps« – und sogar »Mensch«. In diese Gruppe fallen auch »Sprachgefühl« und »Sprachraum«, zwei Worte, die an den Unis sehr beliebt sind. Ein wenig wundert es mich, dass man nicht auch »Sprachspiel« sagt, sondern »language game«. Doch das ist schnell mit der Popularität des Wortes »spiel« im Englischen erklärt. Es ist eines dieser kurzen Wörter, das Sie sich unbedingt merken sollten, obwohl es nicht das bedeutet, was Sie auf Anhieb vermuten möchten. Wie viele scheinbar aus dem Deutschen entlehnte Wörter stammt »spiel« aus dem Jiddischen, einem germanischen Dialekt, der sich parallel zum Hochdeutschen entwickelte. Es bedeutet »quatschen« bzw. »das Gequatsche«. Man könnte sagen: Es ist das übertriebene Spiel mit Worten, das Stolpern, Dribbeln und Verdribbeln. Kurz: das Gelaber.

That brings me to the second group – das führt mich zur zweiten Gruppe. In sie fallen die selteneren deutschen Wörter, und wie »spiel« sind sie nicht selten auch dem Jiddischen entlehnt. Zwei Beispiele, die erst im letzten Jahr vom amerikanischen Wörterbuch Merriam-Webster und vom britischen Oxford English Dictionary aufgenommen wurden, lauten »milchig« (oder auch »fleishig«) und

»shvitz«. Die folgenden Sätze sind in Zukunft also völlig korrektes Englisch: »The drink looks milchig« = »Das Getränk erscheint milchig«. »I go to the shvitz« = »Ich gehe in die Sauna«. »Everybody was shvitzing« = »Alle schwitzten«.

Eine ganz besondere Faszination üben darüber hinaus all jene Wörter aus, die eine englische Erscheinung und einen deutschen Klang haben: Adverbien wie »namely« (»nämlich«), »insofar as« (»insofern als«), »all in all« (»alles in allem«) und was ich besonders mag: »underway« (»unterwegs«). Es lässt jeden Satz sofort deutsch erscheinen: »The post is underway« = »Die Post ist unterwegs«. Dabei ist auch das astreines Englisch.

Ganz ähnlich gibt es englische Adjektive, die sich wunderbar deutsch geben wie »hair-raising« (haarsträubend), »orderly« (ordentlich), »stark« (stark), »hefty« (heftig) oder – was ich in dieser Gruppe besonders mag: »lousy« (lausig): »what a lousy trick« – »welch lausiger Trick«. Bekannte Hauptwörter sind »loudspeaker« oder »outcry«. Als der Historiker Christopher Clark das Buch »Sleepwalkers« über den Ersten Weltkrieg veröffentlichte, fiel mir auch dieses Wort sofort auf: die Schlafwandler!

Außerdem gibt es eine ganze Reihe Verben, zunächst die offensichtlichen wie »to bring«, »to begin« oder »to forget« und darüber hinaus viele sehr originelle wie »to spritz« oder »to spritz around« oder »to flip out« – wobei das deutsche »ausflippen« vom englischen »flip out« kommt und nicht umgekehrt.

Zurück zu den beiden Brüdern Philipp und Johannes: Ihr Sprachspiel gefällt mir auch deswegen, weil die beiden in ihren Berufen ganz anders mit Sprache umgehen: Als Philosoph lebt Philipp vom Wort. Er mag die kurzen Sätze: »It works wonders.« Und Johannes, der von einer bestimmten Art des Schweigens lebt, mag die langen: »Don't spritz around when you gurgle with water.«

Tatsächlich nehme ich an, dass Johannes nicht annähernd so viel Englisch spricht wie die anderen rund drei Prozent Deutschen in New York. Ich stelle mir sogar vor, dass er gar nicht spricht, während er sein Geld verdient – I would imagine he doesn't talk much, if at all, while he's doing his job.

Deshalb jetzt raus mit der Sprache! Spill it out, Johannes: What do you do for a living?

Die meisten Menschen würden ihn zutreffend ein »Model« nennen. Andere, die sprachlich hinterm Mond leben – those who live under a rock (unbedingt merken: großartige Formulierung!) –, würden ihn als »Dressman« bezeichnen. Das ist allerdings ein pseudoenglischer Begriff, den es im englischen Wortschatz gar nicht gibt und den deshalb niemand außerhalb von Deutschland versteht.

Johannes ist ein Model, das gut aussieht, um es einmal mit »Kraftwerk« zu sagen. Die Band aus Düsseldorf ist in der englischsprachigen Welt recht bekannt und hat mit ihrem Namen ein weiteres deutsches Wort eingeführt. Über Johannes würde ich noch ergänzen: He is a youthful (nicht young) epitome of male beauty. Und als jugendlicher Inbegriff männlicher Schönheit kann er den ganzen Tag über Sätze sinnieren wie diese:

My neighbor looks very well after my flowers
when I am not at home.
Frage: Englisch oder nicht?
Antwort: Englisch.

My other neighbor throws an eye on me.
Frage: Englisch oder nicht?
Antwort: Auch Englisch.

My brother is a schnorrer and a swindler –
it goes hand in hand.
Frage: Nicht wirklich Englisch?
Antwort: Doch.

Herein lies the problem.
Frage: Englisch oder ein deutscher Klugscheißer?
Antwort: Beides.

So much plunder!
Keine Frage: Englisch.
Aber was heißt plunder?

Das englische »plunder« ist ein gemeines Täuschungs-
manöver – it's a feint. Jedenfalls, wenn man annimmt,
»plunder« bedeute entweder Plunder als Gebäck oder
Plunder als Schrott, Gerümpel, Trödel, oder was immer
Sie dazu sagen wollen – that's just »garbage«, »rubbish«
or »trash«. Denn »plunder« ist ein Homonym, deutsche
Kinder sagen dazu auch »Teekesselchen«. (Kleiner Spaß
am Rande: Lassen Sie Ihre englischsprachigen Freunde
einmal »Teekesselchen« aussprechen.) Kinder in den
USA spielen »teapot«.

Die Ähnlichkeit von »plunder« stammt aus dem dritten deutschen Wortsinn, dem Verb »plündern«, sowie aus dem Ergebnis einer Plünderung: der »Beute«. In den Bedeutungen »Schrott« und »Kuchen« ist »Plunder« dagegen ein »false friend«.

Unterdessen warten Philipp, Johannes und ich noch auf das Buch über die wahren Freunde: der Schatz der Worte und Redewendungen, die sich im Deutschen und Englischen exakt gleich verwenden lassen – the trove of »true friends«: words and expressions with similar meanings in English and German. Genau diese wahren Freunde sind es, mit denen die Brüder Philipp und Johannes immer spielen – exactly these true friends are the ones Phillip and Johannes play on.

And almost certainly the brothers' language game is a big spiel – diese Übersetzung schenk ich Ihnen.

Hier sind 22 Sätze, die unheimlich deutsch klingen, die aber astreines Englisch sind (und die für sich sprechen sollten). Probieren Sie sie aus!

22 wahre Freunde (true friends)

Joblessness is a moment in which you see who your real friends are.

I would say that is a brilliant work.

No, it's banal shit!

What a hefty rainstorm that was!

Be nice and go home.

That was a lousy trick.

Please hang it up!

I have good grounds to say this.

The outlook for next week|year is positive.

That is against our position: Our standpoint is clear.

The statue's nose broke loose.

He sat on his stool and had manifold daydreams.

Please stand still.

It is a domino effect of falling house prices.

The bear stood before Gisela while she hoped that the helping hand of god would come and intervene.

He came into the gallery and gave me the book.

The doctor has angst and hectically schlepps all instruments in the room because the patient's fever curve is so crass.

She sings a lied and wanders from door to door.

The manager will underwrite the credit in the bank.

The tennis player made a handstand when he saw his rival had won.

I let you go.

Now we are quits.

Verzeih, mein lieber Wasserkocher!
Die »Sorry«-Manie

Können wir uns jemals so gut entschuldigen wie die Engländer? Sie sagen ständig »sorry« – und das sogar zu leeren Räumen und Haushaltsgeräten. Überhaupt haben sie Probleme, die wir uns beim besten Willen nicht vorstellen können – aber die wir kennen sollten!

Die Invasion von Anglizismen in den deutschen Sprachraum stört mich kaum – it doesn't bother me much. Wer sich unbedingt mit englischen Worten aushelfen oder schmücken möchte, soll es tun. Keine Sprache war jemals rein und abgeschottet von fremden Einflüssen – the concept of a pure and sealed-off language is a fallacy – ein Trugschluss!

Allerdings gibt es einen kleinen englischen Einwanderer, den ich am liebsten erschießen möchte. Der nervt! Weil er mir oft niederträchtig erscheint – it often seems infamous, mean, malicious. Und den ich im nächsten Augenblick überhaupt nicht ernst nehmen kann, weil er doch bloß ein Tick ist – say, it's a »fad« or a »quirk«. Sorry, falls ich jetzt jemanden beleidige: Ich spreche über das Wörtchen »sorry«. Leute, die es ständig sagen, halte ich für ein bisschen affig.

Leider muss ich an sehr viele Zeitgenossen denken. Höhepunkte sind immer die besonders kaltschnäuzigen Momente – the most callous moments, not to say the clinical ones! Situationen, in denen man entweder eine aufrichtige Entschuldigung oder am liebsten eine bessere Tat erleben möchte. Zum Beispiel als mir mein deutscher Chef einmal die Kündigung aussprach und dabei sagte: »Sorry. Wirklich sorry.« Gemeiner war nur die Krankenschwester, die ich nach einer kleinen Operation um eine Liege bat, weil ich mich hinlegen wollte. Da antwortete sie: »Wir haben keine Liege frei. Ein anderes Mal gerne. Sorry.«

Auch im Englischen ist »sorry« oft eine Zumutung. Und es ist dort noch viel verbreiteter. Mit anderen Worten: eine echte Plage! Wer verstehen möchte, wie es verwendet und verstanden wird, der sollte sich das Lied über den »Vollendeten Bankier« anhören: »The Complete Banker«. Gedichtet hat es Neil Hannon, der geistreich sarkastische Sänger von »The Divine Comedy« – a witty man who writes lyrics that are brilliantly sardonic:

> »Can anyone lend me ten billion quid?
> Why do you look so glum, was it something I did?
> So I caused the second great depression, what can I say?
> I guess I got a bit carried away.
> If I say I'm *sorry*, will you give me the money?«

Was den Briten das »Sorry« ist, war Deutschen und Österreichern früher einmal der »Blankoscheck«: Es ist Kriegserklärung und Kapitulation in einem. Ein Streit, den man selbst auslöst und, rein vorsorglich, gleich wieder für beendet erklärt. Eine Haltung, die gar nicht mehr in unsere Zeit passt! Rein vorsorglich deshalb gleich meine Entschuldigung: »Sorry for mentioning the war!« (Bitte lesen

Sie mehr über das Spiel »Don't mention the war« im Kapitel »We not shoot, you not shoot!«).

Dass auch die Engländer mit »sorry« hadern, brachte John Cleese schon im Jahr 1988 zum Ausdruck – he expressed how much the English are at odds with that nasty little word. Cleese, der in den Sechzigerjahren die Komikertruppe »Monty Python« mitgegründet hatte, verbreitete im amerikanischen Fernsehen die Legende von einem britischen »Nationalen Entschuldigungstag«: »We have a national apology day where everyone apologises to everyone they have not apologised to in the previous twelve months or to everyone they haven't apologised to sufficiently in the previous twelve months.«

Um das Krankhafte am ewig wiederkehrenden »sorry« zu unterstreichen, holte John Cleese noch etwas aus: »When you grow up as a baby, everyone is very embarrassed the whole time. Everyone is apologising and saying ›sorry‹ the whole time. It gets a condition.« Wir sprechen hier also über ein chronisches Leiden! Das ist der entscheidende Hinweis für alle Nachäffer – that goes to anyone who indulges in apery: Man muss krank sein, um richtig »sorry« sagen zu können! (Mehr über gesundheitliche »conditions« lesen Sie im Kapitel »I am very sick – I am German«)

Mir fällt auf, dass die Briten systematisch Anlässe schaffen, um »sorry« zu sagen. Anlässe, die von vornherein überflüssig sind und für die sie sich danach entschuldigen.

Zum Beispiel neulich vor einem Flug der »British Airways« von Birmingham nach Frankfurt. Nachdem wir fast eine halbe Stunde nicht abgehoben hatten, meldete sich der Kapitän zu Wort: »I am sorry that we are not taking off. There was a slight problem with the jetty – mit der Landungsbrücke. It wasn't working. We thought it wasn't working. But in fact, it is working. There wasn't a problem. We very much apologise for the delay ...« Wie bitte?

Schon mein Lieblingslehrer Werner Lansburgh nannte England »the sorriest of all countries«. Und er erzählte die Geschichte vom Klo eines Pubs in London, in dem es unmöglich war, die Klotür *nicht* ins Gesäß zu bekommen, wenn man am Waschbecken stand: »There must have been some twenty people coming and going behind my back, bumping that door as many times against my bottom. Twenty or more times I heard that word:

›Oh, sorry.‹

›Awfully sorry, sir.‹

›Terribly sorry.‹

›Sorry.‹ (This was a gentle one.)

›I am *so* sorry.‹

›Sorry, terribly sorry. Did I hurt you?‹«

Nach dieser letzten Frage konnte sich Lansburgh nicht mehr halten: »›Not at all‹, I said, ›I actually enjoyed it.‹«

Der interessanteste Teil der Geschichte folgte allerdings noch: Denn nachdem der Mann »Did I hurt you?« gefragt hatte, schwätzte er auf einmal unschuldig vom Wetter: »Chilly day today, isn't it?«

Für Lansburgh war das kein Problem: Hauptsache, man hatte sich gegenseitig zur Kenntnis genommen. »Sorry« sei schließlich eine Art, ins Gespräch zu kommen. Für jeden, der sich einsam fühlt!

Da ich viel Zeit in Großbritannien verbringe, weiß ich aus eigener Erfahrung zu berichten, dass die Briten ein wirklich bemerkenswertes Verhältnis zu Entschuldigungen haben. Wenn man ihnen (genau) zuhört, bemerkt man, dass sie sich eigentlich ständig entschuldigen. Angeblich sagen sie bis zu siebzig Mal am Tag »sorry«. Das wären rund zwei Millionen Male in einem durchschnittlichen Leben. Besonders amüsieren mich Beispiele wie dieses: Ein Engländer kommt in einen leeren Raum, in dem Licht brennt oder ein Wasserkocher kocht. Dann ist die Wahrscheinlichkeit groß, dass er sich mehrfach entschuldigt, also einfach ein paar Mal »sorry« in den Raum ruft, und dann wieder geht. Wem diese Entschuldigungen genau gelten, ist unklar. Dem Raum? Dem Licht? Dem Wasserkocher? Schon die Fragen lassen erkennen, wie unbritisch ich bin.

Werner Lansburgh beschrieb den Nachteil – the downside of saying »sorry« all the time: Es lässt den Zauber des menschlichen Mitgefühls oft gar nicht erst aufkommen. Es banalisiert jedes Problem.

Henry Hitchings hat in seinem Buch »Sorry. The English and Their Manners« erklärt, warum das so ist. Höflichkeit werde in Großbritannien traditionell mit Distanziertheit gleichgesetzt. Im 19. Jahrhundert wurde der Satz »I am sorry« einfach auf das Wort »sorry« verkürzt. Seitdem kann sich jeder unpersönlich aus der Affäre stehlen, ohne Teil eines Problems zu werden und ohne irgendeinen Anteil an den Problemen anderer nehmen zu müssen.

Es ist ja allgemein bekannt, dass wir es im britischen Kulturraum mit geschulten Konfrontationsvermeidern zu tun haben, die selbst das größte Desaster noch als »Unannehmlichkeit« (»inconvenience«) bezeichnen und die jede Grausamkeit verschleiern und verkleinern können, während der Rest des Kontinents zuversichtlich nickt. Sie sagen zum Beispiel:

- Sorry. There was a tiny problem at the heart of your presentation. Damit wollen sie sagen: Das ging gar nicht.

- Sorry. We are slightly concerned about your decision. Damit wollen sie sagen: Das geht gar nicht!

- I almost agree. Sorry. Das bedeutet schlicht: I don't agree at all. Deshalb steht »sorry« auch hinten!

Ähnlich schockierend sind die Wahrheiten über Bemerkungen wie »That's a very brave proposal«, »very interesting« oder »I'm sure it's my fault«. Was das tatsächlich bedeutet? Die Auflösungen finden Sie in einer Übersicht, die seit einiger Zeit im Internet kursiert. Sie zählt zu den wichtigsten Übersetzungsutensilien von Diplomaten in Europa:

What the British say	What the British mean	What others understand
I hear what you say	I disagree and do not want to discuss it further	He accepts my point of view
With the greatest respect ...	I think you are an idiot	He is listening to me
That's not bad	That's good	That's poor
That is a very brave proposal	You are insane	He thinks I have courage

What the British say	What the British mean	What others understand
Quite good	A bit disappointing	Quite good
I would suggest ...	Do it or be prepared to justify yourself	Think about the idea, but do what you like
Oh, incidentally| by the way	The primary purpose of our discussion is...	That is not very important
I was a bit disappointed that	I am annoyed that	It doesn't really matter
Very interesting	That is clearly nonsense	They are impressed
I'll bear it in mind	I've forgotten it already	They will probably do it
I'm sure it's my fault	It's your fault	Why do they think it was their fault?
You must come for dinner	It's not an invitation, I'm just being polite	I will get an invitation soon
I almost agree	I don't agree at all	He's not far from agreement
I only have a few minor comments	Please re-write completely	He has found a few typos
Could we consider some other options	I don't like your idea	They have not yet decided

Mir selbst schrieb einmal der Botschafter Seiner Majestät in Berlin: »I know our offices are in contact.« Toll, dachte ich zunächst, bis mir die Frage durch den Kopf schoss, die mich auch zu meiner SPIEGEL-ONLINE-Kolumne »Fluent English« bewegt hatte: Was um alles im Empire hat das zu bedeuten? Drei Möglichkeiten hielt ich für realistisch:

1. Sie haben eine ähnlich pompöse Infrastruktur wie ich. Sie cooler Typ!

2. Sie sollten jemanden haben, der diesen Kleinkram für Sie bearbeitet. Spannen Sie Ihre Ms. Moneypenny besser ein, und lassen Sie uns nicht mehr auf der operativen Ebene verkehren.

3. Bitte melden Sie sich nie wieder. Sorry!

Um das Rätsel zu lösen, brauchte ich weder meinen Telefonjoker Richard noch meine lieben Kollegen Andrea und Patrick in London anzurufen. Nach wenigen Minuten kam ich selbst darauf, dass es unpassend war, a) für die richtige Antwort zu halten. Ich tendierte vorsichtig zu b). Fortan klammerte ich praktische Themen aus. Trotzdem schlief der Kontakt ein. Im Ergebnis traf also c) die Absicht des Botschafters. Und ich war um eine interkulturelle Erfahrung reicher.

Übrigens geht die perfekt antrainierte Problemverdrängung der Engländer so weit, dass sie sich auch untereinander, also gegenseitig verarschen. »I might join you later« bedeutet: »Heute verlasse ich das Haus nicht mehr.« In Bahnhöfen kann man lesen:

- Train due: 18:00
- Train expected: 18:04
- Time now: 18:12
- Status: On time

Dieses abgefahrene Beispiel hat übrigens der Londoner Journalist Rob Temple veröffentlicht, um zu zeigen wie kritisch der Zustand seiner Nation im Umgang mit den eigenen Problemen ist. Temple ist ein Experte für das, was er selbst »VeryBritishProblems« nennt: Er hat mittlerweile rund tausend typische Problemsituationen aufgeschrieben, die viele Briten aus ihrem eigenen Leben kennen. Temples Sammlung, die er auch in einem Buch mit dem treffenden Untertitel »Making Life Awkward for Ourselves, One Rainy Day at a Time« veröffentlicht hat, öffnet faszinierende wie verstörende Einblicke ins britische Gemüt.

Drei Beispiele: Was macht ein Brite, wenn er ...

... den Namen einer fremden Person nicht versteht? Er traut sich nicht noch einmal nachzufragen und wird die Person nie ansprechen.
... im Zug einen Sitz reserviert hat, der von einer Person besetzt ist, die wohlhabend aussieht? Er bleibt stehen.
... sich vom Friseur die Haare schneiden lässt und mit dem Schnitt unzufrieden ist? Er lässt sich nichts anmerken und wird traurig.

Wir sehen also: Es kann noch schlimmer werden als mit »sorry«. Nämlich ohne »sorry«!

Temple startete seine Beispielsammlung im Dezember 2012 auf »Twitter«. Seitdem folgen ihm dort unter der Adresse @soverybritish rund eine Million Menschen. Das sind mehr als sich für Neuigkeiten der Queen @BritishMonarchy interessieren. Temples alltägliche Schilderungen muten an wie Witze: »Wie fühlt sich ein Brite, der glaubt, dass er ein besseres Essen bestellt hat als die anderen? Er schämt sich.« Doch die typischen Probleme zeigen auch, wie viel Verklemmtheit im Vereinigten Königreich ein Zuhause hat. Wie man sich dort verstellt und versteckt. Wie man heuchelt, aber unter der Heuchelei anderer leidet. Wie schüchtern man ist und wie sehr einen Schuldgefühle plagen. Wie man sich in falsche Höflichkeiten verstrickt und wie man sich andauernd ... entschuldigt.

Längst ist Rob Temple zum Anführer einer Bewegung geworden, die sich mit den Psychosen und Neurosen, Ängsten und Komplexen der Mitbürger beschäftigt. Auch die Großmeister britischer Ironie haben sich angeschlossen: Rowan Atkinson, John Cleese, Stephen Fry, Ricky Gervais, David Mitchell. Einzelne typisch britische Probleme finden in sozialen Netzwerken wie »Twitter« oder »Facebook« mehrere zehntausend Erwähnungen. Auch Rob Temples Buch über die Probleme ist ein Verkaufsschlager. Mit anderen Worten: Die Resonanz ist eine Sensation. Das Projekt trifft einen Nerv.

Aus deutscher Sicht sind die typischen britischen Probleme bemerkenswert, weil wir wohl in fast allen Situationen anders reagieren würden. In der Hauptzentrale des schwedischen Bekleidungskonzerns H & M wurde mir vor ein paar Jahren erklärt, dass Deutsche stets die niedrigsten Preise in Europa zahlen und alles umtauschen, was ihnen nicht gefällt oder was kaputt ist. Briten zahlen im Vergleich die höchsten Preise und tauschen nichts um. Oft habe ich mich gefragt, wie es dazu kommen konnte. Jetzt ahne ich es: Es ist ihnen peinlich!

Ich glaube, dass Rob Temples Problemsammlung den »Sorry«-Fimmel unserer britischen Freunde besser erklärt als jede soziale Theorie. Zum Glück steckt viel heilsame Selbstironie dahinter – no doubt, it is driven by British self-deprecation. Aber leider liegt ihr auch die wahre Krise eines Volkes zugrunde, das allem Anschein nach sehr komplexbehaftet durch die Welt stolpert. Mit Spannung werde ich die Probleme also weiter verfolgen. Wie ich höre, wird es sie demnächst auch als TV-Sendung geben.

»The compleX factor« wäre wohl ein passender Titel! Mitmachen dürfen dann alle, die zu oft »sorry« sagen. Die Sendung könnte also auch bei uns ein Erfolg werden.

101 teuflische Patzer

to lay | to lie – ist ein Wortpaar, das uns ins Straucheln bringen kann, sodass wir manchmal eine Bauchlandung machen und auf dem Boden landen. Dort liegen wir dann – there we lie. Wie bitte, wir lügen? Nein, das klingt nur genauso! Gestern lagen wir auch dort. Yesterday, we lay on the floor, too. Und wenn wir dort bis gerade eben lagen? We have lain there up to now. Hier wäre zwar eleganter zu sagen: »We have been lying up to now.« Aber es wäre auch sehr missverständlich, weil es auch bedeuten kann, dass wir die ganze Zeit gelogen haben. Merke: to lie = liegen (lie, lay, lain) und lügen (lie, lied, lied). Wer nun etwas anderes hinlegt, sagt »lay« (laid, laid) = setzen, stellen, (ver)legen: »The hen lays an egg. I am laying down my thoughts. He laid aside the book and fell asleep.« Werner Lansburgh gab schon den nützlichen Hinweis, dass wir in vielen Situationen »to put« oder »to place« benutzen und sogar vorziehen sollten: »I put the key onto the window sill.« Oder: »The key was put/placed there.« Noch einfacher: »There is the key.« Außerdem ist mit dem typisch deutschen Satz rasender Sportler (Ski, Auto, Laufen, etc.) Vorsicht geboten: »Da hat es mich ganz schön gelegt!« Wenn irgendeiner im Englischen gelegt wird, dann fast immer gesteuert vom menschlichen Sexualhormon: »He/she lays him/her.« Da liegen sie dann – und lügen sich hoffentlich nicht an.

limo – Im Englischen ist damit eine Limousine gemeint und nicht das Getränk. Das nennt man »lemonade«, und das Wort stammt (wie auch die französische »limonade«) von der Zitrone ab (die im Englischen »lemon«

und nie »citron« heißt). Die Limousine hingegen stammt aus der französischen Region Limousin: Dort wurde eine besonders komfortable Kutschenart hergestellt, deren Name bis heute von den Milliardären in Shanghai bis zu den Rappern in den Gettos von New York Bedeutung hat. Sie alle lieben die »stretch limo« und wollen dafür alle einen »limo driver«. Yo!

I am living in Berlin – ist der vielleicht meistverbreitete Fehler aller Deutschen, die a) permanent in Berlin leben und b) glauben, tadellos Englisch zu sprechen. Vielleicht wird der Satz so oft benutzt, weil es irgendwie flüssiger, dynamischer, glaubwürdiger klingt als das korrekte »I live in Berlin« oder »I work in Berlin«. Dasselbe gilt natürlich auch für Stuttgart oder Entenhausen sowie für andere permanente Aktivitäten.

to mean with ... – wird von deutschsprachigen Menschen genauso oft gesagt wie sie die Frage »What means ...?« stellen. Diese beiden Arten des meinungsbewussten idiomatischen Freistils werden zwar verstanden, sind aber unschön. Sagen Sie deshalb lieber »to mean by ...«: »I mean by this that you ought to be more cautious about the use of ›mean‹.« Und fragen Sie: »What do you mean by this?«

nice to meet you – kann man nur einmal im Leben zu jemandem sagen, eben nach dem ersten Kennenlernen. Wir halten es allerdings oft für eine wiederkehrende Angelegenheit und sagen jedes Mal: »It was nice to meet you.« Schön, dass wir uns heute mal kennengelernt haben, Herr langjähriger Kollege. Wie heißen Sie noch gleich? Um einen weniger vergesslichen Eindruck zu machen, sagen Sie in Zukunft einfach: »It was nice to see you.«

number – ist übrigens das einzige in der Liste der hundert meistgebrauchten englischen Worte, das keinen germanischen Ursprung hat, sondern einen lateinischen. Vielleicht haben wir Germanen deshalb so große Probleme damit. Wenn ein DJ »the next number« auflegt, geht das im Englischen gerade noch durch. Gebräuchlicher wäre »the next track«. Wenn Journalisten »the next number« ihres Magazins ankündigen, ist das schon beinahe unverständlich, denn sie müssten von »the next issue« sprechen. Wenn ein Straßenkünstler immer dieselbe Nummer darbietet, ist das ebenfalls nicht »the very same number«, sondern »the same stunt«, »the same skit« oder, wie wir aus »Dinner for One« wissen: »the same procedure as ... last year«. And if you and your partner wish »to shove/slide/shuffle a number«, then I am not exactly sure what you are doing. For, if you have sex in mind, it's »a shag/a lay/a screw« that you have. Alternatively, you could say: »I have it off with him/her.«

moderator – ist in deutschen Ohren der Moderator einer Fernsehsendung. Doch die wahre Bedeutung ist Diskussionsleiter, ganz egal wo. Andernfalls müssen wir »(tv) presenter« sagen. Noch falscher wird's, wenn »moderation« eine Art der Moderation zwischen mehreren Gesprächsteilnehmern sein soll. Denn im Englischen ist es die »Mäßigung«, oft auch zwischen unterschiedlichen Parteien: »The staff showed moderation on the issue of pay raise.«

moonshine – wird häufiger mit »moonlight« verwechselt, ist aber bei Weitem nicht so romantisch. Denn »moonshine« könnte allerhöchstens als Notbeleuchtung des Monds durchgehen. Verbreiteter ist die Bedeutung »bullshit«, also »Unfug« oder »Unsinn«: »He's talking moonshine.« Deutlich cooler ist hingegen die Tätigkeit, die in der Zeit der Prohibition eine Konjunktur erlebte, zumeist im Lichte eines einzigen Zeugen: des Monds. »Moonshiner« sind Menschen, die illegal alkoholische Getränke brennen, auch »bootlegger« genannt. Das flüssige Ergebnis ist der »moonshine« – und den versteckte man früher im Stiefelschaft, also im »bootleg«.

mother company – bedeutet nicht Mutterunternehmen, hört man trotzdem immer wieder von deutschen Geschäftsleuten. Wer verstanden werden will, sagt für die übergeordnete Firma, die ein anderes Unternehmen besitzt: »parent company«. Für die untergeordnete Firma sagt man übrigens »subsidiary« oder – tatsächlich! – »daughter company«.

much – viel, und zwar unzählbar viel! »Much butter, much love, much time« – aber bitte nicht wie Herr Leuchtag im Film »Casablanca« sein »Liebchen« fragt: »Sweetnessheart, what watch?« Sie: »Ten watch.« Er: »Such much?« Wenn Dinge gezählt werden können, dann darf man niemals »much«, sondern muss »many« gebrauchen: »many butterflies, many lovers, many hours«. Es ist zwar theoretisch ganz einfach. Trotzdem – however: Much Germans get it very many wrong.

must not – bedeutet »darf nicht«, und nicht »muss nicht« im Sinne von »braucht nicht«. Dass wir Deutsche dies häufig verwechseln, liegt wohl daran, dass wir es in der eigenen Sprache nicht so genau nehmen, ob wir sagen »Ich brauche nicht zu warten« oder »Ich muss nicht warten«. Im Englischen ist das ein sehr großer Unterschied. »I don't need to wait« entspricht der deutschen Aussage. »I must not wait« unterstreicht hingegen, dass ich unter keinen Umständen warten darf.

notice – wird häufiger mit »Notiz«, also »note« oder »memo«, verwechselt. (»I scratched/scribbled a hasty note«; »The memo contained top secret information«) »Notice« bedeutet hingegen die Wahrnehmung und Beobachtung durch einen Menschen (»I noticed that ...« oder »It has come to my notice that ...« – hier bedeutet es auch »Notiz von etwas nehmen«) sowie die Mitteilung, Warnung oder Ankündigung einer Sache (»... without notice«) und sogar die Kündigung eines Jobs (»I handed in my notice«).

novel – ist weder eine Novelle noch eine Kurzgeschichte, sondern ein Roman. Eine kurze Geschichte ist genau das: »a short story«.

offensive – ist ein Adjektiv, das von einigen Deutschen (ähnlich wie »tricky«, siehe unten) etwas unvorsichtig eingesetzt wird, um sich selbst zu beschreiben: »We have an offensive plan.« Es könnte sich um eine Verwechslung mit »aggressive« handeln, das ich immer häufiger höre. Denn »aggressive« scheint heute leider international als positive Beschreibung für »führungsstarke« und »angriffslustige« Menschen anerkannt zu sein. »Offensive« ist hingegen ein fieses Wort: Es bedeutet meist »anrüchig«, »anstößig«, »beleidigend« und sogar »widerlich« – und sollte eigentlich nur (auf dem Sportplatz, dem Schachbrett oder im Krieg) als eindeutiges Gegenteil von »defensive« benutzt werden.

on the table – erzeugt Lacher oder Staunen unter englischen Gesprächspartnern. Schließlich spielt sich das Leben der wenigsten Menschen auf Tischen ab. Warum gerade Deutsche das immer wieder sagen, ist mir ein Rätsel: »Mrs Merkel was on my table last night.« Im Deutschen halten wir uns schließlich auch meistens nicht »auf Tischen«, sondern »an Tischen« auf. Richtig ist also: »Mrs Merkel was at my table«. Es wäre schön, wenn der Fehler jetzt ein für alle Mal vom Tisch ist.

or? – ist ein oft vernommenes Geräusch aus deutschem Mund, das am Ende von Sätzen gegrummelt wird. Nun ist daran grundsätzlich nichts falsch – es klingt allerdings ziemlich dämlich: »He is a new colleague, or?« Sich Bestätigung vom Gegenüber einzuholen, ist natürlich auch in allen anderen Sprachen eine gängige Methode der Kommunikation. Im Französischen ist es »n'est pas«, im Spanischen »no?«. Im Deutschen kennen wir neben »oder« auch »nicht wahr« und »nein?«. Außerdem fallen mir sofort das »gell?« der Hessen, das »wa?« der Berliner und Ruhrpottler oder das »wat?« der Rheinländer ein. Alle diese Schlussformeln sollen anderen eine (zumeist zustimmende) Regung abgewinnen. Im alemannischen Sprachraum, also in Südwestdeutschland und in der Schweiz ist »oder?« allgegenwärtig. Aber genau das übersetzen Sie bitte niemals direkt ins Englische, wenn der kommunikative Kniff funktionieren soll! Denn wenn Sie sagen: »It is a good idea, or?«, erzeugt das bloß Ratlosigkeit und so ziemlich das Gegenteil einer Bestätigung. Sagen Sie: »It is a good idea, isn't it?«, oder, falls Sie zum Beispiel über das Wetter sprechen: »Luckily, it is not as dreadful the weather, as it was yesterday, is it?« Hier müssen Sie beachten, dass sich die Schlussformel nach dem Verb richtet: »can« führt zu »can't«, »has«/»have« zu »hasn't«/»haven't«, »is« zu »isn't« und alle anderen Verben zu »didn't«. Und wenn der Hauptsatz schon verneint, streichen Sie »not« in der Schlussformel: »It is not easy, is it?« Falls Ihnen das alles zu kompliziert ist, verwenden Sie »right?«. Sagen wir im Deutschen doch auch gelegentlich, richtig?

original – höre ich immer wieder: Deutsche wollen über eine andere Person sagen, er oder sie sei ein »Original«. Sorgt für Verwirrung und für Schweigen, denn dem Satz »He is an original ...« fehlt der entscheidende Teil, weil »original« im Englischen nie alleine steht, sondern immer als sogenanntes Bestimmungswort (»modifier«) benutzt wird: »He's an original member of the team.« Hinzu kommt, dass es häufiger zur Beschreibung von Produkten als von Menschen dient. Viele Deutsche verwirrt es hingegen umgekehrt, wenn sie »original sin« hören. Lieber Gott, was war das noch gleich?

out of the box | outside the box – Was ist hier die falsche und was die richtige Kiste? Obwohl »Let's think/do it out of the box« sprachlich nicht falsch ist, kann die Formulierung für totale Verwirrung sorgen, weil sie meistens das Gegenteil dessen bedeutet, was gesagt werden soll. Die Box steht für die gewohnte Methode, also für das, was man immer und standardmäßig so macht. Wer »aus ihr heraus« denkt oder handelt, nutzt also die Standardmittel, die in ihr sind. Nur außerhalb dieser Box lassen sich neue Wege gehen und gelangt man zu neuen Lösungen. Sagen Sie deshalb: »Let's think/do it outside the box.« Und wenn Ihnen diese Formulierung selbst schon zu standardmäßig erscheint, sagen Sie: »Let's play it off the wall!« Das heißt: ein bisschen verrückt, ballaballa, aber eben auch improvisiert und unorthodox. Also genau das, was alle sein wollen, die sich in Kisten langweilen.

Der deutsche Spleen
Scheinanglizismen (mit Liste)

10. Kapitel

Manchmal sprechen wir ein Englisch, das gar keins ist! Oder tragen Sie keine »Pullunder«? Benutzen Sie keinen »Beamer«? Und »zappen« Sie sich nie durch die Fernsehkanäle? Alles das sind deutsche Erfindungen – denn Fantasieenglisch ist unser liebster »Spleen«!

Über diese Momente kann ein amerikanischer Bekannter von mir besonders staunen. Nein, scherzen, aber ohne es böse zu meinen: »Being taught funny English by our German friends«, wie es Charles nennt: Ungewöhnliches Englisch von den Deutschen zu lernen!

Charles wurde in Miami geboren, und er lebt seit siebzehn Jahren in Heidelberg. Dass er tadellos Deutsch spricht, verdankt er seiner deutschen Mutter. »Mein Vater lernte sie 1969 kennen, als er hier in der Gegend mit der US-Armee stationiert war. Das war die Zeit, als die Deutschen der Welt zeigten, welche erstaunliche Wucht ›Englisch made in Germany‹ haben kann. Sie erfanden damals das irre Wort ›Antibabypille‹!« Mit breitem amerikanischen Akzent und zwei langen Pausen wiederholt Charles das, was wir aus dem englischen »birth control pill« gemacht haben: »anti – baby – pill!«

Das ist es, was ihn fasziniert: Englischsprachige Blüten, die aus dem deutschen Wortschatz herausstechen. Er sammelt sie, wie Kinder bunte Herbstblätter sammeln. Mal sind es Begriffe, die es im englischen Wortschatz gar nicht gibt, wie die »Basecap«, der »Messie« oder der »Pull-under«. Mal haben sie gänzlich andere Bedeutungen, wie die »Bowle«, der »Pony«, der »Spleen«. (Erfahren Sie alles über die 44 schönsten deutsch-englischen Blüten am Ende des Kapitels.)

Neulich war wieder so ein Moment. Jürgen Klinsmann hatte im amerikanischen Fernsehen von einem Treffen deutscher und amerikanischer Fußballspieler berichtet, und er nannte es »shakehands in front of the camera«. Gemeint hatte er damit nicht bloß einen gewöhnlichen Handschlag – a handshake – sondern viel mehr: eine besondere Art des Zusammentreffens. Es ist im deutschen Verständnis offenbar so bedeutsam, dass es nur in der Pluralform existiert: »Shakehands«. Man muss sich darunter ein freudiges Stelldichein bekannter und gut gelaunter Leute vorstellen, meistens vor laufender Kamera. Es gibt »Shakehands mit der Kanzlerin«, »Shakehands vor der Filmpremiere«, »Shakehands im Backstage-Bereich«. Und selbstverständlich immer eine Menge »Shakehands mit Fußballern«.

Charles frohlockte vor Begeisterung: »Shakehands ist großartig. Eine Situation, die es nirgendwo gibt, außer unter Deutschen! And don't get me wrong«, betont er bewusst auf Englisch, »Jürgen Klinsmann ist der beste Botschafter, den Deutschland hat. Es wäre total unfair, sein Englisch zu kritisieren.«

Da hat er recht: Der deutsche (Achtung, Blüte!) »Trainer« der Fußballmannschaft der USA spricht nicht nur ein tadellos flüssiges, sondern auch ein mitreißendes Englisch. Während der Weltmeisterschaft 2014 in Brasilien konnten alle miterleben, wie die Fans an seinen Lippen klebten. Sein schwäbischer Akzent ist in Amerika kein Nachteil, sondern die Würze seiner Worte. Und seine Botschaft an die Kinder auf den Bolzplätzen daheim könnte keine bessere sein: Lernt Englisch, und seht mich an: Es lohnt sich!

Diese Botschaft ist vielen Menschen in der Region rund um Heidelberg schon lange geläufig. Seit dem Zweiten Weltkrieg haben dort Hunderttausende amerikanischer Soldaten gelebt. Deshalb lebt Charles nicht in einem Entwicklungsgebiet für Englisch, was auch von Vorteil für seine Blütensammlung ist: »Die Leute lieben es hier, über ihr eigenes Englisch und über die Unterschiede unserer beiden Kulturen zu sprechen und Witze darüber zu machen. Wir haben gemeinsam viel Spaß!«

Und wie geht der genau, der Spaß?

»Ich versuche die deutschen Blüten überall anzubringen, gerade auch in den USA. Damit sorge ich für viel Gesprächsstoff. Und für mich fühlt es sich immer ein bisschen so an, als würde ich etwas Verrücktes machen.«

Und wie fühlt es sich nun an, »hometrainer« anstatt »exercise bike« zu sagen?

»Wie ein sehr grelles Hawaii-Hemd.«

Und »Messie« anstatt »slob«?

»Als ob du in einem vollen Bus ein Lied der Bee Gees singst.«

Und »anti – baby – pill« anstatt »birth control pill«?

»Als ob du zu spät und zu besoffen fürs Büro bist und in einer furchtbar hässlichen Karre durch die Stadt rast, die laut ist, nach Öl stinkt und viel Krach macht. Alle gucken und kreischen. Kurz gesagt: wie ein Amoklauf – a rampage!««

Was Charles mit seinen launigen Einschätzungen meint: Egal, wie schön und originell, amüsant und lehrreich die deutsch-englischen Sprachblüten wirken, sie lassen ihre Benutzer immer ein wenig sozial auffällig und lausig erscheinen. Denn diese Begriffe aus dem deutschsprachigen Alltag, also aus dem alltäglichen Denglisch, werden zu einem Problem, wenn sie leichtsinnig ins Englische übertragen werden, wo sie dann meistens unverstanden bleiben, wenn der Gesprächspartner nicht selbst die deutsche Sprache und Kultur kennt.

Ein fast unscheinbares Beispiel ist das Wort »roundabout«, das im Deutschen gerne als denglische Floskel für »ungefähr« (also »around« oder »about«) benutzt wird und immer wieder genauso in unser Englisch einfließt. Dort bedeutet es aber »Kreisverkehr« oder »Kirmeskarussell«, was die Gesprächspartner auf seltsame Gedanken bringen kann.

Deshalb muss vor den schönen Stücken in Charles' Blütensammlung genauso gewarnt werden wie Englischlehrer sonst vor »false friends« warnen. Sie wissen schon: Wörter wie »ordinary« und »ordinär«, die im Englischen und im Deutschen identisch wirken, obwohl sie sehr unterschiedliche Bedeutungen haben. Mit dem Unterschied, dass es sich bei »Messie«, »Shakehands« und Co. um selbst gemachte Wörter handelt. Ich nenne sie »lausige Freunde« – let's just call them »lousy friends«!

Ganz besonders lausig (aber manchmal auch sehr lustig!) sind Worte, die wir uns aus Situationen heraus ausdenken, vielleicht aufgrund eines bestimmten Drucks, aber ohne Zweifel auch mit einer sehr lebhaften Fantasie – with a very vivid imagination. So habe ich in den vergangenen Jahren häufiger von deutschen Sprechern das vermeintliche Verb »prepone« gehört: »Can we please prepone the meeting?« Es sollte die Bitte ausdrücken, einen Termin nach vorne zu verlegen, also das Gegenteil zu »postpone«, mit dem man einen Termin nach hinten verlegt. Und das Schöne: Dass »prepone« gar nicht existiert, störte weder Sprecher noch Angesprochenen. Sie haben sich verstanden und eine neue Form der Verständigung in der englischen Kalendersprache geschaffen.

Sprachwissenschaftler nennen unser Fantasieenglisch übrigens »Pseudoanglizismen« oder »Scheinanglizismen«. Es gibt solche Erfindungen auch in vielen anderen Sprachen. Und je mehr Englisch zur Weltsprache wird, desto mehr nimmt es in einzelnen Regionen einen eigenen Charakter mit eigenen Wortprägungen an. »Shakehands« oder »Looping« sind also nichts anderes als deutsche Beiträge zum »Globish«. So nennen Sprachforscher das neue, internationale Englisch, das nicht von Muttersprachlern gesprochen wird.

Die Spanier sprechen zum Beispiel nicht nur vom »Jogging«, sondern auch vom »Footing«. Sagt ein Spanier in seiner eigenen Sprache: »Voy footing«, weiß jeder andere Spanier, dass er »joggen« geht. Sagt er es zu einem Briten oder einem Deutschen, die nicht in die spanische Sprachkultur eingeweiht sind, werden sie raten müssen und möglicherweise auf »Spazieren« tippen. Ähnliches gilt für das Wort »zappen«, das in vielen europäischen Ländern mit der Bedeutung verbreitet ist, die wir auch kennen: dass man schnell zwischen Fernsehkanälen hin und her schaltet. In Großbritannien drückt es hingegen nur das blitzartige Wegschalten der Fernsehwerbung aus. Unser »Zapping« wird dort als »channel hopping« bezeichnet.

Die wohl bekannteste deutsch-englische Blüte ist unser »Handy«, das auch das Handy der Franzosen und der Belgier ist. Amerikaner nennen das Mobiltelefon »cell(phone)«, Briten meistens »mobile«. Da es nun immer mehr Briten gibt, die Kontakt mit Belgiern, Deutschen und Franzosen haben, die »Handys« benutzen, lässt sich beobachten, dass sie das Wort langsam in ihren Wortschatz übernehmen und es in letzter Zeit immer häufiger, halb im Scherz und halb im Ernst, erwähnen – lately, they have increasingly been making references to »their handies«. Genauso, wie es Charles macht!

Ich kann mir sogar vorstellen, dass das »Handy«, noch bevor es ausstirbt, in eines der englischen Wörterbücher aufgenommen wird (vermutlich eher in Großbritannien als in den USA). So wie auch die Begriffe »upcycling« oder »wellness« mittlerweile im Oxford English Dictionary und bei Merriam-Webster in den USA verzeichnet sind. Beide Begriffe haben ihre Ursprünge angeblich in Deutschland.

Das schönste Beispiel einer scheinenglischen Wortschöpfung aus Deutschland stammt von meinem lieben SPIEGEL ONLINE-Kollegen Stefan Kuzmany, der mich vor Jahren einmal mit den Worten »Re-hi!« begrüßte. Wir waren uns an jenem Tag zuvor schon begegnet, wollten aber nicht lautlos ein zweites Mal aneinander vorbeigehen. »Re-hi!« habe ich damals sofort in meinen aktiven Wortschatz aufgenommen und mit unzähligen Amerikanern und Engländern getestet. Es wurde für so treffend und originell befunden, dass ich auch darüber sagen würde: ab ins englische Wörterbuch!

»Dass die Deutschen mit eigenen englischen Wörtern in die Welt ziehen, finde ich gut«, betont Charles. »Es fordert uns heraus, nachzudenken und alltägliche Rätsel zu entschlüsseln.« Doch gerade diese Rätsel sollten nicht zu unseren Kommunikationsproblemen werden, und wer weiß, vielleicht ist das auch eine kleine Kritik von Charles. Auf jeden Fall sollten wir uns wenigstens darüber bewusst sein, wann wir unser rätselhaftes Fantasieenglisch sprechen. Schließlich gibt es unendlich viele englischsprachige Menschen, die weder Charles' Hobby teilen noch Deutsch beherrschen.

Ich habe deshalb 44 Scheinanglizismen erklärt und ins Englische übersetzt. Von »Antibabypille« bis »Zapping«.

44 Scheinanglizismen

Antibabypille – Dieses garstige Wort ist ein Inbegriff für pseudoenglische Wortungetüme. Sie entstehen in drei simplen Schritten: 1. Sie nehmen ein Wort, das sowohl im Deutschen als auch im Englischen geläufig ist oder eindeutig den gleichen Wortstamm hat: »anti«, »Pille« 2. Sie nehmen englische Begriffe, die wir auch im Deutschen benutzen: »Baby« 3. Sie setzen alles zusammen. Doch wenn Sie in England »antibabypill« sagen, wird man Sie ansehen wie einen Idioten. Sagen Sie es in den USA, müssen Sie sogar mit Schlägen rechnen. Es ist ja auch wirklich ein hässliches Wort, dem eine krasse Gewaltabsicht innewohnt. Um Ihre soziale Ächtung zu vermeiden, sagen Sie »birth control pill« oder »oral contraceptive«.

Babyfon | Babyphone – Wie in den Fällen von Tempo, Tesa oder Uhu wurde im deutschen Sprachraum aus dem (deutschen) Produkt »Babyfon« ein allgemeiner Gattungsbegriff für Übertragungsgeräte von Kindergeräuschen. Auch die noch englischer anmutende Bezeichnung »Babyphone« ist geläufig. In der englischsprachigen Welt versteht das allerdings niemand! Ein »baby phone« ist dort ein Telefon für Babys, also ein buntes Plastikspielzeug mit großen Tasten, das kleine Kinder an die Kulturtechnik der Telefonie heranführen soll: »Ring, ring. Ei-wer-ist-da? Huch! Der Papa!«. Wenn Sie demnächst in Amerika oder England Ihr »Babyfon« aufstellen wollen und mal wieder Batterien dafür suchen, sagen Sie »baby alarm« oder »baby monitor«.

Basecap – Heinz Gindullis, der in Berlin als »Cookie« bekannt ist, früher ein Tanzklub-König war und heute mehrere Restaurants besitzt, trägt immer so'n Ding auf seinem Kopf. Und weil er Engländer ist, lacht er stets köstlich darüber, dass das Ding in Deutschland einen skurrilen Fantasienamen hat. »Basecap klingt wie ein Deckel der Kanalisation oder wie ein Absacker im Basislager, aber es klingt nicht wie mein schönes Baseball Cap«, sagte er einmal. Danke, lieber Heinz! Schöner kann man es nicht erklären.

Beamer – »Harry, ist der Beamer im Konferenzraum?« Das ist seit den Neunzigerjahren eine Standardfrage deutscher Manager an ihre Assistenten, wenn sie wieder ein paar hoffentlich überzeugende Gedanken an die Wand werfen wollen. Selbstverständlich habe auch ich es schon gesagt: »Do we have a beamer in the boardroom?« Dumm nur, dass der »Beamer«, vor allem in den USA, etwas ganz anderes bedeutet als eben jener An-die-Wand-

Werfer, den wir meinen. Und zufälligerweise stammt dieses ganz andere Ding aus Deutschland (jedenfalls dann, wenn es nicht in der amerikanischen Stadt Spartanburg gebaut wird): Denn es ist ein BMW! Die Frage lautet also übersetzt: »Harry, is the BMW in the boardroom?« Dass wir das Wort »Beamer« verwenden, hat sicherlich mit der spacigen Bedeutung von »beamen« zu tun (»Beam me up, Scotty!«). Es macht ja auch irgendwie Sinn, aber eben nicht im englischen Projektionsalltag. Dort fragt der Manager seinen PA (»personal assistant«): »Harry, do we have the projector ready?« Merke auch: Alles, was im Englischen »beamt«, strahlt. Zum Beispiel die Kollegen: »Everyone in the team beamed with pleasure when I got it right and no longer called the projector a beamer.«

Bowle – Wenn ich mich richtig erinnere, diente die Bowle meinen Eltern und x Generationen vor ihnen als Zaubertrank (»magic potion«) für geselliges Beisammensein. Auch heute kann es mit einer Bowle noch sehr gemütlich werden. In den Sprachgebrauch aufgenommen wurde sie schon vor mehr als 200 Jahren, und so ist das Wort einer der ältesten gebräuchlichen Scheinanglizismen. Er leitet sich vom englischen »bowl« (»Napf«, »Topf«) ab und kann das Gefäß wie auch das Getränk im Gefäß meinen. In den USA hat sich aus »bowl« das Synonym für ein großes Stadion entwickelt, in das viele Menschen passen: »the Hollywood Bowl« zum Beispiel. Oder das »Michigan Stadium«, der größte Napf in den USA, der 115 000 Menschen fasst. Das soll wiederum nicht den Eindruck erwecken, dass ein »punchbowl« ein Stadion sei, in dem sich die Menschen schlagen. Vielmehr ist es das Gefäß, in dem wir die flüssige »Bowle« aufbewahren. »To punch« heißt nicht nur schlagen, sondern ist als Substantiv »punch« ein Mixgetränk, eben unsere Bowle. Die Leute sagen: »I am preparing a bowl of punch.«

Checker | checken – Solange Sie nichts prüfen (»to check«), keine Fakten (zum Beispiel als »fact checker« beim *Spiegel*), keine Waren (am Fließband einer Fabrik oder als Gutachter beim TÜV), keine Kunden an der Kasse und Gäste am Einlass (als Kassiererin oder Garderobenfrau in den USA) und solange Sie auch kein Schachbrettmuster sind (amerikanisch: »checker«, britisch: »chequer«) oder etwas kariert anstreichen und nähen (»to checker«) – solange sind Sie im Englischen kein Checker. Gecheckt?

Claim – Werbeexperten, die über unverständliches Englisch in Werbesprüchen herziehen (zum Beispiel »Come in and find out« von Douglas), gehen meistens weniger kritisch mit ihrem eigenen Englisch um. Fröhlich sprechen sie auch im Englischen vom besseren oder schlechteren »Claim« einer Marke. Was sie nicht zu wissen scheinen: Ein »claim« ist im Englischen keineswegs ein »slogan«, sondern eine handfeste, oft auch juristisch untermauerte Forderung. Es kann auch eine Mängelliste, ein Antrag oder eine Behauptung sein (letztere ist nah dran an der Vorstellung der Werber, schließlich transportiert ein Werbespruch immer auch Behauptungen). Wer nun unachtsam »claim« sagt (»we have got a nice claim for your product«), erzeugt schnell Missverständnisse, Irritationen und die Frage: Welche seltsamen Forderungen und Anträge will mir dieser vermeintliche Kommunikationsexperte aus Deutschland verkaufen? Was der Experte eigentlich sagen will, ist »tag line« oder »slogan«. (»We have got a nice tag line/slogan for your product.«)

Circle Training – »circle« = englisches Wort. »training« = englisches Wort. Trotzdem nennt man das »Zirkeltraining« im Englischen »circuit training« (*ßör-kitt*), also eine Kreislaufübung – was ja im doppelten Sinn zutrifft!

City – In Deutschland funktioniert es immer: Sie sagen am Flughafen zum Taxifahrer: »Bitte einmal in die City« – und er versteht »Innenstadt«. Also fährt er Sie in die Mitte von Frankfurt, München, Hamburg. Die City ist bei uns in aller Munde, und die Bahn befördert Sie im wahrsten Sinne des Wortes seit Jahrzehnten mit ihren Zügen »Intercity« (IC) und »Intercity Express« (ICE) dorthin. Trotzdem würde die Anweisung in einem Taxi der englischsprachigen Welt nicht funktionieren. Man sollte dort »centre« (USA: »center«) ergänzen: »city centre«. Noch besser sagt man »town centre« oder ideal »downtown please«. Warum? Erstens haben viele Städte nicht nur ein einziges Zentrum. Bestes Beispiel: Los Angeles. Zweitens ist »city« ganz generell eine städtische Region (the city of Birmingham, the city of Alabama), wo Sie ja selbst am entlegensten Flughafen schon irgendwie sind. Außerdem steht über allem eine spezielle Bedeutung, die sich von der »City of London« ableitet. Das ist einerseits der älteste Stadtteil Londons, man könnte ganz deutsch auch »die Altstadt« sagen. Aber die Bedeutung hat sich im Laufe der Jahrhunderte gewandelt: Heute ist die Londoner »City« der Inbegriff für das Finanzzentrum der Stadt, denn dort haben die Börse, die Wertpapierhändler, Wirtschaftskanzleien, Banken und die Nationalbank ihren Sitz. Doch was soll's! Auch das »West End« in London stand schon Modell für die diversen »Westends« in Deutschland (z. B. in Berlin, Essen, Frankfurt), und die können sich ebenso wenig als Theater- und Geschäftszentren ihrer Stadt bezeichnen.

Country potatoes – Essen Sie auch manchmal mit Heißhunger in der Restaurantkette »Block House«? – Do you also sometimes have a craving/the munchies to go and eat at »block house«? Dann ist Ihnen das Denglisch der deutschen Fullservice-Systemgastronomie ja geläufig, zum

Beispiel verpackt in eine Frage wie: »Was hätten Sie gerne zu ihrem Rumpsteak dazu – eine Baked Potato mit Sour Cream?« Aus derselben Kartoffel sind die allseits beliebten »Country potatoes« geschnitzt. Allerdings werden sie in den USA, wo sie angeblich herkommen, »potatoe wedges« (»Kartoffelkeile«) oder einfach »fries« genannt. »Country potatoes« – das klingt irgendwie nach pummeligen Leuten vom Land. Nach »Landeiern«, würden wir vielleicht sagen.

Cross | kross – Wer Bratkartoffeln »cross« braten möchte, wird von seinen englischen Gästen mit verwirrten Blicken und Ablehnung solange bestraft, bis die Kartoffeln kalt sind. Der dann verärgerte (»cross«) deutsche Koch wird sich fragen: Habe ich etwas falsch gemacht oder mögen die Leute meine Kartoffeln nicht? Die Antwort ist einfach: Das Wort stammt aus dem Plattdeutschen und nicht aus dem Englischen. Deshalb versteht es auch niemand im englischen Sprachraum. Dort sagt man »crisp«, »crispy« oder »roast«: »Let's fry the potatoes until crisp.« Oder: »On the menu today – lovely roast potatoes/fried potatoes«. Doch richtig gute Bratkartoffeln gibt's ja sowieso nur in Deutschland!

Dressman – OMGSG – Oh my god, so German! Ich sehe ganz bestimmte Frisuren, ganz bestimmte Sakkos (hochgekrempelt – sleeves rolled up) und ganz bestimmte blasierte Gesichter dazu. Sie hängen heute noch auf Pappe aufgezogen und verblichen in den Schaufenstern mancher Friseurfachgeschäfte in Berlin-Wilmersdorf. Machen wir es kurz: There are no such creatures as dressmen in English. Male models are just called »male models«.

Drive-in – Weil uns etwas unwohl werden kann, wenn wir die Präposition »through« aussprechen müssen, haben wir aus dem englischen »drive through« einfach »drive in« gemacht. Doch wer behauptet, dass Sie »drive in« im Englischen gar nicht sagen können, verfährt sich kräftig. Allerdings existiert das Wort nur als Adjektiv: »a drive-in restaurant«. Oder »drive-in cinema«. Möglich ist übrigens auch »drive-up restaurant«. Oder eben »drive-through restaurant«. Im englischsprachigen Alltag wurde daraus »drive thru«. Bei uns ist das laut Duden eine »Gaststätte für Autofahrer mit Bedienung am Fahrzeug«.

Evergreen – »Diamonds Are Forever« – doch sind sie auch immergrün? Wir haben die immergrünen Dinge des Lebens nicht erfunden, aber wir haben ihnen zu einem sprachlichen Glanz verholfen, den es im Englischen so nicht gibt. Ganz einfach, weil das Wort »evergreen« erstens selten und zweitens ein Adjektiv ist. Ähnlich wie »original« funktioniert es als sogenannter »modifier«: Man sagt »an evergreen TV show« oder vielleicht auch »an evergreen argument«, aber unseren Evergreen würde man »golden oldie« nennen.

Hitliste – Mit den ersten Moderatoren von Musiksendungen, Chris Howland (dem die Deutschen übrigens ihre ersten Englischstunden verdanken) oder Dieter Thomas Heck (ein Vorreiter des notorischen Denglisch), kamen die »Hitlisten«, die Ranglisten der Musikindustrie. Das Wort klang lässig und jung, obwohl es das gar nicht ist. Eine »hitlist« ist eine Treffer-, Abschuss- oder gar Todesliste. Was Howland und Heck sagen wollten, sind im Englischen »charts«.

Homestory – Auf den ersten Blick ein ganz und gar unverdächtiger Anglizismus: Denn was sollte die Geschichte (»story«) aus dem Haus (»home«) eines bekannten Menschen sonst sein? Doch ein befreundeter amerikanischer Journalist wies mich darauf hin, dass es das Wort in englischen Redaktionen gar nicht gibt. Zwar gibt es »love stories« und »photo stories«. Aber Heimreportagen, egal ob aus »animal homes« (Tierheimen) »retirement homes« (Altenheimen) oder aus »convalescent homes« (Kuranstalten) gibt es nicht, geschweige denn aus den Häusern der Schönen und Reichen. Was wir die Homestory nennen, sind im Englischen »interviews« (man könnte ergänzen »at home«) oder »portraits« (das letzte »t« wird mitgesprochen, etwa so: *poh-träh-ts*). Oder es sind einfach gute, pikante oder vielleicht nur anbiedernde Geschichten: »a good story, a juicy scoop or just another gushing waste of time«.

Invest – Eine verkorkste Kurzfassung von »investment«. Im Englischen versteht das niemand als Hauptwort. Klar investiert man (»to invest«), aber man leistet kein »invest«. Und schon gar nicht »macht man ein Invest in irgendein Bauprojekt oder einen Fonds«, wie ich gelegentlich aus deutschem Mund höre.

Joker – Wir denken, es sei Englisch – ist auch Englisch. Aber leider nicht ganz mit der Bedeutung, die wir dem lustigen »Witzbold« geben. Denn im Englischen ist »joker« eine Person, die Späße macht, die sich sogar in einen »great joker« auswachsen kann: eine »Spaßkanone«. Wenn wir nun im übertragenen Sinn von einem »Joker« sprechen wollen, ist das »wild card«. Wie im Deutschen kann man auch von einem »Ass« (»ace«) oder Trumpf (»trump«) sprechen. Beides trägt man im Ärmel: »to have an ace/a trump up one's sleeve.« Das Kartenspiel »Top Ass« hingegen, mit dem ich groß geworden bin, ist sprachlicher Humbug. Denn es bedeutet übersetzt nichts anderes als »Oberarsch«. Und ein »Joker« im Fußball, also ein Auswechselspieler, der im richtigen Moment eingesetzt wird, ist »a super substitute«, kurz: »super sub«.

Longseller – Im Englischen nicht gebräuchlich, aber so ähnlich: Produkte, die Menschen über einen großen Zeitraum kaufen, heißen »long-term seller« oder »bestseller«.

Looping – Flugschauen sind heute ja nicht mehr so beliebt wie vor Ramstein und 9/11, aber trotzdem kommt es vor, dass ein Flugzeug ein »loop-the-loop« dreht. Und in letzter Zeit vielleicht ja auch Ihre per iPhone gesteuerte Drohne?

Messie – Ich kannte mal einen, der lebte im Müll. Leere Dosen, Flaschen, Plastiktüten, Sushi-Verpackungen, Zeitschriften – wenn ich seine Wohnung betrat, stand ich bis zu den Waden im Dreck. Doch der Mann ging jeden Tag im Anzug raus und verdiente ordentlich Geld in einer Bank in London. Ihn dort als »Messie« zu bezeichnen, hätte allerdings für Verwirrung gesorgt, weil es das Wort nicht gibt im Englischen. Diesen gut gekleideten und gepflegten Herrn – zutreffend – einen »clutterer« oder einen »slob« (mehr Chaot, Schlamper) zu nennen, hätte allerdings auch nicht funktioniert. Merke: Es kommt nicht darauf an, was Messies machen, sondern wie sie aussehen!

Mobbing – Ist im Englischen nicht unbekannt, wird aber, ähnlich der »Hotline« (die eher als »service telephone« oder »helpline« bezeichnet wird) selten bis gar nicht benutzt. Mobbing is a form of vulgar behaviour, most often in the street, not in an office. In German that's

»Pöbelei«. Um das deutsche »Mobbing« zu erklären, spricht man von »harassment«, meistens im Sinne einer sexuellen Belästigung, obwohl es zum Beispiel auch »harassment by the police« gibt. Alternativ sagt man »bullying«. Das ist unserem Verständnis von Mobbing am nächsten. Es gibt übrigens noch ein anderes englisches Wort, das wir im Büro oft nicht richtig anwenden, jedenfalls nicht auf die richtige Person bezogen: »Der Boss bosst mich herum.« Ja, was soll der Arme denn sonst machen? Nur wenn ein Kollege – also kein Boss! – »herumbosst«, dann ist das eine Erwähnung und vielleicht eine Beschwerde wert. Schließlich könnte es in Mobbing ausarten.

Oldtimer – Ist im Englischen ein »vintage car« oder »classic car«. »He is an oldtimer«, bedeutet hingegen, dass er ein erfahrener Mensch oder alter Fuchs ist. Auch das Wort »Youngster«, das wir uns für jüngere Oldtimer ausgedacht haben, existiert im Englischen nicht.

Partnerlook – Ein recht ulkiger Scheinanglizismus – vielleicht mein Favorit. Abgesehen davon, dass es immer unbeholfen wirkt, anderen die eigene Modestrategie zu erläutern oder sie gar zu rechtfertigen, schafft der Hinweis auf den praktizierten Partnerlook im Englischen bloß Verwirrung: »My husband and I go partnerlook« – »What???« Wie könnten wir es also verständlich sagen? »Our dresses match.« Oder: »We wear similar shirts, shoes – and even panties!« (Zu »panties« mehr unter »slip«). Am besten macht man es gar nicht, dann braucht man ihn auch nicht zu erklären: den ausgesprochen deutschen Partnerlook.

Pony – Ein scheinenglisches Wort mit großem Lachfaktor. Ich weiß jedenfalls nicht, was ein Friseur in England oder

Amerika mit Ihnen machen würde, wenn Sie ihn bäten, Ihren Pony zu bearbeiten. Ich stelle mir die Situation sehr komisch vor, ich meine wirklich komisch: »extremely funny«. Es kommt dann sicherlich sehr auf die Einstellung des Friseurs zu Pferden an oder ob er Sie mag. Solange Sie ihm was vom Pony erzählen, werden Sie ihn jedenfalls nicht dazu bringen, Ihre »bangs« (amerikanisch) oder »fringe« (britisch) zu schneiden.

Public viewing – Es gibt inzwischen eine regelrechte Debatte darüber, ob es nicht etwas kleinlich sei, »public viewing« a) als falsch und b) als Scheinanglizismus zu bezeichnen. Schließlich scheinen immer mehr Amerikaner das Wort ebenfalls zu benutzen, ohne damit das Aufbahren einer Leiche zu meinen, was es traditionell einmal war und bisweilen auch noch ist. Der Reihe nach: Während der Fußball-Weltmeisterschaft 2006 trafen sich in Deutschland erstmals Menschen in großen Mengen auf öffentlichen Plätzen oder vor (und in) italienischen Restaurants, um gemeinsam die Spiele ihrer Mannschaft zu schauen, gemeinsam zu jubeln und zu weinen. Viele Soziologen haben diesen Moment als Entstehung eines »gesunden Alltagspatriotismus« in der deutschen Nachkriegs- und Nachwendegeschichte bezeichnet. Die Soziologin Dagmar Schediwy spricht sogar von einem »nationalen Coming-out« der Deutschen. Jedenfalls war es die Geburtsstunde der deutschen Version des »public viewing«.
In den letzten Jahren hat man den Begriff nun auch mehrmals außerhalb von Deutschland als Bezeichnung für das kollektive Schauen von Sportübertragungen gehört. In die Referenzwörterbücher Merriam-Webster (USA) oder OED (UK) ist er zwar noch nicht aufgenommen worden, allerdings existiert in Großbritannien der Begriff »viewing public«, der genau das bedeutet, was wir hier meinen:

»Rudelgucken« – das offizielle deutsche Wort, das man verwenden kann, wenn man kein Problem damit hat, dass es klingt wie »Rudelbumsen«. Anglizismus hin oder her, ich finde es eine Ironie unserer Geschichte, dass wir es im Spannungsfeld von Leichenschau und Gruppensex geschafft haben, einen gesunden Alltagspatriotismus zu entwickeln.

Pullunder – Der Pullunder tut mir immer ein bisschen leid. Erstens ist das Wort schön und ergibt Sinn, wenn ich bloß daran denke, was Hans-Dietrich Genscher immer *unter* seine Jacken anzog: einen gelben Pullunder! Zweitens ist der Pullunder eine wirklich treffende und runde Wortschöpfung, die schon seit Jahrzehnten in der Schlange vor den britischen und amerikanischen Wörterbuchredaktionen steht und um Aufnahme bittet. Ich finde, er hätte es mindestens genauso verdient wie »Upcycling«, »Wellness« oder demnächst das »Handy«. Aber ich habe das Gefühl, er wird es nicht schaffen. Wenn Sie also die ärmellose Variante des Pullovers anziehen wollen, werden Sie im Englischen weiterhin »tank top« (nur in Großbritannien) oder »sweatervest« sagen müssen. Übrigens ist auch »pullover« wenig gebräuchlich. Man spricht eher von »sweater«, »jumper« oder »jersey«. Ich werde sie nie richtig verstehen: die Engländer und ihre Strickwaren!

Roundabout – Bedeutet im Englischen entweder »Kreisverkehr« oder »Kirmeskarussell«. Viele Deutsche glauben, es bedeute auch »ungefähr« (also »around« oder »about«), doch drehen sie sich in Wahrheit damit nur im Kreis.

Schäkern – Ein seltsames Wort in unserer Sprache, mit dem sich vor allem manche ältere Semester erfolgreich durchs Leben schlagen. Merke: Es hat nichts, aber auch gar nichts mit einem Mixer (»shaker«) oder dem englischen Verb »to shake« zu tun, also dem Schütteln von Händen, dem Rütteln und Beben von Gegenständen, Orten und Menschen oder dem Anrichten von Getränken. Außerdem ist ein »Shaker« das Mitglied der christlichen Shaker-Kirche, aber weder ein Witzbold noch ein Experte für Flirts. Wer über jemand Drittes bemerken möchte, dass er herumflirtet oder ständig Witze reißt – mal ganz abgesehen davon, dass »schäkern« ungefähr so altmodisch ist wie »pofen« oder »schwofen« und sich deshalb kaum ohne Ironie benutzen lässt –, der sagt: »The man flirts a lot.« (Wenn er es immer macht.) »The man is flirting.« (Wenn er es gerade jetzt macht.) Oder: »The man is flirtatious.« Die Frau natürlich auch. Dass wiederum oft nur Männer mit der Angeschäkerten mehr vorhaben, verrät die mutmaßliche Herkunft des Wortes: Es soll aus dem Jiddischen und noch älter aus dem Althebräischen von »Busen« oder »Schoß« abstammen.

Service Point – Die Deutsche Bahn ist sprachlich betrachtet ein kreativer Konzern. Sie fährt mit dem ICE nach London und bringt gleich noch ein aufpoliertes Englisch mit – »a new-fangled English«, wie meine Kollegin Andrea es nennt. Die Bahn liegt damit im Trend: Viele Unternehmen versuchen ein mundgerechtes »Globish« für ihre Kunden in aller Welt zu texten; ein Englisch, das irgendwie echt klingt, aber in den Ohren der Muttersprachler schräg ankommt. Wir Deutschen, die wir ja auch »Wellness« in die Welt exportiert haben, sind darin so vorbildlich, dass uns andere internationale Unternehmen schon nachahmen: »Nikon Service Point«, »Samsung Service Point«. Im Englischen gibt es (bislang) nur »service station« oder »customer service« oder einfach »service counter«. Doch spätestens, wenn unsere Bahn durch einen riesigen, von EU-Mitteln gebauten Tunnel nach New York fährt, wollen wahrscheinlich dort alle nur noch an unseren »Service Points« bedient werden. Oder noch besser: unseren »Grand Central Points«.

Shakehands – Einer meiner Lieblingsschnitzer. Sie kennen die Situation: deutscher Fernsehmoderator, jahrelang von Vereinen, DFB und einzelnen Trainern gefügig gemacht, bittet einen Fußballspieler leicht unterwürfig und vor laufender Kamera zum »Shakehands«: »Please, Mr Rooney, would you please come over to a shakehands with Mr Klose please.«
»What? Shake yourself, Kraut bugger.«
Sagen Sie in Zukunft einfach »handshake«. Macht sich besser. Einverstanden? Dann: Hand drauf. Let's shake on it!

Shooting – Robert Tongs, ein lustiger Engländer aus Duisburg, der die unglaublichsten denglischen Patzer quer durch Deutschland fotografiert und in kleinen Bilderbüchern veröffentlicht, hat mich darauf gebracht: Die übelste Variante des Massakers ereignet sich häufig bei deutschen Fotografen – und wird von ihnen sogar öffentlich mit Pappaufstellern angekündigt. Was die Fotografen meinen, sind »photo shoots«, früher sagte man auch schlicht »photo sessions«. Alles andere wären Erschießungen und Massaker, egal ob von Babys oder auf Hochzeiten (»baby shooting« oder »wedding shooting«). In Deutschland mögen wir damit durchkommen, doch in der englischsprachigen Welt sind sie auf jeden Fall strafbar. Deshalb nicht machen! Ein »shot« ist eine einzelne Einstellung in einem Film oder für eine spezielle Verwendung, zum Beispiel »cover shot« (Titelbild) oder »close-up shot« (Nahaufnahme).

Shootingstar – Auch hier gilt: Oh my god so German! Irgendwann wurde im Englischen mit Sicherheit schon einmal ein Schauspieler oder ein Sänger oder ein Politiker oder ein Manager als »shooting star«, als Sternschnuppe, bezeichnet. Doch was machen Sternschnuppen? Sie verglühen. Das Wort deutet also immer an, dass jemand in der Dunkelheit verschwindet, nachdem er schnell aufgestiegen ist und mächtig geleuchtet hat. Klingt nicht ganz nach dem, was wir sagen wollen, sondern mehr nach einer Eintagsfliege (»one hit wonder«), vielleicht auch nach einem »one trick pony«. Im Deutschen wurde der »Shootingstar« zum Inbegriff für einen Senkrechtstarter mit viel Potenzial. Das entspricht überhaupt nicht dem englischen Verständnis. Sagen Sie »rising star«, dann droht Ihrem Stern nicht der Absturz, und Sie werden immer verstanden.

Showmaster | Talkmaster – »Showmaster« und »Talkmaster« sind echte Gruftis (say: »old-timers« or »old fogeys« – »grufti« is just no English!) unter den Scheinanglizismen: Peter Frankenfeld, Hans-Joachim Kulenkampff, Hans Rosenthal – das waren sie in Westdeutschland, und einer, der auch zu ihnen zählte, soll das Wort »Showmaster« geprägt haben: Rudi Carrell. (In der DDR war der Begriff übrigens unüblich.) Sie alle sind längst gestorben, und niemand spricht heute mehr vom »Showmaster« oder »Talkmaster«, höchstens ironisch. Man sagt »Moderator« oder ganz amerikanisch »Host«, das von »show host« oder »talk show host« stammt. Im Englischen sind auch »presenter« oder »anchor« (»anchorman« oder »anchorwoman«) gebräuchlich, allerdings mehr für Nachrichtenprogramme.

Slip – Es wirkt zunächst wie eine sehr originale Freud'sche Fehlleistung – a freudian slip! –, die uns Deutschen da eingefallen ist: Aus dem Phallussymbol der Krawatte machen wir gelegentlich einen Damenschlüpfer. Wie das möglich ist? Es bedarf der kurzen Erläuterung. Der Schlips ist für viele Menschen in Deutschland ganz einfach die Herrenkrawatte. Herrliche Kommunikationsprobleme sind damit vorprogrammiert. Denn wenn Sie in London bei einem feinen Herrenausstatter stehen und schnell mal das Wort für Schlips brauchen, dann kann es leicht passieren, dass Ihnen vor lauter Aufregung gerade nichts Besseres einfällt als nach einem »slip« zu fragen. Wie der Herr, den ich bei Turnbull & Asser beobachtete. Er sagte: »I would like a nice slip.« Und die Bedienung antwortete: »Sir, I am sorry, we don't do women petticoats – wir verkaufen keine Unterröcke.«

Regel 1: Sagen Sie nicht »slip«, wenn Sie »tie« meinen. Obwohl ja gegen den »Slip« als Krawatte auch aus englischer Sicht eigentlich nichts einzuwenden wäre: Denn der Slip/Schlips stammt vom mittelhochdeutschen »slifan« (»schleifen«). Und hier treffen wir – wieder einmal – auf eine identische altenglische Wortbedeutung, die sich in der Sprache der Schifferknoten bis heute gehalten hat: Ein sogenannter »Slip-Knoten« lässt sich durch Ziehen am losen Ende leicht lösen. Steht auch in englischen Wörterbüchern: »A slip knot is one which can easily be slipped or undone by pulling on the loose end of the last loop.« Eine Schuhschleife ist ein Slip-Knoten, und eine Krawattenbinde ist es auch.

Nun aber zu Regel 2, um die es hier eigentlich geht: Wenn Sie sich in der englischsprachigen Unterwäschewelt bewegen und einen Schlüpfer suchen, sagen Sie britisch »briefs« oder »knickers« (*nikkas*), und verwenden Sie beide Wörter immer im Plural. In Amerika fragen Sie nach »panties«. Wenn Sie nach einem »slip« verlangen, verstehen die Leute darunter meistens einen Ausrutscher, einen

Patzer oder ein Missgeschick – a slip. Im besten Fall erhalten Sie ein Blatt Papier – a slip of paper – und das können Sie sich dann als Lendenschurz (»loincloth«) vorhalten.

Smoking – Noch ein Klassiker unter den teutonischen Anglizismen. Ich könnte das schnell abhandeln und einfach klarstellen, dass die Abendgarderobe, die wir »Smoking« nennen, in Amerika ein »tuxedo« und im Vereinigten Königreich ein »dinner jacket« ist. Doch das wirft drei Fragen auf: Warum »tuxedo«? Warum »dinner jacket«? Und warum »Smoking«? Ein gewisser James Brown-Potter trug die Jacke angeblich im Jahr 1886 zum ersten Mal im »Tuxedo Club« in der Nähe von New York. Es war gewissermaßen der neueste Schrei aus Europa, den er von einer Englandreise mitgebracht hatte. Bertie, der damalige Prince of Wales (und spätere King Edward VII.), hatte sie sich als leichtere Variante des bequemen »smoking jacket« schneidern lassen, also des traditionellen Hausrocks, den es noch heute gibt. Er ist aus einem schweren Stoff, oft in dunklen Farben und mit samtenen Bordüren gefertigt und wird einfach über die Abendgarderobe gezogen, um sie vor dem Rauch im Herrenzimmer zu schützen. Gleichzeitig wurde auf diese Weise den Damen signalisiert, dass die Herren unter sich sein wollten. Zum »smoking jacket« gehört traditionell auch eine Mütze mit Bommel, die etwas vorderorientalisch anmutet. In weiser Voraussicht hatte Bertie also das schlichte »dinner jacket« erfunden, damit James Bond später nicht als Witzfigur in den Kasinos der Welt auftauchen musste. 007 hätte schließlich unmöglich mit Bommelmütze und Samtbordüren auf Mission gehen können. Außerdem ist es ja auch nicht seine Art, sich von den Damen zu distanzieren.

Spleen – Das ist im Englischen zunächst ein Organ: die Milz. Und als Adjektiv bedeutet es »übellaunig« bis »wütend« – »bad temper«. Wenn Sie über den Spleen einer anderen Person sprechen möchten, können Sie deshalb nicht sagen: »He has a spleen.« Eine Milz hat schließlich jeder gesunde Mensch. Oder manchmal auch schlechte Laune. Was Sie sagen wollen, geht so: »He is an eccentric.« Oder, falls der Spleen schon krankhafte Züge annimmt: »He is wacky.« Es gibt auch die Variante »He is a wacko«. (Remember? »Jacko – Wacko«: Michael Jackson.) Spleenigere Steigerungen davon sind »He is a wackadoo« oder: »He is a wackadoodle«. Bevor Sie sich äußern, sollten Sie allerdings gut überlegen, worin der Spleen der anderen Person Ihrer Meinung nach besteht. Dinge, die Sie vielleicht spleenig finden, sind in der englischsprachigen Welt oft entweder normal oder so weitgehend toleriert, dass eher die Erwähnung spleenig wäre.

Spot – Ein Dauerbrenner des deutschen Wannabe-Englischs ist der Werbespot. Oder einfach: Der neueste Spot von … (setzen Sie bitte selbstständig Ihre Lieblingsmarke an diese Stelle – at this spot, please fill in your favourite brand). Es ist eines der Worte mit zahlreichen Bedeutungen im Englischen: Ort, Stelle, Punkt, Gegend, Elfmetermarke, Pickel, Schmutzfleck. Aber nicht »commercial« oder »advertising/promotion film«.

Sprit – Einer der gemeinen Scheinanglizismen, weil er so unheimlich englisch klingt, aber im Englischen rein gar nichts bedeutet. Rutscht einem schnell mal raus, vor allem wenn man mit dem Mietwagen durch die USA gurkt und ständig tanken muss, weil der Motor so viel schluckt: »Hey, Tankwart … Schatz, kannst du mal schnell nachschauen, was Tankwart auf Englisch heißt?«
»Augenblick, mein Cowboy …: attendant, steward, filling station attendant.«

»Was? Steward?«

»Nein, attendant, du kannst auch gas station attendant sagen: A-t-t-e-n-d-a-n-t.«

»Okay. Hey, attendant, wie need a full tank of sprit.«

»What? Fill up? The fuel tank?«

»Schatz, heißt ›sprit‹ nicht ›Benzin‹?«

»Warte, ich schau im Wörterbuch nach ...«

Aber woher kommt nun »Sprit«? Von »spirit«, den wir als »Spiritus« oder als »Spirituose« auch kennen: gemeint ist Alkohol. Man sagt dazu im Englischen »spirits«, die manche Menschen ebenfalls als Kraftstoff betrachten mögen. Mit Rohöl oder Benzin hat das nichts zu tun, die Verwechslung entstand vielleicht irgendwann früher, als für den Antrieb von Fahrzeugen tatsächlich viel mit fermentierten Stoffen experimentiert wurde.

Trainer – Ist ein Turnschuh und noch gebräuchlicher ist der Plural »trainers«, weil die meisten Menschen zwei Füße besitzen. Wer den Trainer einer Mannschaft meint, muss im Englischen »coach« sagen. Noch besser wäre zum Beispiel »football coach«, weil ein »coach« alleine ein »comfortably equipped single-decker bus used for longer journeys« ist, zum Beispiel der Mannschaftsbus: »team coach«. Very confusing, innit?

Trampen – Ein schöner alter Scheinanglizismus. Ich würde sagen: ein Vintage-Scheinanglizismus! In ihm schwingt eine Menge Nachkriegsdeutschland. Wir sollten ihn unseren Kindern nicht wegnehmen! Zum wahrhaft englischen Kern des Wortes zählt das ziellose Reisen, so wie es ein »Tramp« macht, also ein Landstreicher oder Bettler. Die Deutschen haben den Begriff um das Autofahren, ihre Lieblingsaktivität, ergänzt. Ein Landstreicher, der im Auto anderer mitfährt, das also wäre der perfekte »Tramper«. Möchten Sie englisch per Anhalter fahren (oder durch eine Galaxie fliegen), sagen Sie: »to hitch-hike«.

Trench – So wie es Mäntel mit langen und kurzen Schnitten gibt, haben wir uns im Deutschen für das Wort »Trenchcoat« auch beide Fassungen geschneidert – und die kurze einfach »Trench« genannt. Im Englischen ergibt das keinen Sinn, obwohl es einem Verkäufer bei Burberry angesichts der vielen Menschen aus Übersee, die holpriges Englisch sprechen, vielleicht gar nicht mehr auffällt. Sollte er aber doch genau zuhören, wird er nicht schlecht staunen, wenn Sie fragen: »Where do I find the trenches?« Sie haben sich dann nämlich soeben nach den Schützengräben erkundigt. In Zeiten des heiß laufenden Wettbewerbs in der Bekleidungsindustrie könnte er das aber auch als eine ungelenke Frage nach dem Wühltisch verstehen – the rummage table or the bargain counter. Gewissermaßen so: Wo schießen Sie am schärfsten gegen die Konkurrenz? Wäre es nicht schön, auf dem Wühltisch einen hübschen Mantel zu finden – wouldn't it be nice to make the cut? Einen Versuch ist es immer wert. Und noch was: Raten Sie mal, woher der Trenchcoat kommt. Soldaten – Schützengräben – schlechtes Wetter ... Mit Mode und Luxus hatte das wenig zu tun.

Twen – Ich mag dieses deutsche Kunstwort, weil es der Name einer außergewöhnlichen, mutigen, ja, vielleicht der genialsten Zeitschrift in der Bundesrepublik war. Sie hieß *Twen*. Der Journalist Adolf Theobald hatte sie 1959 gegründet. Sie richtete sich streng genommen an Menschen zwischen 20 und 29, aber wie so oft im Zeitschriftengeschäft war das ein bisschen geflunkert. In Wahrheit waren die Leser etwas älter, und sie wurden noch älter, ohne dass genügend junge nachwuchsen, sodass *Twen*

143

1971 eingestellt wurde. *Twen* wurde also selbst nur ein junger Teen. Aber das Wort hat bis heute überlebt. Im Englischen sagen Sie viel komplizierter: »twentysomething« oder »someone in her/his twenties«.

Zappen – Seine Hochphase hat das Zappen mit Sicherheit hinter sich. Laut einer Umfrage aus dem Jahr 2007 schalten die Deutschen weniger häufig durch die Fernsehkanäle als sie es im 20. Jahrhundert machten. Das hat wohl auch damit zu tun, dass sie heute weniger fernsehen und lieber parallel im Internet surfen. Das nennt man übrigens »second screening«, jedenfalls solange das, was sie im Internet nachschauen, mit dem zu tun hat, was sie fernsehen. Woher nun der Begriff »Zappen« genau kommt, konnte ich nicht klären. In anderen, vor allem südeuropäischen Sprachen ist er auch gebräuchlich: »hazer zaping« (Spanisch), »fazer zapping« (Portugiesisch), »fare zapping« (Italienisch). Nur im Englischen kennt ihn niemand. Zwar »zappt« man Werbung weg, indem man genau dann umschaltet, wenn sie erscheint – das kommt der deutschen Bedeutung recht nahe. Man kann auch andere Dinge durch »Zapping« zerstören (gegnerische Waffen oder Stress). Das hektische Umschalten zwischen Kanälen wird allerdings »channel hopping« oder »channel surfing« genannt.

We not shoot, you not shoot!
Im Krieg

Von wegen »Don't mention the war!« Gerade Briten und Deutsche erwähnen immer wieder den Krieg. Das Gute: Es hilft uns zu erinnern, und es kann Wunden heilen. Dumm nur, dass es uns dabei oft an Selbstironie mangelt und wir manchmal den völlig falschen Ton treffen.

Das grüne Pappschild an der Tür meines Hotelzimmers in London hatte ich noch nie gesehen. Dort stand: »Please march in«, und darunter in kleineren Buchstaben: »Please service my room.«

Wie immer sollte das Schild dazu dienen, dem Personal grünes Licht für die Reinigung zu geben – the purpose of such tags is to give the go-ahead for the cleaning staff. Doch der Befehl »einzumarschieren« war bemerkenswert anders – it was notably different: Sollte es etwa ein Scherz sein – was it meant to be a joke after all?

Selbstverständlich!

Die Briten lieben Witze und Anspielungen mit Kriegsbezug – Brits are fond of belligerent wit and innuendo. Vor allem die Zeitungen pflegen diese Kultur: Sie scherzen über den Zweiten Weltkrieg, über Deutschland oder über Fußball und besonders gerne – preferably *(präff-rabli)* – gleichzeitig über Deutschland, den Zweiten Weltkrieg *und* Fußball.

Was ich aber seit einiger Zeit feststelle – and I am not actually joking here: Es kommt so gut wie nie mehr zu

Anspielungen auf Hitler und die Nazis. Trevor Kavanagh hat das in den griffigen Satz gefasst: »The era of Nazi metaphors is over« – Nazi-Witze sind ein für alle Mal von gestern. Er sagte das übrigens 2006, als die Fußball-WM in Deutschland ausgerichtet wurde. Trevor leitete damals die Politikredaktion der in Kriegswitzen geschulten Zeitung *The Sun*. Und das Boulevardblatt hat sich seitdem (fast immer) eisern daran gehalten. Sogar wenn's im Fußball um die Wurst ging, weil man wieder gegen uns, die »Krauts«, spielte.

Acht Jahre später, im Frühjahr 2014, war ich im Londoner St. James's Court Hotel und versuchte, mir das Schild »Bitte einmarschieren« in einem Hotelpalast in Deutschland vorzustellen. Vielleicht im Atlantic in Hamburg? Unmöglich. Im Bayerischen Hof in München? Unmöglich. Und im Adlon in Berlin? Auch unmöglich.

Es ist die besondere britische Selbstironie – self-deprecation –, die das Schild »Please march in« möglich macht. Und wie immer funktioniert Ironie am besten, wenn man gar nicht mit ihr rechnet: morgens, auf nüchternen Magen, kurz bevor man sein Hotelzimmer verlassen will.

Später stand ich vor dem Hotel und wartete auf ein Taxi. Von hier aus waren es nur wenige Minuten bis zur deutschen Botschaft und in die andere Richtung bis zum britischen Parlament. Wieder einmal war ich mittendrin. Mitten in der Stadt und mitten in dem Land, das mir den Satz »Don't mention the war!« beigebracht, anerzogen, eingehämmert hatte. Seit vierzig Jahren ist er eine Spielregel, die gilt, halb im Ernst und halb im Scherz – half in earnest, half in jest. Finnen, Griechen oder Dänen wissen wahrscheinlich gar nicht, worüber ich hier schreibe. Sogar für Franzosen oder Amerikaner ist es fremd. Viele Briten und Deutsche wissen es dafür umso besser.

Der Satz »Don't mention the war« stammt von John Cleese, einem Gründer der legendären Komikertruppe Monty Python. Mitte der Siebzigerjahre spielte er in einer Fernsehserie Basil Fawlty, den Besitzer eines miefigen Hotels mit dem prätentiösen Namen »Fawlty Towers«. In einer Episode der Serie kommen vier Besucher aus Deutschland und Mr Fawlty befiehlt dem Personal, unter gar keinen Umständen gegenüber den Gästen den Krieg zu erwähnen: »Don't mention the war! I mentioned it once and I think I got away with it alright.«

Wie zu befürchten, hält sich der Hotelchef selbst nicht an die Regel. Mit einem sarkastischen Nazi-Witz nach dem anderen schikaniert er die »Krauts«, die ihm am Frühstückstisch ausgeliefert sind – he is bullying them while they are completely at his mercy. Er erinnert sie an ihre Kriegsschuld (»You invaded Poland«) und lacht sie aus, wenn sie hölzern und unbeholfen protestieren: »Zat is not fanny.« He laughs at them as they protest against his ranting and raving. Fawlty lässt sie seine moralische Überlegenheit spüren – he is overconfident of his moral high ground. Er lässt es sich auch nicht nehmen, im wohl legendärsten Stechschritt der britischen Fernsehgeschichte durch Restaurant und Lobby zu marschieren – it was the funniest goose step on British television.

Die britische Selbstironie der Episode grenzt an Selbstzerfleischung – self-destruction –, als schließlich alles drunter und drüber geht und ein ausgestopfter Elchkopf von der Wand auf einen Angestellten fällt. Die vier Deutschen, die das Chaos beobachten, bemerken mit gekonnter britischer Lakonie: »How ever did they win – wie konnten diese Trottel bloß gewinnen?« Gemeint war der Krieg. Oder vielleicht Wembley 1966?

Vierzig Jahre später war es für mich deshalb keine Frage: Das Schild »Please march in« an meiner Zimmertür im Hotel stammte in Wahrheit aus dem Hotel Fawlty Towers! Und wer glaubt, Mr Fawltys Wutausbruch sei gegen die Deutschen gerichtet gewesen, der irrt. Cleese selbst hat 2007 gesagt, dass er uns damals mit der berühmten Szene einladen wollte, gemeinsam über den Krieg zu lachen. Endlich. Dreißig Jahre nach dem Inferno des Zweiten und sechzig Jahre nach dem Ersten Weltkrieg.

Genau genommen forderte er uns Deutsche auf: Bitte erwähnt den Krieg – yes, please mention the war! Macht es humorvoll und selbstironisch wie wir – don't be afraid of wit and self-deprecation.

Für das Verhältnis von Deutschen und Briten ist »Don't mention the war« ein geflügeltes Wort geworden, aus dem sich ein Spiel entwickelt hat: eine Art Schwarzer Peter – it has become a kind of British-German game, similar to the »jackass« card game. Erwähnt einer den Krieg, egal in welchem Zusammenhang, sagt ein anderer, der es bemerkt:

»Ha, you mentioned it!«

»What?«

»The war!«

»Did I?« (Sich dumm zu stellen gehört zum Spiel – playing the fool is part of the game.)

Auch der Comedian Stephen Fry ließ es sich nicht nehmen, die deutsch-britische Variante von »Jackass« zu spielen, als er sich mit den vier Gästen seiner originellen Ratesendung »QI – Quite Interesting« im Januar 2010 eine sehr sehenswerte Stunde lang dem Thema »Germany« widmete. Verlor einer der Teilnehmer die Beherrschung und damit ein Wort über den Krieg, heulte eine Alarmsirene im Studio los – the buzzer went off!

Genau diesen Buzzer wünsche ich mir gelegentlich, wenn ich erlebe, wie gewisse Deutsche über die Kriege und auch über die Nazizeit sprechen. Nicht, dass ich Befürchtungen hätte, wir würden die Vergangenheit wiederholen oder verherrlichen. Auch denke ich nicht, dass wir (noch) mehr politische Korrektheit in Deutschland benötigen – please don't get me wrong: I am neither worried that anyone is repeating or glorifying the past nor do I wish for more political correctness in our German debates. Allerdings erlebe ich immer wieder eine großspurige und geschmacklos aggressive Art, Kriegs- und sogar Nazithemen aufzugreifen und damit bewusst zu provozieren.

Ein erschreckendes Beispiel lieferte der Unternehmer Oliver Samwer. Er ist einer der Brüder, die den Milliardenkonzern Rocket Internet gegründet haben und die zum Beispiel von Angela Merkel als deutsche Vorzeigeunternehmer im digitalen Zeitalter angeführt werden. In einer firmeninternen E-Mail forderte Oliver Samwer seine Mitarbeiter in holprigem Englisch, aber unverhohlen zum »Blitzkrieg« gegen Wettbewerber auf: »There are only 3 areas in ecommerce to build billion dollar business: amazon, zappos and furniture. The only thing is that the time for the blitzkrieg must be chosen wisely, so each country tells me with blood when it is time.«

Sicherlich ist Oliver Samwer ein sehr spezieller Typ. Doch er ist kein Einzelfall. Andere mögen vorsichtiger und weniger sanguinisch sein, aber auch ich habe schon Geschäftsleute gehört, die sich das »Einmarschieren« oder das »Durchmarschieren« in irgendwelchen Märkten wünschten. Bevor der ICE der Deutschen Bahn 2010 zum ersten Mal nach London fuhr, habe ich einen Vertreter des Bahn-Konzerns erlebt, der scherzte, man könne ja mit gehisster Hakenkreuzflagge in den Bahnhof St. Pancras rollen. Hi Brits, we will be rolling in with the swastika flying!

Soll das witzig sein? Manche Deutsche scheinen zu denken: Damit es die anderen kapieren, werde ich krass. Dabei ist es gar nicht leicht auszumachen, ob sie eine zynische Grundhaltung haben oder ob es nur eine perfide Taktik ist. Das bleibt ein Rätsel bei den Anspielungen auf Symbole des Militarismus und der Nazi-Herrschaft: Führer, Endlösungen, V2-Raketen, Dicke Berthas, Afrikacorps und Wüstenfüchse – bemüht wird alles, was ein Zivilist obszön finden könnte.

Klar kann ich mir vorstellen, dass auch ausländische Unternehmer oder Politiker so etwas sagen. Doch egal wie hart und unfair der Wettbewerb ist, denke ich, dass wir eine besondere Verpflichtung haben, den Schrecken, der von Deutschland ausgegangen ist, nicht rhetorisch zu instrumentalisieren. Das gilt ganz besonders heute, in Zeiten, in denen Deutschland eine Macht in Europa besitzt, die so groß ist wie vielleicht noch nie. Andere Völker sind davon sehr beeindruckt – everyone is impressed with Germany's position and prowess. Zugleich besteht eine ständige Gefahr übermütig zu werden – Germany's danger of becoming overconfident of herself.

Der englische Schriftsteller Harry Mount bemerkte im Februar 2014 in einem Artikel für die *Sunday Times*, nachdem er Deutschland besucht hatte, ihm sei aufgefallen, dass wir Deutschen uns grundlegend anders an die zwei großen Kriege im 20. Jahrhundert erinnern: mit sehr viel weniger Aufwand und Geld, mit weniger öffentlichen Zeremonien und Gesten und auch mit weniger Gedenktafeln und Friedhöfen. Ist das ein Teil des Problems?

Ich glaube nicht, solange wir uns ehrlich und am besten gemeinsam mit den anderen Völkern an die gemeinsame Geschichte erinnern, also an das, was uns verbindet. Zum Beispiel an die bewegende Episode aus dem ersten Jahr des Ersten Weltkriegs 1914, die sich tatsächlich ereignet hat. Michael Jürgs hat sie in seinem Buch »Der kleine Frieden im großen Krieg« beschrieben: Deutsche Soldaten sangen »Stille Nacht, heilige Nacht«, britische und französische Soldaten applaudierten über die Frontlinie in Flandern hinweg und riefen »Good old Fritz« und »More, more«. Darauf antworteten die Deutschen »Merry Christmas, Englishmen« und wagten ein Angebot: »We not shoot, you not shoot.«

Als die Gegner zustimmten, stellten sie Kerzen entlang der Fronten auf, begegneten sich, gaben sich die Hände und vereinbarten eine zweitägige Feuerpause – there was a two-day truce. Danach endete die Menschlichkeit.

Man könnte sich natürlich über den kruden englischen Satz »We not shoot, you not shoot« lustig machen. Ich will ihn viel lieber als einen der schönsten Sätze feiern. Obwohl grammatikalisch falsch, war er das vielleicht beste Englisch, das im 20. Jahrhundert aus deutschem Mund kam.

Im Rückblick wirkt die Geschichte wie ein Märchen, das

ich gerne meinen Kindern erzähle. Die britische Super-marktkette *Sainsbury's* hat sie zum Anlass genommen, ei-nen bewegend kitschigen Werbefilm zu drehen, in dem am Ende ein britischer Soldat einem Deutschen eine Tafel Schokolade schenkt: »Christmas is for sharing.« Im Engli-schen nennt man solche einprägsamen Erzählungen »nar-rative«. Wir Deutschen haben oft Probleme, diesen Begriff zu übersetzen und auch, ihn zu verstehen. Vielleicht hat das mit unseren eigenen »Narrativen« zu tun, wie Her-fried Münkler in seinem Buch »Deutsche Mythen« erklärt: In unserer nationalen Vitrine seien »durchgängig Erzäh-lungen mit negativen Vorzeichen« aufgestellt, so Münkler: »Deutschland nimmt insofern eine Sonderstellung ein.«

Sehr unterschiedlich ist auch die Art, wie sich die Völker Europas an den Krieg erinnern. Als Rheinländer weiß ich das nur zu gut: Immer genau dann, wenn unsere frühe-ren Gegner im Westen schweigen und des Waffenstill-stands von 1918 gedenken, werden in Köln die Narren-kappen aufgezogen. Zwar hat das eine nichts mit dem anderen zu tun. Und doch gibt es Jahr für Jahr keinen an-deren Moment, in dem wir Westeuropäer uns gegenseitig so fremd sind wie am 11. November um 11 Uhr 11.

Zeitgleich stecken sich die Menschen im Vereinig-ten Königreich in Erinnerung an die Gefallenen auf den Mohnfeldern von Flandern künstliche Mohnblumen ans Revers. Das soll an alle Opfer erinnern, auch die deut-schen – this gesture reminds us of all victims, including the ones from Germany. Die Blumen sind zu einem regel-rechten Mode-Accessoire geworden, und ich kenne im-mer mehr Deutsche, die sich auch eine Mohnblume ans

Revers stecken – they put remembrance poppies in their lapels. Ich denke, dass diese Geste einem Bedürfnis folgt, sich neu und anders zu erinnern. Anders als bisher: offener, ehrlicher, sichtbarer.

Vielleicht ist das etwas, das uns in Deutschland (noch) fehlt. Und genau dieses Manko verleitet uns dazu, die Vergangenheit zu veralbern anstatt ihr mit Selbstironie zu begegnen.

Ich erinnere mich an den 11. November 1998, als ein deutscher Automobilkonzern um Punkt 11 Uhr in London eine Pressekonferenz anberaumte, um die Entlassung Tausender britischer Mitarbeiter und die Schließung eines britischen Werks anzukündigen. Das war ein Affront, aber ist lange her. Mit Sicherheit hat BMW seitdem viel dazugelernt.

Mit dem Mini, den BMW bereits seit mehr als 15 Jahren in Oxford produziert, ist inzwischen übrigens ein neues Nationalsymbol der Briten entstanden: Vielleicht erinnern Sie sich an die Werbekampagne der Londoner Regierung: »Innovation is Great Britain.« Daneben der Mini: rundherum mit der britischen Flagge lackiert, dem »Union Jack«. Und versehen mit einem deutschen Unterbau.

Ich mag diese kleine Geschichte ganz besonders, die Geschichte des Mini. Er ist zum Vehikel der Versöhnung geworden. Eine neue britisch-deutsche Erfolgsgeschichte, und mein Gefühl sagt mir, sie wäre unmöglich gewesen ohne Basil Fawltys selbstironischen Appell: »Please mention the war!« und unsere Sehnsucht: »We not shoot, you not shoot.«

Beides zusammen macht uns hoffentlich zu friedlichen und glücklichen Freunden in Europa, die darüber lachen können, wenn sie lesen: »Please march in.«

In der Kürze liegt mehr Würze
Substantive (mit Liste)

Reiten Sie auch noch auf vielen langen und langweiligen englischen Hauptwörtern herum, die Sie in der Schule gelernt haben? Dann satteln Sie um auf ein Englisch, das Sie in keiner Schule lernen: Willkommen im Reich der magischen Wortzwerge. Von »ado« bis »zest«!

Seit ich die Fantasiewelt auf den Kontinenten Essos und Westeros kenne, bin ich hingerissen. R. R. Martin erzählt dort die Geschichte von sieben Königreichen, in denen schöne Töchter und mutige Ritter, drei Drachen und ein Zwerg um die Macht ringen – they tussle with each other for power. In der Fernsehserie »Game of Thrones« wurde das alles sagenhaft in Szene gesetzt – the saga was fabulously staged by the American television channel HBO. Keine Frage: Die Serie ist ein »swords-and-sex hit«, wie die *New York Times* urteilte.

Doch was mich am meisten fasziniert, ist die Sprache – it's the vigour of the language that fascinates me most. Nicht die Fantasiesprache »High Valyrian«, die eigens für die Serie entwickelt wurde und die ich mir niemals erschließen werde. Sondern das großartige Englisch, das alles andere als eine Geheimsprache ist!

Besonders sprachgewandt und sprachgewaltig ist die Figur des Tyrion Lannister, ein sehr kleiner Mann, der doch alle mit seinen Worten überragt. »Tyrion, the complex and sharp-tongued imp«, schrieb die *New York*

Times über die Rolle des kleinwüchsigen amerikanischen Schauspielers Peter Dinklage. (Im wahren Leben stammt er übrigens von einem westfälischen Adelsgeschlecht namens Dincklage ab.)

Warum spricht mich der Zwerg so an? Warum ist er so einnehmend, gewinnend, bisweilen auch betörend?

Weil sein Ausdruck ungeheure Wucht und großen Witz besitzt. Er schwafelt nicht, sondern trifft stets ins Schwarze. Mal mit Humor, mal bitterernst. Oder um es in seinen Worten auszudrücken – to put it in his terms: His expression has clout and is full of wit. He shows incredible mettle. He always gets the gist. No spiel, no swank!

Tyrion sagt über sich selbst: »A very small man can cast a very long shadow« – ein sehr kleiner Mann kann einen sehr langen Schatten werfen. Dasselbe gilt für seine Wortwahl – the same goes for his way of talking! Er spricht von »clout«, »dash«, »edge«, »feint«, »gaffe«, »heist«, »ploy« »qualm«, »scum«, »smear«, »woes«.

Für mich sind das magische Wortzwerge! Oft bestehen sie bloß aus einer Silbe, aber sie sind alles andere als einsilbig. Von ihnen gehen mehr Schwingungen aus als von vielen langen und auch langweiligen Hauptworten, die wir alle, unendlich weit entfernt von Essos und Westeros, in der Schule gelernt haben und benutzen – they have a much greater resonance than many of the much longer, lengthy and widely known expressions! Unser Schulenglisch ist vor allem aus drei Gründen unterlegen:

1. Viele Substantive, die wir benutzen, sind sperrig und erschweren unsere Aussprache – many of the nouns we use are cumbersome and hard to pronounce. Ich denke

zum Beispiel an »controversy«, das viele von uns nicht verständlich aussprechen (*konn-trova-ßi*). Es kann durch »spat«, »row« (*rau*) oder »feud« ersetzt werden. Besonders tückisch sind die Wörter, die auf komplizierte Verben und Adjektive aufbauen. Denken Sie nur an all die »Nesses«: »absentmindedness«, »disadvantageousness«, »felicitousness«, »formidableness«, »ostentatiousness«, »vacuousness«, »zealousness«. Diese Wortungetüme kommen uns oft gar nicht oder nur entstellt von den Lippen – they are prone to get stuck in our throat or pass our lips in such a distorted fashion that none of our listeners will get what we wish to say.

2. Manche Substantive haben auch Startschwierigkeiten wie ein alter Motor. Nikolaus, ein lieber Freund, der als Moderator gelegentlich auch öffentlich Englisch sprechen muss, erzählte mir, wie er einmal auf einer großen Bühne in Hamburg an »recommendation« gescheitert war. Warum hat er nicht einfach »hint« gesagt?

3. In vielen Standardsituationen fallen uns leider nur Standardvokabeln ein. Es ist das begrenzte Repertoire der Worte, das wir einmal gelernt haben. Nie haben wir die Zeit gefunden und den Ehrgeiz entwickelt, es zu erweitern. Dabei ist es total langweilig, immer nur die Hauptwörter aus der ersten Reihe zu verwenden.

Wäre es also nicht schön, wenn wir einen goldenen Ersatz finden könnten? Wörter, die weder schwierig auszusprechen noch konventionell sind! Die durch ihre Kürze bestechen – which have the merit of brevity! Die uns leicht von den Lippen gehen und die sich umso leichter in die Köpfe der anderen Menschen transportieren lassen! Die originell sind, ohne sonderbar zu klingen!

Seitdem ich auf sie achte, tauchen sie fast überall auf –

they pop up almost anywhere: in Überschriften, in Vorträgen, in Präsentationen. Es ist natürlich leicht, sie zu überhören oder zu überlesen. Es ist wie das Sammeln von Pilzen oder wie eine Schnäppchentour auf einem Flohmarkt: Man muss genau hinsehen (oder hinhören), und wer nicht schnell genug ist, schnappt sie nicht.

Ich habe eine Liste mit 66 Wortzwergen für Sie zusammengestellt. Und wenn Sie das nächste Mal »Game of Thrones« sehen, denken Sie daran: Tyrion Lannister ist ihr Pate – the agile imp is their godfather.

66 magische Wortzwerge

ado – ein wunderbar kurzes Wort für Aufhebens, Probleme oder Mühen. Klar, man könnte auch von »trouble« oder »difficulties« sprechen. Aber »ado« macht viel mehr Spaß! Manchmal muss auch ich es mir anhören: »Don't make so much ado about what's right or wrong in English. Just say what you believe is right and people will understand!« Der große Bruder von »ado« ist fuss: die Aufregung, der Wirbel und das Gewese.

air – nicht bloß die Luft, die wir atmen, sondern die Aura, die uns umgibt: unser Ausdruck, unsere Mimik und Miene und, tiefer noch, unsere Haltung: »air of despair« = »Gesicht der Verzweiflung«, »air of consequence« = »eine wichtige Miene aufsetzen«, »an air of importance« = »Wichtigtuerei«. Mehr darf selbst der wichtigste Mensch von drei Buchstaben nicht erwarten!

awe – ein Wort, das die Größe eines Menschen und die Ehrfurcht vor dem Individuum in drei Buchstaben bannt: »to fill someone with awe«, »to hold someone in awe«, »to feel awe for someone« oder »to stand in awe of someone«. »Awe« ist echter, tiefer Respekt. Den hat Tyrion Lannister wohl nur vor sich selbst.

bait – Die Sprache der Seeleute muss auf den britischen Inseln immer wieder im Alltag herhalten, so auch mit ihrem »Köder«. Es ist die berühmte Karotte, die manchmal auch zu hoch hängt im Leben. Sie können damit Kunden fangen und Pferde füttern. In der digitalen Welt hat sich aus dem Köder ein Modewort entwickelt: »clickbait« – frei übersetzt »Klickköder«, also Inhalte im Netz, die möglichst viele Klicks generieren sollen.

bliss – Glück, Glückseligkeit, Wonne. Das Schönste: »bliss of love«. Schön auch: »ignorance is bliss« = »Dummheit ist ein Segen«. »Island of bliss« = »Insel der Glückseligen«. Ben Schott kreierte das Wort »Popelplaisir« (»intime Momente der menschlichen Hygiene«) und übersetzte es als »bogey bliss«. Jetzt wissen Sie auch, was »bogey« heißt.

bosh – Ich zitiere aus Evelyn Waughs Roman »Brideshead Revisited« von 1945:
»Charles«, said Cordelia, »Modern Art is all bosh, isn't it?«
»Great bosh.«
»Oh, I'm so glad. I had an argument with one of our nuns and she said we shouldn't try and criticise what we didn't understand ...«

bug – Die Wanze ist ein Insekt, das hier Pate steht für verschiedene Defekte und deshalb als »Störenfried« übersetzt werden kann. Denn »bug« ist eine Abhörwanze.

Sagen wir: ein Defekt unserer Freiheit. »Bug« bedeutet außerdem Programmier- oder Gerätefehler, kurz: ein Defekt von Soft- oder Hardware; der kleine Bruder heißt glitch, also ein kleiner Defekt. Doch er kann sich auch als intellektueller Patzer oder als andauernde technische Panne erweisen und eine der ätzenden »Verzögerungen im Betriebsablauf« sein, wie sie die Deutsche Bahn gerne nennt. Und was machen die Briten, wenn sie mal einen Termin verschwitzen? Sie greifen zu einer Notlüge – a white lie – und sagen: »There was a glitch.« Der Vater aller »bugs« ist übrigens flaw: jede Form des Fehlers, der auf menschliches Verhalten und vor allem Versagen zurückführt. Das Wort ist kurz, aber getragen. There can be flaws in anything, and everything is probably flawed somewhere. Some people constantly strive to hide their flaws while others constantly try to detect them.

clout – ursprünglich Lappen, Flicken, Wischtuch. Damit kann man anderen solange eine wischen – »to give somebody a clout« –, bis sie gefügig sind. So oder so ähnlich stelle ich mir die Wortentwicklung vor. Heute bedeutet »clout« jedenfalls »Einfluss«, »Schlagkraft«. Zum Beispiel: »Germany's economic clout«. Ohne »clout« wäre Tyrion Lannister kein Lannister.

con – Schwindel, Betrug; Betrüger, Gauner. In einer legendären Werbekampagne setzte die britische Labour-Partei in den Neunzigerjahren auf ein Wortspiel: »Cons con«, das so viel bedeutete wie: »Die Konservativen betrügen.« Das Standardwort ist auch ein kurzes: fraud.

dash – Energie und Elan, Schwung und Schmiss. Ein Spritzer Wermut im Martini-Cocktail. Ein Farbspritzer auf einem Gemälde. Ein Tupfer auf der Kinderzeichnung. Ein schneller Schritt heraus aus dem Büro ins Wochenende.

Ein Aufschlag, ein Sprung ins Glück genauso wie eine Jagd oder gar der Sturm auf den Feind. Eine Wucht von Wort, das ausdrückt, dass wir leben!

dud – Blindgänger, Lusche, Rohrkrepierer oder ganz einfach auch flop.

edge – ein Wort mit tausend Schnittkanten und einem Vorteil: Es bedeutet nicht nur »Kante«, »Schnitt«, »Saum«, »Schwelle«, »Bande« und dergleichen mehr, sondern tatsächlich auch »Vorteil« und »Vorsprung«. Und als messerscharfe Kante (»cutting-edge«), ist der Vorteil gar nicht mehr einzuholen, weil er dann »topaktuell«, »erstklassig« und »auf dem neuesten Stand« ist.

feint – ist nicht verwandt mit dem deutschen Wort »Feind«, aber vielleicht mit der »Finte«. Auf jeden Fall sollte man sich immer vor den Täuschungsmanövern des Feindes in Acht nehmen. »A feint serves to deceive the enemy.«

foe – ein Wort, das einem keine Zeit stiehlt, die man zur Verteidigung gebrauchen könnte. Es bedeutet »Feind«, »Gegner« und in der Steigerung auch »arch foe« und »deadly foe«: »Erzfeind« und »Todfeind«.

foray – Vorstoß, Ausflug, Beute- oder Raubzug. Und: Überfall.

frenzy – Ekstase, Raserei, Rausch. Mal friedlich, mal gefährlich, aber immer ein Ausnahmezustand.

fudge – eigentlich ist es ein Buttertoffee. Es wurde zum Inbegriff für jegliche Art der Schummelei und butterweichen Kompromisse. Wenn sie faul sind, werden sie auch »sellout« genannt: ein Ausverkauf der Vernunft vielleicht.

gaffe – Ausrutscher, Entgleisung, Patzer – this book deals with English-language gaffes by myself and others.

gist – die Hauptsache, das Wesentliche. Goethes Faust hätte gesagt: »des Pudels Kern« (»the gist of the matter«). Wer die Hauptaussage eines Textes oder eines Vortrags erfasst, sagt (oder denkt): »I got/know the gist!«. Ganz ähnlich und sehr schön ist auch **nub**. Herrlich kompakt für seine vielen Bedeutungen: »Pointe«, »Kern«; »the nub of the matter« = »der springende Punkt«.

glee – Ob Sie es glauben oder nicht: Obwohl es immer heißt, die »Schadenfreude« gebe es im Englischen nicht, kann »glee« genau mit dieser Bedeutung verwendet werden. Es soll aber auch ohne bösen Beigeschmack »große Freude«, »Frohsinn«, »Entzücken« oder »Fröhlichkeit« bedeuten – das habe ich allerdings noch nicht ausprobiert!

guff – Unsinn, Mumpitz. Es bedeutete ursprünglich »Gestank« und wandelte sich zum »Hirnfurz«. Wir könnten es auch mit »Rohrkrepierer« übersetzen. Nicht zu verwechseln mit dem Verb »to guffaw« = »laut lachen«.

grasp – Griff, Fassungsvermögen, Verständnis, Umklammerung.

heist – Überfall, Coup. Erinnern Sie sich an den Untertitel des Films »Monuments Men«? »It was the greatest art heist in history.«

havoc – Chaos, Verwüstung.

hint – ein Hinweis, ein Wink, ein Tipp, ein Fingerzeig. Und oft die viel bessere Empfehlung, denn im Unterschied zur »recommendation« lässt sich »hint« ganz leicht aussprechen. Manchmal kommt sie ganz unauffällig daher: »He dropped a hint.« Sie kann aber auch ein Zaunpfahl sein: »Peter gave a broad hint.«

hype – Rummel, Wirbel, Tamtam. Hyper, hyper.

jumble – Wirrwarr, Durcheinander, Trödel.

key – klar, ein Schlüssel. Aber viel schöner ist doch der übertragene Sinn: die Lösung einer Sache, die Aufschlüsselung eines Problems. Entschlüsselt auch als sogenannter »modifier«: »key data« = »die wirklich wichtige Hintergrundinformation«. Übrigens ist »key« immer auch die Legende einer Karte. Und wer es ausführlicher mag: der Schlüssel zum Erfolg: »key to success«.

knack – die besondere Gabe, etwas zu können. Das kann das große Talent und die Kunst eines Virtuosen genauso sein wie die Fertigkeit eines Kindes, sich die Schuhe zu binden. Oft ist es der spezielle Kniff, Trick oder Dreh, um den wir jemanden beneiden oder der einfach erforderlich war, um das Marmeladenglas zu öffnen. Das Oxford Dictionary kennt noch ein schönes Alltagsbeispiel: »John has the knack of falling asleep anywhere.« (Locker übersetzt: »Er kann überall knacken.«)

kudos – ein großes Wort, mit dem Sie nicht um sich werfen sollten. Dann bleibt es wirkungsvoll: Ruhm, Ehre, Ansehen. Wenn Sie einfach »kudos!« sagen, bedeutet es dasselbe wie »hat tip«: »Alle Achtung!« Sie können auch mehrere Mitarbeiter zugleich loben: »Kudos to each of you who made this product possible!«

leap – der Satz einer Katze, der Sprung eines Menschen und manchmal der sprunghafte Anstieg von Dingen, zum Beispiel der Zinsen, Preise, Arbeitslosigkeit, Gewinne und was Ihnen sonst noch einfällt.

mettle – Eifer, Mut und das Feuer, das in einem Menschen steckt.

pang – der große und schwermütige Bruder von pain, ache und hurt: Schmerz, im Leib und in der Seele. Ein plötzliches Stechen genauso wie ein Eifersuchtsanfall: »a pang of jealousy«. Oder Gewissensbisse: »pang of conscience«. Kurz: einer der kraftvollsten Wortzwerge, die ich kenne.

ploy – Trick, Masche, List. »Advertising/marketing ploy« = »Werbemasche«.

prank – Streich, Schabernack, satirische Posse, auf gut Deutsch: Verarschung.

qualm – gesprochen *quahm*. Es ist ein Wort, nach dem wir oft suchen: Skrupel, Zweifel.

quirk – ziemlich genau das, was wir pseudoenglisch »Spleen« nennen: der Tick einer alten Dame, auf dem Fahrrad zu singen, oder einer jungen Kollegin, sich im Büro die Nägel zu schneiden – oder eines ganzen Volkes, Klimaanlagen immer viel zu kalt einzustellen. Mode-Ticks werden auch fad und tic genannt. Und eine sehr ungewöhnliche Macke ist kink. Sie hat nicht selten sexuellen Charakter, womit auch gleich »kinky« erklärt wäre – ebenfalls eine Vorliebe von Tyrion Lannister.

saw – klar, eine Säge. Aber auch ein Spruch (wir würden vielleicht sagen »Sprüchlein«), ein Sprichwort oder eine Weisheit.

scum – für mich ganz nah an spam, dem Dosenfleisch, aus dem dann der Müll in unseren E-Mail-Postfächern wurde. »Scum« ist der Schlamm im Meer oder der Dreckschlamm in der Badewanne. Daraus ist eine Herabsetzung von Menschen geworden: »scum of society/the earth« = »Abschaum der Gesellschaft/Menschheit«. Sie sollten das Wort in dieser Bedeutung noch überlegter verwenden, als Sie vielleicht Dosenfleisch essen.

sex – Es ist der wahrscheinlich populärste Wortzwerg aller Zeiten. Einmal bei »Google« eingegeben, wirft die Suchmaschine in 0,23 Sekunden eine Milliarde und sechshundertdreißig Millionen Quellen aus. Man sagt, Sex sei ein leichtes Geschäft: »sex sells«. So auch in Stuttgart. Dort verlangt die Stadtverwaltung für Autokennzeichen mit der Buchstabenfolge »S-EX« eine Sondergebühr.

sheen – Glanz, Schimmer. »The sheen of showbiz makes her look like a big star from the 20th century.«

sleaze – Filz, Korruption, gesprochen: *ß-liehs*. Wenn Sie über einen bestimmten Klüngel sprechen wollen, können Sie zum Beispiel sagen: »The administration is long on sleaze and short on service to the people.« Und wenn Details ans Tageslicht kommen, kann sich es zu einem Skandal auswachsen: »a sleaze scandal«.

slip – vier Buchstaben und eine beachtliche Bandbreite von Bedeutungen! 1. Zettel, Kassenbon; 2. Fehltritt, Flüchtigkeitsfehler, Patzer, Ausrutscher, Versehen; 3. Unterrock; 4. Setzling, Sprössling; 5. Erdrutsch. Nur Schlüpfer bedeutet es eben nicht, denn das ist ein Scheinanglizismus.

smear – eigentlich Schmiere; im übertragenen Sinn Verleumdung, Verschmutzung, die man »unwarranted smears«

nennt, wenn sie substanzlos sind. »A smear campaign against the minister« = »eine Schmierenkampagne gegen den Minister«.

snub – Zurechtweisung, Brüskierung. Geht meistens von einer Person mit mehr Macht aus – oder wird ihr unterstellt: »The way in which his boss dismissed most of his ideas was a big snub.«

spat – Knatsch zwischen Nachbarn. Zank zwischen Geschwistern. Krach unter Kollegen. Meistens ein Streit um Nichtigkeiten und aus verletzter Eitelkeit. Also ein Gekabbel mit viel Gebabbel. Der Cousin dieses Wortzwergs ist row, auch eine extrem knappe Art über einen Aufruhr, ein Zerwürfnis oder einen heftigen Krach zu sprechen. Und früher, als es im Feudalstaat um Leben und Tod ging, war all das feud: die Fehde. Genauso ernst kann heute tussle gemeint sein: eine Rauferei mit ernsten Absichten und Konsequenzen. Wohl nur auf einem Sportplatz erwünscht: »It was a vigorous tussle for the ball.« Unter politischen Kontrahenten als »political tussle« beschrieben, ist es das, was wir »Machtgerangel« nennen: kräftezehrend und bierernst – energy-sapping and deadly serious.

spiel – Geschwafel; die jiddische Version von drivel und piffle. Es ist so gelassen abfällig und voller Schmäh, wie es ein Wiener sagen würde. Wenn Sie schon lästern, dann spielen Sie ein bisschen mit »spiel«. Setzen Sie es immer ans Ende eines Satzes und ziehen Sie es in die Länge: »spiiiel« – »his report wasn't sound and his way of talking about it was just a painstaking spiiiel.«

spin – der besondere, der freche, der erfundene Dreh einer Geschichte. Man könnte auch sagen: der Schuss Fiktion oder Interpretation, der die Geschichte aufpeppt – und für den meistens ein PR-Berater eine Rechnung stellt. Zu »spinnen« dient zwei Zielen: entweder ein Problem klein oder eine Person groß zu machen. Oder umgekehrt. Und am besten beides gleichzeitig.

stint – Arbeitspensum, Aufgabe, Schicht – »he finished his daily stint before he went to the cinema«. Auch Einschränkung – »he can afford anything without stint«.

stride – Schritt, Fortschritt. Und auch Gleichschritt: »He took his work in his stride« = »Er kam gut mit seiner Arbeit zurecht/wurde spielend mit ihr fertig«. »He got into his stride« = »Er kam auf Touren/fand seinen Rhythmus«.

swag – Beute – »his wealth offers tempting swags for robbers«. (Schön kurz auch: prey, booty, loot, haul.)

swank – Angeberei, Protz; sowie eine Person, die angibt und protzt.

tenet – Grundsatz, Dogma, Lehrsatz, Lehre – »the tenets of Karl Marx's social theory are based on Hegel's tenet of dialectics«.

tag – Es kann so vieles sein, weil es sich schließlich an alles hängen und auf alles kleben lässt: als Etikett, als Auszeichnung, als Bezeichnung, als Schlagwort, als Preiszettel, als Marke, als Charakterisierung, als Spitzname, als Zitat, als Slogan oder als das, was viele so oft fälschlicherweise »claim« nennen, obwohl sie eine »tag line« meinen. Ohne »tags« wären wir jedenfalls weder sortiert noch organisiert oder registriert.

treat – mein heimlicher Liebling: das Wort für alles Schöne, das andere mir auftischen oder sonstwie kredenzen – »for all enjoyable things to which I am being treated«.

trifle – eine Belanglosigkeit, Lappalie, Bagatelle. »We shouldn't bother father over such trifle« = »Wir sollten Vater nicht mit solchen Kleinigkeiten behelligen«. »Trifle amount« ist ein »Kleinstbetrag«, und Vorsicht: Das Verb »to trifle« bedeutet »mit etwas leichtfertig umgehen«. Die Kleinlichkeit und Haarspalterei von Leuten nennt man »quibble«.

trove – ein Schatz von einem Wort, so wie seine Bedeutung. In den Nachrichten las ich »trove« oft im Zusammenhang mit der Kunstsammlung von Cornelius Gurlitt, die wie ein Schatz entdeckt und gehoben wurde. Es war also ein »art trove«. Ein reicher Erfahrungsschatz ist »treasure trove of experience«. Nur als Liebkosung (»Schätzchen«) ist »trove« nicht gebräuchlich. Das ist immer noch »darling«. Oder »baby«.

turf – Es ist der Torf, den man aus Mooren (»bogs«, »peatland«, »swamps«) sticht und auf dem die zartesten Blumen und der stärkste Baum wachsen. Er ist im Englischen sogar so fruchtbar, dass darauf Kenntnisse, Professionen, Leidenschaft und Macht gedeihen können. Dann bedeutet »turf« Zuständigkeit, Domäne, Fachgebiet oder Gehege. Man kann auf feindlichem Terrain (»enemy turf«) den Gegnern ins Gehege kommen: »He is violating my turf.« Dann muss man ihn rausschmeißen: »She is turfing him out.« Wenn es hingegen bloß der Grund und Boden ist, um den es geht, dann spricht man von »soil«.

vein – die Vene, im wörtlichen wie im übertragenen Sinn. Und somit auch die Art eines Kunstwerks oder einer Bemerkung – »his text carried a vein of irony«. Oder ein

Charakterzug, der auch trait bedeutet, eine bestimmte Manier, manchmal auch eine Laune oder bloß der Hauch einer Sache.

vice – Wenn Sie das richtige Wort für Ihre »Laster« suchen (und damit nicht Lastwagen meinen), dann nehmen Sie »vice« – »cigars were my father's vice and drinking claret is mine«.

void – Es kann die Leere sein oder auch nur das Gefühl von Leere. Ein Hohlraum oder das Nichts. Ein genialer Begriff, der noch taugt, wenn sonst gar nichts mehr geht: »I feel ... the void.«

well – Ein Brunnen ist auch ein Quell und Ursprung, meistens für etwas Gutes. Das Oxford Dictionary nennt ein passendes Beispiel: »He felt a deep well of sympathy and compassion.« Frei übersetzt: »Ihm wurde viel Zuneigung und Mitgefühl zuteil.«

wink – Augenblick, Augenzwinkern, »to wink at« = »etwas absichtlich übersehen«, »in a wink« = »in Nullkommanichts«, »I didn't get a wink of sleep« = »Ich habe kein Auge zugemacht«.

wit – Witz, Verstand, Scharfsinn(igkeit) und Esprit. Ohne »wit« wäre Tyrion Lannister bloß ein Lannister.

woe – Kummer und Leid. Melancholie und Schmerz. »Woe to the defeated« – wehe den Besiegten!

zest – Begeisterung, Lust, Elan. Eifer, Freude. Weniger angestrengt als zeal, weniger vergnügungssüchtig als fun und weniger weihnachtlich als joy.

no question | out of the question – Diese beiden Formulierungen werden leicht verwechselt, und auch ich habe sie häufig durcheinandergeworfen. Doch der Unterschied ist gewaltig. Probieren Sie es selbst: »Keine Frage, ich muss mein Englisch verbessern. Es ist ausgeschlossen, dass ich es noch in diesem Jahr schaffe.« = »There is no question/It is beyond question that I have to improve my English. It is out of the question that I will make it by the end of this year.« Umgekehrt verneinend geht es aber auch mit »no question«: »There is no question/it is beyond question that I will not make it by the end of the year.«
Ich habe keinen Zweifel, dass Sie verstehen, warum das alles so schwierig ist. No question, it's a difficult one.

overall – heißt nicht »überall«, sondern »Ganzkörperanzug«. Deutsche verwechseln es häufiger mit »all over«, was tatsächlich a) »überall«, aber auch b) »unordentlich«, c) »aus und vorbei« und d) »vollflächig« bedeuten kann: a) »His stuff was scattered all over the shop.« b) »Her hair was all over the place.« c) »It's all over between us.« d) »The room is being painted with an all-over white.« Wer nun »overall« nicht als »Ganzkörperanzug« verwenden möchte, kann damit auch »insgesamt«, »alles in allem« oder »im Großen und Ganzen« sagen. Es wird dann wie die Zusammenfassung a) eines Erlebnisses, b) einer Erkenntnis oder c) einer Erklärung benutzt, und das meistens hinter oder vor einem Satz: a) »It was a very nice evening, overall.« b) »Overall, I tend to believe that there will be no revolution in Cuba.« c) »There is an overall feeling of anxiety.«

to overhear – bedeutet nicht »etwas überhören«, sondern »etwas mithören«; »belauschen« oder »zufällig hören«: »I overheard my neighbour talking about his illegitimate children« oder »He was overheard by the NSA spooks«. Wer etwas überhört, sagt: »Did I miss hearing this?« Oder einfach: »I did not hear it.«

by my own – haarscharf daneben und deshalb ein typisch deutsches »pronominales Kauderwelsch«. Eigentlich will der Sprecher »on my own« (»auf eigene Faust«, »alleine«) oder »(all) by myself« (»ganz alleine«, »auf mich selbst gestellt«) sagen. Sinn ergibt die Konstruktion nur, wenn man sich an seine eigenen Regeln oder Angaben halten will, zum Beispiel: »That's true by my own account« oder »I wish to abide by my own rule«.

personal – bedeutet nicht das Personal, das irgendwo (oder für einen selbst) arbeitet. Wer die Mitarbeiter in ihrer Gesamtheit meint, spricht vom »staff«, ein Einzelner ist »member of staff« und »Personal einzustellen« bedeutet schlicht »to staff«. Hierfür habe ich auch schon »I get personal to do this« gehört, was heißen sollte: »Ich hole mir für die Aufgabe Personal«, aber in Wahrheit aussagte: »Ich werde persönlich, um das zu machen« oder noch schärfer: »Ich werde jetzt mal unsachlich, um das zu machen.« Sehr häufig hört man im Englischen: »Personally, I think ...« Damit betont man sich selbst höchstpersönlich: »*Ich* denke, dass ...« Hier sollte also betont werden, dass »personal« im Englischen überhaupt kein Hauptwort ist, sondern lediglich ein Adjektiv, das »privat« oder »personenbezogen« bedeutet: »personal matters« sind persönliche Anliegen und nicht Angelegenheiten der Belegschaft.

plattform – ist ein Wort, das seit ein paar Jahren vor allem unter Geschäftsleuten in der digitalen Wirtschaft eine Hochkonjunktur erlebt, weil sie gerne alles Mögliche auf Plattformen stellen, wähnen – und absichern. Im Englischen sind sie allerdings mit einem einzigen »t« ausreichend gesichert: »platform«.

plump – ist ein ähnlicher Fall wie »gift«. »Plump« hat heute in beiden Sprachen eine jeweils andere Bedeutung, obwohl sie beide zurückgehen auf das lautmalerische mitteldeutsche »plumpen« und das mittelniederländische »plompen«, was damals »ins Wasser fallen« hieß. Im Englischen beschreibt »plump« heute noch den trägen Körper, der fällt: Es bedeutet alles von »mollig«, »pummelig«, »rundlich« und »vollschlank« bis hin zu »dick«, »fett« und »drall«. Außerdem gibt es das Verb »to plump up«, um ein Sofa aufzupolstern oder ein Kissen auszuschütteln. Im Deutschen hingegen kann »plump« Eigenschaften wie »taktlos«, »rücksichtslos«, »hemmungslos«, »anmaßend« und »aufdringlich« bedeuten. In English you would say: »He's tactless«, »he is indelicate«, »he is ungainly«, »he says crude things«, »he behaves awkwardly«. Vielleicht ist jemand nur albern wie ein Clown: »He has a clownish air.« Oder trampelig wie ein Elefant im Porzellanladen: Dann könnte man die Adjektive »clumsy«, »bearish« und sogar »plump« verwenden – in dieser letzten Bedeutung liegt die Brücke zwischen der deutschen und der englischen Bedeutung.

to presentate – gibt es nicht! Wer etwas aufführen oder präsentieren möchte, sagt »I want to present something« oder »I want to give a presentation.« Genau genommen ist es eine ähnliche pseudo-englische Wortprägung wie »to prepone«, das im Englischen keine Bedeutung hat. Trotzdem wird es gelegentlich von deutschsprachigen Menschen wie selbstverständlich für das Vorverlegen von Terminen verwendet. Man würde aber sagen: »Let's move up the appointment.« (Bitte lesen Sie mehr über solche Scheinanglizismen im Kapitel »Der deutsche Spleen«.)

principally – Wenn wir Deutsche das tun, was wir sehr gerne tun, nämlich Dinge aus Prinzip, dann dürfen wir »as a matter of principle« (prinzipiell, als Regel) sagen, aber niemals »principally« (vorrangig, hauptsächlich). Auch »in principle« (grundsätzlich, ohne Einschränkung) wäre nicht die beste Wahl, denn das verwendet man »principally« (noch mal: vorranging, hauptsächlich), um einen Plan, eine Möglichkeit, eine Verfügbarkeit auszudrücken, also Theorien, die praktisch machbar, oder Praktiken, die theoretisch denkbar wären: »She principally told me last night (alles andere, was sie sagte, war unwichtig) that in principle she would like to move in with me (sie hätte im Prinzip nichts dagegen mit mir zusammenzuziehen) but not before we get married, as a matter of principle« (alles davor Gesagte ist bedeutungslos gegen dieses Prinzip: Erst wird geheiratet, sonst gibt's gar nix!).

procurer – wird gerne versehentlich für den »Prokuristen« gehalten, ist aber ein Zuhälter. Da der Prokurist ein recht altmodisches Wort ist und in die Kategorie der »Vintage-Vokabeln« fällt, so wie »hussy« (»Flittchen«), »hoyden« (»Wildfang«), »fiddlesticks« (»Pustekuchen!«), »foxy« (»kess«) oder »swell« (»bombig«), brauchen Sie es eigentlich gar nicht mehr zu benutzen, geschweige denn zu übersetzen. Aber wenn's denn unbedingt sein muss, sagen sie »procurator«. Die moderne Abkürzung davon lautet übrigens »proxy«, und daraus ist im Internetzeitalter zum Beispiel der »proxy-server« geworden, gewissermaßen der Verantwortung tragende, vermittelnde Rechner. Merken Sie was? Der Prokurist war ein Vermittler. Nicht ganz oben, sondern immer dazwischen. Also ein »middle-man«. Und genau das ist er heute!

protocol – wird von Deutschen immer wieder irrtümlich als Übersetzung für Sitzungs- oder Gesprächsprotokolle verwendet. Man spricht aber von »minutes« – den Minuten. Das ist ein bisschen gewöhnungsbedürftig, aber weit weniger formell und schwerfällig als »protocol«, was entweder technische Aufzeichnungen, etwa eines medizinischen Apparats, oder das Regelwerk einer Firma oder die Benimmregeln einer sozialen Gruppe sind. Übrigens kursiert in der Politik eine weitere Bedeutung, die wir häufig etwas ungenau (weil direkt!) übersetzen: ein Plan oder ein Übereinkommen. Zum Beispiel das »Kyoto Protokoll«.

to prove – heißt nicht »prüfen«, sondern »beweisen« oder »belegen«. Wenn Sie etwas inhaltlich prüfen, also untersuchen, sagen Sie zum Beispiel »to examine«, »to investigate« oder »to review«. Wenn Sie etwas technisch prüfen, sagen Sie »to check«, »to test« oder »to inspect«, und wenn die Prüfung sehr gründlich vonstatten gehen soll, »to probe« (auf den Zahn fühlen und eine Probe (!) nehmen). Und wenn Sie zum Beispiel eine Bewerbung prüfen, sagen Sie »to consider an application«. Nach all diesen Prüfungen können Sie auf das Ergebnis zu sprechen kommen, und hier funktioniert »prove« tadellos: »It has been proven that ...«

to get red – kommt manchen Deutschen so locker von den Lippen wie »to get ready« und wird gerne auch in der Form »to become red« verwendet ... Wer allerdings darauf hinweisen möchte, dass ein anderer oder man selbst errötet, sollte einfach »to colour«, »to redden«

oder »to blush« verwenden. Oft wird der Vorgang auch rosarot umschrieben: »He went pink« oder »she turned pink«.

to remember | to remind – Die beiden Verben werden von uns Deutschen oft verwechselt. Vielleicht können Sie sie so auseinanderhalten: Wenn Sie sich aktiv, also von sich aus an eine Sache erinnern oder einer Sache gedenken, benutzen Sie »to remember«: »I remember one thing: He was awful.« Wenn Sie durch einen Anlass oder durch andere (passiv) an eine Sache erinnert werden, benutzen Sie »to remind«: »This reminds me how awful he was.« Ich hoffe, Sie werden diese Regel nicht vergessen und dabei immer an mich denken: »I hope you will always remember this rule. It shall remind you of me!«

to revenche – gibt es nicht. Wenn man sich für etwas freundlich revanchieren will, sagt man: »He wants to return somebody's favour.« Wer sich hingegen rächen will, sagt: »I will retaliate against him for pinching (ausspannen) my girlfriend.« Werner Lansburgh hat auch das Verb »to reciprocate« empfohlen. Es ist zwar etwas hochgestochen (highbrow), aber es wäre korrekt – und letzten Endes das eleganteste und vielseitigste Wort, mit dem Sie materielle Dinge genauso wie die Gefühle anderer Menschen erwidern können.

I sailed through the exam – ist ein Satz, der die Stimmung auf Abschlusspartys fundamental prägt: mal so oder so. Kennen Sie den Unterschied? Wenn wir im Deutschen durch eine Prüfung segeln, ist das eine todsichere Spaßbremse für jede Feier. Im Englischen bedeutet die maritime Redewendung »durchsegeln« das absolute Gegenteil: Ich habe die Prüfung gemeistert. Also bin ich durchgesegelt wie ein Weltmeister! Wenn Sie diesen Satz von einem Engländer hören, bedauern Sie ihn also nicht, sondern segeln Sie weiter zur allerbesten Party des Abends.

scrupulous | unscrupulous – Stellen Sie sich vor, Sie wollen keinen Sex vor der Ehe (was ja eine erstaunlich verbreitete Position in den USA ist), sagen aber immer wieder genau das Gegenteil. Ähnlich missverständlich wirkt ein Fehler, der Deutschen – und nur Deutschen! – immer wieder in recht ernsten Situationen unterläuft. Denn weil wir in unserer Sprache das Wort »skrupellos« benutzen, wird es rasch mit »scrupulous« übersetzt, das dem Klang nach gleichbedeutend wirkt (*skrouh-pju-löss*), obwohl es exakt das Gegenteil aussagt: »sehr gewissenhaft«, »pingelig«, »akribisch«, »kompromisslos«. Also beinahe »ideologisch«, »stur« und »voller Bedenken«. Tatsächlich wollten Sie aber »unscrupulous« sagen: »Er hat keine Skrupel. Er ist nicht gewissenhaft, pingelig und akribisch, sondern verhält sich stets opportunistisch und auf seinen Vorteil bedacht.« Es ist vielleicht der gröbste Schnitzer, der sehr gewissenhaften deutschen Diplomaten, Politikern, Geschäftsleuten und Lehrern im In- und Ausland passiert. You ought to be more scrupulous!

Wenn das Leben
richtig Arbeit macht
Geburt

Von wegen »mother cake«, »birth waves« oder »circle hall« – wer im englischsprachigen Ausland ohne kommunikative Qualen ein Kind gebären möchte, sollte zuerst kreißsaaltaugliches Englisch lernen. Und besser nicht über blutige Einzelheiten sprechen!

Am Anfang macht jeder Mensch Arbeit. Mütter wissen, was ich meine: Eine Geburt ist Schwerstarbeit – giving birth is a tremendously labourious affair!

Früher wurde diese Angelegenheit im Englischen hochgestochen französisch formuliert. Früher, das war ungefähr zu Zeiten von Königin Victoria, als man am englischen Hof noch Deutsch sprach und Babys und Bräute schwarz gekleidet waren. Vielleicht haben Sie im Fernsehen die Serie »Downton Abbey« gesehen. Sie spielt ungefähr vor hundert Jahren. »Lady Sybil is in travail«, verkündet der Arzt, als die Wehen der schönen Tochter des Grafen Grantham einsetzen.

So wenig man mittlerweile am englischen Hof Deutsch spricht, so sehr ist auch »travail« nicht mehr en vogue. Egal, ob im Hochadel oder im Proletariat, egal ob Brite oder Amerikaner, sie alle formulieren es heute lieber lateinisch: »She is going into labour – sie ist auf dem Weg zur Arbeit.« Die Amerikaner verwenden sogar die Schreibweise der alten Römer: »labor«.

Mein englischer Freund Patrick räumt ein, dass »labour« selbst Engländer manchmal verwirrt: Während etwa »heavy labour« eine schwere Geburt ist, darf »hard labour« selbst im Kreißsaal nicht vorkommen. Schließlich bedeutet es »Zwangs- oder Strafarbeit«.

Besonders verwirrend ist die Sache mit der Arbeit für die Menschen außerhalb englischer Kreißsäle und des gesamten englischen Sprachraums. Wie soll man zum Beispiel wissen, dass »onset of labour« den Beginn einer Geburt bedeutet, während »upset of labour« ein Protest unter Arbeitern ist? Damit könnte übrigens auch eine Demonstration von deutschen Hebammen gemeint sein, die sich in den vergangenen Jahren immer wieder über ihre Arbeitsbedingungen – »labour conditions« – beklagt haben. Deshalb suchen sie immer häufiger – wie soll ich sagen? – »Geburtsarbeit« – labour labour – im Ausland.

Gordon, ein amerikanischer Arzt aus Boston, berichtete mir von der deutschen Hebamme Gabi, die einen Job an seiner Geburtsklinik gefunden habe und dort auch sehr beliebt sei. Allerdings wirke sie manchmal etwas sonderbar und verquer – at times she comes across as being quite outlandish. (Vorsicht! »Outlandish« bedeutet nicht »ausländisch«, sondern »fremd« und »seltsam«.) Das liege daran, so Gordon, dass sie Sachen sage, die keine der werdenden Mütter versteht. Zum Beispiel: »The waves are coming.«

In Gordons Ohren klingt das erheiternd psychedelisch, aber es ergibt für ihn keinen rechten Sinn. Andererseits sei es ihm viel lieber als der Satz, den Gabi auch immer sagt, wenn die Wehen der Frauen einsetzen: »The mother pains have started.«

Keine Frage, jede Geburt ist schmerzhaft. Doch für Gordon ist das trotzdem zu viel Schmerz. Er fragte mich: »Seid ihr Deutsche immer so direkt?«

Was Gabi in Boston sucht, ist die richtige Übersetzung für die deutschen »Wehen«. Wer nun den Ursprung des Worts zurückverfolgt, stellt fest, dass es zu den sprachlichen Vorgängern des Englischen und des Deutschen führt. Die »Wehen« haben ihre Wurzeln im lateinischen »vae«, im altnorwegischen »vei«, dem althochdeutschen »we« oder dem altenglischen »wa«. Im modernen Englisch könnte man also problemlos von »woes« sprechen. Macht aber niemand!

Denn »labour« klingt angemessen wichtig, und es ist zugleich angenehm vage. Für den Geschmack englischsprachiger Menschen wie Gordon ist damit alles Wesentliche gesagt. Was im Kreißsaal passiert, ist in der Öffentlichkeit kein Thema. Dass Julian Fellowes, der Autor der Serie »Downton Abbey« fast eine Episode lang die Geburtsschmerzen von Lady Sybil erzählt und sie schließlich sterben lässt (das Kind überlebt!), grenzt in den Kulturen Großbritanniens und der USA an eine Vergewaltigung der Zuschauer.

Wie groß die kulturellen Unterschiede tatsächlich sind, habe ich erlebt, als ich selbst Vater wurde. Obwohl wir am Ende alle die gleichen Windeln kaufen, könnten die Gegensätze kaum größer sein. Man nennt das im Englischen »cultural divide«: eine kulturelle Kluft.

Auf der englischen Seite der Kluft wurden Fragen gestellt, die ich gerne beantwortete:

Boy or girl? Boy.
Have you chosen the name? Yes.
What weight? 4200 g or 9,5 lb.
Is the mother well? Yes, she is. Thank you.

Auf der deutschen Seite war ich mir nicht sicher, ob ich überhaupt befugt war, alles zu beantworten – am I entitled to talk about these things? Egal, ob in Hamburg, der Hauptstadt der Zurückhaltung, oder in Köln, der Hochburg der Jovialität, die Landsleute zeigten ein auffälliges Interesse für die schmerzhaften Einzelheiten – they all showed great interest in the painful details:

Hat's lange gedauert?
Hat's wehgetan?
War'n Kaiserschnitt nötig?
Viele wollten auch wissen, ob ich die Nabelschnur durchgeschnitten habe – did you cut the umbilical cord?

Solche Fragen wären in England und den USA undenkbar – unthinkable! Ich erkläre mir diese Neugier mit der deutschen Sehnsucht nach »Detailtiefe«. Wir kennen sie aus der Universität, und wir kennen sie aus dem Beruf – sie ist gewissermaßen ein Mix aus Ferdinand Piëchs »Spaltmaß« und Niklas Luhmanns »Systemtheorie«. Es ist eine Genauigkeit, für die wir berühmt und berüchtigt sind – we are famed and infamous for a particular German meticulousness. Und da bei der Geburt eines Menschen Produktion und Philosophie auf magische Weise zusammenkommen, bietet sie uns immer einen guten Anlass, mehr als nur das Nötige zu palavern.

Aber leider ist es ein sehr blutrünstiges Palaver, das auch schon Patrick aufgefallen ist. Er ist ohnehin verblüfft, wie bereitwillig wir Deutsche über intime Einzelheiten sprechen – there is a much greater disposition amongst Germans towards sharing juicy details. Dass er recht hat, erkenne ich daran, dass ich in den vergangenen zehn Jahren mehr über Dammschnitte, Geburtsstellungen und Geburtsdepressionen von fremden Frauen erfahren habe, als ich je zu fragen wagte (und wissen wollte).

Offensichtlich fehlt uns Deutschen ein Alarmsignal, das in englischsprachigen Köpfen standardmäßig eingebaut ist: »TMI! Too much information!« Auch mir fehlt es natürlich manchmal, schließlich bin ich Deutscher – I am German after all.

Richtig schwierig wird das Leben in der kulturellen Kluft, wenn's auch noch sprachlich holpert. Neulich hörte ich einen Mann im Zug zu seinem Sitznachbarn sagen: »You know, my wife had a dam cut – or how do you say that?« Hier wäre es definitiv angebracht gewesen einzugreifen. Alleine schon, um den generellen Hinweis zu geben, dass es im Englischen einiger Latein- oder Griechischkenntnisse bedarf, um über körperliche Leiden zu sprechen. Sorry, Mister birth reporter: Dammschnitt is called »episiotomy«.

Hebammen wie Gabi, die im englischsprachigen Ausland eine Karriere planen, sollten also gewarnt sein, die deutsche Muttersprache nicht zu wörtlich zu nehmen und direkt zu übersetzen, da sie ansonsten zu sprachlichen Missbildungen neigen – they tend to bring on miscarriages in language terms.

Ein bekanntes Beispiel ist der Mutterkuchen, der nicht als »mother cake« übersetzt wird. Man sagt, was bei uns nur Ärzte in ihrem Fachchinesisch sagen: »placenta«.

Kleiner Test: Wissen Sie, was »Sturzgeburt« im Englischen ist?

»Crash birth«? Nein.
»Bungee birth«? Auch nicht.
Man sagt »precipitate labour«. So viel Zeit muss sein!
Auch das deutsche »Wochenbett« ist nicht einfach »week bed«. Man sagt »confinement«. Das ist lateinisch und bedeutet recht zutreffend »Gefängnis«. Es klingt nur besser!

Gabi, die deutsche Hebamme in Boston, hatte noch ein anderes Problem: Den Entbindungstermin, den wir auch »Stichtag« nennen, nannte sie immerfort »deadline«. Richtig wäre »due date« oder »delivery day«. Als sie einer schwangeren Frau erklärte, dass ihr Kind nach dem Stichtag komme, brach die werdende Mutter in Tränen aus – the mother-to-be got the shock of her life when Gabi repeatedly told her: »Your baby is behind the deadline.« Kein Wunder: Frauen im Kreißsaal werden zu Recht panisch, wenn in einem Satz gleichzeitig die Worte »baby« und »dead« vorkommen.

Apropos Kreißsaal: Ihn als »circle room« zu bezeichnen, ist Humbug, mit der Form eines Kreises hat er nullkommanull zu tun. Vielmehr ist das Wort abgeleitet von der Haupttätigkeit der Hauptinsassin: Sie kreischt. Wer aber an der Pforte eines amerikanischen oder britischen Krankenhauses nach dem »scream room« oder der »cry hall« fragt, käme auch kaum ans Ziel – I bet you would only be going round in circles. Der Kreißsaal ist »labour room« oder »delivery room«.

Zum Glück hat sich Gabi nicht auch noch als »lift nurse« vorstellt. Für manche deutsche Frau, die zur Eifersucht neigt, kann allerdings die korrekte englische Berufszeichnung der Hebammen etwas verstörend sein: In einer Sprache, in der »adultery« Ehebruch bedeutet, kommt man als Fremde schließlich nicht so leicht darauf, dass »midwifery« bloß die Geburtshilfe und »midwife« eine Hebamme sein sollen.

14. Kapitel

Hoch danebengestochen
Fremdwörter

Wer mit Fremdwörtern um sich wirft, lebt gefährlich. Denn egal, wie viel Eindruck Sie schinden wollen, wenn Sie im Deutschen alles »genial«, »pathetisch« oder »seriös« finden – im Englischen sind das entweder Blindgänger. Oder sie gehen kräftig nach hinten los!

Alexander Gorkow ist ein ausgezeichneter Journalist, einer von der Sorte, die wir »Edelfeder« nennen – he is outstanding as a journalist and it doesn't spoil anything to call him … well, let's say »edelfeder«, for there is no similar word in English. (Here you go: the first loanword for today in this chapter is neither derived from Greek nor Latin – das erste Fremdwort kommt hier weder aus dem Lateinischen noch dem Griechischen. It is German!)

In seinen Texten gelingt es Alexander immer wieder, Menschen auf eine nahe und doch unaufdringliche Weise zu beschreiben – he is a master in portraying people in an intimate and yet subtle (gesprochen *ß-atl*) manner. Wenn er Gespräche führt, beweist er viel Einfühlungsvermögen – during his interviews he demonstrates great empathy. Meistens jedenfalls!

»Ich hatte mal ein furchtbares Erlebnis mit Bryan Ferry«, erzählte er mir neulich und zog kräftig am Rest seiner Zigarette. Für alle, die nicht in den Siebzigerjahren des 20. Jahrhunderts groß geworden sind: Ferry ist Brite und Sänger von »Roxy Music«, einer sogenannten »Glam

183

Rock«-Band – he came to fame as the head of »Roxy Music«. Später sang er auch immer wieder mit Erfolg solo – he has also been a successful solo artist. Von Kritikern wird Ferry als »crooner« bezeichnet: als »Schnulzensänger«. Da ist was dran. Und ich gebe zu, dass ich seine Interpretationen von alten Schnulzen wie »As time goes by« betörend gut finde – his music is ravishing!

Für das abgehobene Londoner Gesellschaftsmagazin *Tatler* ist Ferry die Personifizierung des eleganten, grau melierten »toff«: ein perfekt gealterter Dandy. Wie würde Bryan Ferry wohl reagieren, wenn ihm ein deutscher Journalist sagen würde, dass er »armselige« Lieder singt?

Genau das hat Alexander gemacht!

»Es passierte, als das eigentliche Interview in seiner Hotelsuite schon zu Ende war«, erzählte er. »Bryan Ferry wollte zum Abschied wissen, wie ich seine neue Platte fände. Ich, der vermutlich rund 200 Interviews auf Englisch geführt hat und sich auf sein glänzendes Umgangsenglisch viel einbildet, antwortete: ›Great!‹ Und dann sagte ich diesen Satz, den ich ein Jahr lang bereuen sollte: ›I like the two slightly more pathetic songs on the album.‹ Daraufhin schaute Bryan Ferry etwas zitronig und sagte nur: ›Oh, okay.‹«

Die Falle war ziemlich tief, in die der wortgewandte Journalist da geplumpst war. Obwohl die Wörter »pathetisch« und »pathetic« sehr ähnlich klingen und obwohl sie beide vom altgriechischen »pathetikos« abstammen, sollte man sie nie verwechseln. Das deutsche »Pathos« ist ein feierliches Gefühl mit einem Schuss Schmalz und Pomp, Herz und Schmerz. Das englische »pathos« ist dagegen ein Mix aus Mitleid und Traurigkeit, Ablehnung und Ekel. Was Alexander also sagen wollte, war »emotive«, »impassioned«, »sentimental« oder auch einfach »moving«, »heart-touching« oder »soul-stirring«. Aber eben nicht »pathetic«!

Als der Journalist den Sänger ein Jahr später wiedertraf, gelang es ihm, alles aufzuklären. »Zum Abschied hat er mich sehr fest gedrückt. Ich glaube nicht, weil er mich so lieb hatte, sondern weil er wahnsinnig froh war, dass ihn dieser dahergelaufene Journalist doch nicht derart maßlos beleidigen wollte.« Wie tapfer der Sänger war, können wir uns nur vorstellen, wenn wir uns noch einmal klarmachen, dass »pathetic« in der englischen Alltagssprache den deutschen Urteilen »unterirdisch«, »spießig«, »peinlich« am nächsten kommt.

Uns zeigt die kleine Geschichte, wie gefährlich es ist, wenn wir Englisch sprechen und am Fremdwortregister fummeln. Auch ich ertappe mich gelegentlich dabei, wie ich etwas hochgestochene Begriffe 1:1 ins Englische übersetze, aber dabei leider total danebensteche! Was ich sagen will, geht dann »eklatant« daneben – I spectacularly miss it! I am blatantly mistaken! A glaring fallacy! Oder soll ich sagen, dass es »frappierend« ist? It is remarkably wrong. Astonishingly inconsistent. Sie merken es schon: Viele unserer liebsten Fremdwörter lassen sich nicht übersetzen.

Es ist deshalb ganz leicht, deutschsprachige Damen und Herren dabei zu beobachten, wie sie auf dem englischsprachigen Parkett ausrutschen, weil sie versuchen, beeindruckende Termini und Sentenzen zu tanzen. Und nicht nur das! Umgekehrt kann es natürlich auch peinlich werden, wenn englische Wörter an uns vorbeitanzen, die uns zwar vertraut erscheinen, aber doch in Wahrheit etwas ganz anderes bedeuten!

Die alltäglichste Verwirrung stiftet das englische »ordinary«, das nichts anderes als »gewöhnlich« ist, aber oft mit unserem »ordinär« verwechselt wird. Wer das sagen will, muss »vulgar« oder »low-brow« sagen. Oder »scurillious«! Das wiederum wird von uns häufig mit »skurril« verwechselt, was allerdings mit »absurd«, »bizarre«, »quirky« oder »ludicrous« übersetzt werden muss. Sie sehen schon: Ich schreibe hier über eine scheinbar endlose Kette von Missverständnissen.

Testen Sie Ihr Verständnis mit einem schnellen Test:

- ▪ »stupendous« – »stupide«, oder nicht? Nein, es bedeutet »enorm«, »gewaltig« oder auch »umwerfend«.

- ▪ »virtuous« – »virtuos«, oder nicht? Nein, es bedeutet »brav«, »tugendhaft«, »rechtschaffen«.

- ▪ »genial« – »genial«, oder nicht? Nein, es bedeutet »freundlich«, »warmherzig« oder »angenehm«.

Sigrid, mit der ich in London studiert habe und die heute für die Europäische Union arbeitet, erzählte mir von einem herrlichen Missverständnis ihres deutschen Vorgesetzten. Der Herr Ministerialdirektor wunderte sich regelmäßig über das Verb »transpire« in englischsprachigen Unterlagen. Wer schwitzt denn da? Ganz einfach: Im Englischen schwitzen auch Informationen! It transpires that loanwords are the Achilles heel of German speakers – es stellt sich heraus, dass Fremdwörter unsere Achillesferse sind.

Heftige Missverständnisse kann auch »scrupulous« auslösen. So gestand mir Sigrid, dass sie das Wort immer wieder für »skrupellos« hält, was ich verstehe. Der Klang lädt schließlich dazu ein. Oder was würden Sie denken, wenn in EU-Berichten von »scrupulous conduct« die Rede ist? Tatsächlich bedeutet es »gewissenhaft«, »akribisch« und sogar »übergewissenhaft«. Wer das Gegenteil ausdrücken will, muss eine Silbe davor hängen: »*un*scrupulous conduct« – skrupelloser Umgang!

Das führt mich zurück zu unserem Ausgangsproblem – that brings me back to the initial problem: missverständlich übersetzte deutsche Fremdwörter. Und da ich gerade von Sigrid und ihrem Chef erzähle, fällt mir ein typischer Behördenpatzer ein: Während »Direktor« leicht als »director« durchgeht, kann »direction« natürlich niemals als »Direktion« herhalten! Man sagt »agency«, »administration« und in der EU sehr oft: »directorate«. Und wenn Sigrids Chef etwas »dementieren« möchte, dann darf er sich nicht dem Wahnsinn oder gar der Demenz hingeben! Zwar kennen angelsächsische Juristen auch »dementi«, aber es gibt kein gängiges englisches Wort, dass unserem »dementieren« ähnelt. Stattdessen könnte man es so sagen: »Bryan Ferry has denied/discounted/disclaimed that his schmaltzy songs are pathetic.«

Es war übrigens kein geringerer als Werner Lansburgh, der uns 1977 mit seinem großartigen Buch »Dear Doosie« in die Fremdwortfalle lockte. Denn um seiner angehimmelten Doosie aus der Klemme zu helfen, wenn sie im Englischen nicht mehr weiterwusste, riet er ihr, ein deutsches Fremdwort so lange zu schütteln, bis ein passendes englisches Wort herauskomme. Er nannte das »die Fremdwortmethode«. Leider führt sie uns mit großer Regelmäßigkeit in die Irre!

So erzählte mir Radiomoderatorin Juliane aus Potsdam, was sie einmal für einen amerikanischen Kollegen zurechtschüttelte. Er hatte eine schöne sonore Stimme und sie sagte: »Your voice is so pregnant – Ihre Stimme ist so schwanger!« Der Mann ahnte nicht, dass sie »prägnant« oder klarer noch, »markant« sagen wollte – instead, Juliane should have told him how »distinctive« his voice was!

Bestimmt kennen Sie selbst viele Situationen, in denen die »Fremdwortmethode« wirkungslos ist:

1. »dezent« – wer sich und andere als »zurückhaltend« beschreiben möchte, sagt »subtle«, »discreet«, »understated«, »low-key«, »soft-spoken«, »unassuming« oder »unobtrusive«. Das englische Adjektiv »decent« (*die-ßint*) wird wiederum als »anständig«, »fair« oder »respektabel« verstanden.

2. »souverän« – existiert im Sinn von »selbstbewusst« nicht: Denn »sovereign« ist (ich sage es den Briten ungerne) nur die Königin. In den USA ist es das Volk. So auch bei uns. Wer sich als Mensch »souverän« verhält und gibt, ist »confident« oder »self-confident«, »self-assured«, »poised« oder »masterful«.

3. »süffisant« – existiert in keiner ähnlichen Form. Es kann mit den Adjektiven »sardonic« oder »smug« übersetzt werden, aber da wir sowieso meistens »ironisch« oder »sarkastisch« meinen, können wir es genauso sagen: »ironic« und »sarcastic«.

Das hohe »Niveau«, auf dem die Deutschen gerne sprechen, ist auch genau das, woran sie regelmäßig scheitern. Ich habe im Oxford Dictionary nicht einmal einen Eintrag »niveau« gefunden, das Wort wird also weder benutzt noch verstanden. Trotzdem höre ich es immer wieder aus den Mündern deutscher Sprecher, sogar in perfekter britischer Aussprache! Findet ein Engländer etwas »niveauvoll«, sagt er vielleicht »it has class« oder »it is classy«. Oder er zieht die Augenbrauen hoch und sagt »highbrow«. Die frankophilen Engländer sagen auch »chapeau«, »voilà«, »très bon«. Ist etwas »niveaulos«, dann hängen sie die Augenbrauen niedrig: »low-brow«. Das bedeutet auch »banausenhaft«, und damit wären wir wieder bei ... »pathetic«.

Auch ich bin schon an der Fremdwortmethode gescheitert, als ich vor einer Gruppe Politiker und Journalisten im britischen Parlament sagte: »That is a very differentiated thought.« Jeder Deutsche kennt diese Wendung, schließlich lieben wir »differenzierte« Gedanken. Jeder Engländer wundert sich: »Peter, what?«

Und wie es so oft ist, wenn wir mit dem ersten, vermeintlich perfekten rhetorischen Angriff scheitern: Wir sind verunsichert und unsere Wortfindung verschlechtert sich schlagartig, sodass am Ende nur noch Kindergartenenglisch herauskommt: »That was very diff..., diff... err, that was a super argument. Very good it was. I like it!« Verständlich und eloquent wäre es hingegen gewesen, von »thoughtful«, »discerning« oder »considered« zu sprechen.

Ein anderes Urteil, das uns gelegentlich zu schnell herausrutscht, ist das englische Adjektiv »serious«. Der

Grund ist leicht erklärt: Wir halten es für die beste Übersetzung einer deutschen Lieblingscharaktereigenschaft. Oder halten Sie sich etwa nicht für »seriös«? Das Kniffelige besteht darin, dass »serious« zwar nicht völlig daneben liegt, aber unsere Vorstellungen meistens trotzdem nicht trifft. »A serious person« ist ein ernster Mensch. »A serious accident« ist ein schwerer Unfall. In diesen Bedeutungen spiegelt sich das lateinische Adjektiv für »ernst«: »serius«. Im Deutschen kamen in den vergangenen 2000 Jahren aber noch viele Nuancen hinzu. Wer zum Beispiel über seinen Nachbarn als »vertrauenswürdig«, »verlässlich« oder »zuverlässig« sprechen möchte, darf ihn nicht als »serious neighbour« bezeichnen, denn das wäre ein Mensch, der es sehr ernst nimmt, Nachbar zu sein. Vielmehr wollen wir ihn »reliable«, »respectable« oder »trustworthy« nennen.

Schon in der Schule wurden wir vor den sogenannten »false friends« gewarnt: Wörter, die in beiden Sprachen eine identische Erscheinung haben, aber nicht dasselbe bedeuten. Als Beispiel schlechthin mussten immer die vermeintlichen Zwillinge »sensibel« und »sensible« herhalten. Da sich die beiden Adjektive vom lateinischen Nomen »sensus« (»Sinn«), vom Verb »sentire« (»fühlen«) und vom Adjektiv »sensibilis« (»wahrnehmbar«) ableiten, ist es bei vernünftiger Betrachtung allerdings überhaupt nicht nachvollziehbar, dass die Bedeutung von »empfindlich« im Englischen abgestorben ist! Man sagt ... ach, das wissen Sie doch: »sensitive«.

Mit Sicherheit wäre heute die deutsch-englische Fremdwortfalle nicht so groß und unberechenbar, wenn sich bei uns im Laufe des 19. Jahrhunderts der Gebrauch von möglichst vielen Fremdwörtern nicht als Ideal entwickelt hätte. Durch das stark ausgeprägte Bedürfnis der Bürgerschicht sich durch eine Sprache abzuheben, die Wissen und Macht ausdrückt, entstand im Gebäude der deutschen Sprache so etwas wie eine Beletage. In ihr residiert seitdem Familie Fremdwort mit Kindern wie Alexander oder Sigrid. Im Erdgeschoss darunter haust Herr Normaldeutsch. Oben spricht man von »Distanzen«, unten von »Entfernungen«. Oben von »Relationen«, unten von »Beziehungen«. Oben von »Intelligenz«, unten von »Geist«. Oben von »Destruktion«, unten von »Zerstörung«. Oben ist alles »genial«, »grandios«, »fulminant«. Unten ist es nur »gut«, »groß« oder »herrlich«.

Viele Deutsche fühlen sich wohl in der Beletage. Weil sie, sozusagen en passant, Griechisch, Latein und Französisch sprechen, glauben sie, alle anderen europäischen Sprachen auch aus dem Effeff zu beherrschen, vor allem das gehobene Englisch – they believe they have ancient loanwords at their fingertips. Doch man sollte immer daran denken, dass einen weder Talent noch Wissen oder Sorgfalt vor den kleinen Blamagen der Fremdwortmethode bewahren kann – at times even talent, knowledge and care cannot spare our humilitation at messing up words. Und Sie wissen ja: In der Beletage geht es gar nicht darum, was richtig oder falsch ist. Sondern es geht vor allem um den guten Stil.

Selbstverständlich können Sie weiterhin in Gesprächen mit Engländern oder Amerikanern alles Mögliche »logisch« oder »unlogisch« finden. Mit »logic«, »logical« oder »illogical« geben Sie auf jeden Fall einen guten Besserwisser ab. Eleganter und gebräuchlicher wäre aber »consistent«. Oder »reasonable«. Oder »inconsistent«.

Und wenn Sie als deutscher Geschäftsmann Ihre Konkurrenten und deren Produkte wirklich als »primitive« abkanzeln müssen, dann ist auch das verständliches Englisch. Eleganter und gebräuchlicher wären allerdings Urteile wie »undiscerning«, »one-track minded«, »inconsistent«, »unreasonable« oder einfach »crude« und »simple«.

Am Ende hat es mich jedenfalls nie gewundert, dass Werner Lansburgh irgendwann einräumte: »Fremdwörter sind Glückssache, besonders im englisch-deutschen Wechselspiel.«

Ein Glas Pillen bitte!
Eigennamen und Marken

Eigentlich gilt ja: Namen werden nicht übersetzt. Doch das stimmt gar nicht. »Köln« ist schließlich »Cologne«. Und wer im Englischen dem »Uhu« nicht auf den Leim gehen will, sagt »glue«. Doch wie übersetzt man all die anderen Marken: »Tesa«, »Dixi« oder einfach mal ein »Pils«?

»Wer gut Englisch spricht, sollte nicht mehr so viel nachdenken, sondern kann es sich bequem machen«, erklärte mir Tina aus Braunschweig vor ein paar Jahren. Sie hatte damals gerade einen Studienplatz für Architektur im südenglischen Städtchen Canterbury angenommen, und sie schien das unter Studenten verbreitete Gefühl zu besitzen, dass ihr unsere Lieblingsfremdsprache längst in Fleisch und Blut übergegangen sei – she seemed to believe that English had become second nature to her.

Also legte sie die Füße hoch – she put up her feet – und ließ die Sätze einfach dahinplätschern, ganz so, als wäre es ihre Muttersprache – she prattled away as if it was her mother tongue.

Das ging nicht lange gut – that did not work for long!

Denn schon bald stellten sich Tinas Gelassenheit erste Hindernisse in den Weg – soon she met with the first obstacles. Das waren nicht so sehr komplizierte Wörter oder sperrige Gedanken, sondern immer wieder: Eigennamen! Sie traten in vier Gruppen in Erscheinung:

- Namen von Orten, die in beiden Sprachen verschieden sind. Bestimmt kennen Sie die Beispiele »Baltic Sea« und »Ostsee«, »Middle East« und »Naher Osten«, »Nuremberg« und »Nürnberg«.

- Namen von Menschen, die in beiden Sprachen unterschiedlich genannt werden. Ich erinnere mich an deutsche Geschichtsbücher, in denen die englischen Könige namens »James« stets »Jakob« hießen. So glaubte ich als Schüler, es seien zwei verschiedene Könige gewesen. (Fehlt nur, dass der Verein Deutsche Sprache den »St. James's Park« in London zum »Park des Heiligen Jakob« machen will.)

- Industrieprodukte, die unterschiedliche Namen haben, wie etwa »Styropor«, das im Englischen »polystyrene« oder »styrofoam« heißt. Oder »Rigips«, das im Englischen keinen Namen hat, sondern einfach als »plasterboard« übersetzt wird. Oder »Dixi«-Klos, die meistens als »portable toilet« durch die Gegend gekarrt werden, in England aber auch »Portaloo« heißen und in den USA »PortaJohn«. Oder »PortaJane«. Die sind pink und nur für Frauen!

- Und vor allem die Alltagsprodukte, die in beiden Sprachen hübsche oder hässliche, aber auf jeden Fall anderslautende Namen besitzen. Zum Beispiel unsere »Gummistiefel«, die in Großbritannien an den ersten Herzog von Wellington erinnern, der sie Anfang des 19. Jahrhunderts erfand. (Allerdings waren sie damals noch aus Kalbsleder!) So trägt der Brite auch heute noch »Wellingtons«. Umgekehrt werden unsere »Tempos« im Englischen meist nur »tissues« oder »paper tissues« genannt. Gängig ist auch der amerikanische Markenname »Kleenex«.

Wenige Tage nach Tinas Ankunft in Canterbury sorgte auf einmal das Wort »Brunswick« für eine erste Unsicherheit – it stirred some uneasiness. Tinas Gasteltern, die freundlichen Clarksons, erwähnten immer wieder »the castle in Brunswick«. (Obwohl es ja wohl eher »a shopping mall with an attached castle-facade« heißen müsste!) Tina rätselte, von welchem Schloss Mr. und Mrs. Clarkson sprachen – she was puzzled. War das in England? Natürlich hätte sie es wissen müssen – she should have known better: »Brunswick« ist der englische Name für »Braunschweig«, Tinas Heimatstadt. Als das Problem aufgeklärt war, errötete sie ein wenig – she blushed when the matter became clear to her.

Immer wieder können englische Versionen von Ortsnamen für viel Verwirrung sorgen. Ich kann mir zwar nicht vorstellen, dass irgendwer heutzutage noch darüber stolpert, dass »Wien« mit »Vienna«, »München« mit »Munich« oder »Köln« mit »Cologne« übersetzt werden. Doch schon bei »Lake Constance« für den »Bodensee« oder »The Hague« für die niederländische Hauptstadt »Den Haag« beginnen die Probleme. Und unbekanntere Orte haben auch mich schon stutzig gemacht, allen voran »Grisons«, wie der Schweizer Kanton Graubünden genannt wird. Übrigens übersehen oder überhören wir häufig auch die klitzekleinen Unterschiede: »Hannover« ist im Englischen um ein »n« ärmer. Und so wie etwa der »Zürcher See« für die Schweizer ohne »i« auskommt, hat »Helgoland« für die Briten ein »i« mehr: »Heligoland«.

Doch es waren gar nicht so oft die Ortsbezeichnungen, über die Tina im Laufe ihres Gastjahrs im englischen

»Kanterburg« (so eine alte deutsche Form von »Canterbury«) stolperte. »Vor allem die Namen gewöhnlicher Gegenstände und Produkte warfen mich aus der Bahn«, erzählte sie mir – the names of ordinary objects and products interrupted her fluency. Meistens waren es Alltagsgegenstände, die ihr in der Muttersprache leicht von den Lippen kamen. Zum Beispiel der »Labello«.

Vergeblich hatte Tina danach in den Supermärkten und Drogerien gesucht, bis sie verstand, dass »Labellos« (zum Ärger des deutschen Herstellers Beiersdorf) in der englischsprachigen Welt weitgehend unbekannt sind, und man entweder allgemein von einem »lip balm« (*lipp bahm*) spricht oder den Markennamen »chapstick« verwendet.

In den Augen von Betriebswirten sind »Labello« oder »chapstick« übrigens typische »Gattungsmarken«. Obwohl es zig Fettstifte für die Lippen gibt, kennt eigentlich jeder nur sie – business people would call it a »generic brand« for a product that exists from various manufacturers but where only that one premier brand is known. Eines der bekanntesten Beispiele für Gattungsmarken war immer »Aspirin«: Dies ist bis heute in aller Welt der Inbegriff der Kopfschmerztablette.

Ein ähnlicher Schnitzer wie Tina mit »Labello« ist mir übrigens mit »Edding«-Stiften passiert. Denn so hartnäckig ihre Spuren auf allen möglichen Oberflächen haften bleiben, so beständig hatten sie sich in meinen Wortschatz eingeschrieben: als Oberbegriff für das, was im Englischen »permanent marker« sind. Das wusste ich aber nicht. Wegen der Endung »-ing«, aber auch, weil sie dem Wort »editing« ähneln, hatte ich »Eddings« stets für britisch oder amerikanisch gehalten, ganz ähnlich den »Post it«-Zetteln von 3M. Als ich eine Plastikdose beschriften wollte, fragte ich also meinen Londoner Kollegen Patrick: »Can you please pass me an Edding?«

Er verstand mich nicht, und wir schauten bei Wikipedia nach: Edding ist ein deutscher Hersteller aus Ahrensburg. Im Englischen kann man dazu auch »Sharpie« sagen, was der Markenname eines vergleichbaren Produkts aus den USA ist.

Bei Tina sorgte der Besuch ihres Onkels Heinrich aus Aachen für neue Konfusion. Gemeinsam mit den Clarksons gingen sie in einen Pub. Heinrich war das, was man im Rheinland einen »Schwadlappen« nennt: Er sprach viel. Auch über die »jroße Ähnlischkeit zwischen Cäntabörri unn Öche.« Tina übersetzte seine Erkenntnisse: 1. »Great history«. 2. »Massive cathedrals«. 3. »Vast destruction during the war.« Als sie den Krieg erwähnte, schauten die Clarksons betreten – when she mentioned the war the Clarksons looked abashed. (Bitte lesen Sie dazu auch das Kapitel »We not shoot, you not shoot!«.) They added hastily and with some embarrassment – sie ergänzten eilig und verlegen: »But you had Charlemagne (*Tschale-mayn*).«

»What? Charlie main?« Tina ahnte nicht, dass sie gerade wieder über einen Namen stolperte – she didn't have the faintest idea that she was just tripping over another name. Und was für ein großer Name das war: Karl der Große!

Um die Situation zu entkrampfen, beugte sich Heinrich über den Tresen wie es Heinrich Haffenloher in der Serie »Kir Royal« nicht besser gemacht hätte: »Wan kola änd zre glass of pils!«

Der Mann hinter dem Tresen schenkte Heinrich einen Mix aus Unverständnis und Häme: »Mr Kraut! This is definitely not the local pharmacy. Please talk to them if you want pills.«

Jetzt mussten die Clarksons lachen. Und Mr. Clarkson erklärte dem Barmann: »He meant three pints of lager and a Coke, please.«

Wieder hatte Tina etwas gelernt, diesmal zum Glück nicht auf ihre Kosten – not at her expense. (Nicht »expenses«, das sind Spesen!) Erstens, dass Bier auf den britischen Inseln weder in großen noch in kleinen Gläsern bestellt wird, sondern in der Maßeinheit »pint«. Das sind 0,58 Liter. Zweitens, dass man im Englischen zum hellen Bier nie »Pils«, sondern »lager« sagt. »Pils« ist wieder ein Oberbegriff, der sich von einer Marke ableitet: dem tschechischen »Pilsner«-Bier.

Mit dem Patzer um das »Pils« wurde Tina auch klar, worin die größten Stolpersteine für ihr Englisch lagen und warum sie sich nicht zurücklehnen konnte – she became aware of the greatest impediment to her English and why she wasn't in the position to lean back. Es waren Markenartikel, die in Deutschland einen speziellen Namen hatten und die sie nicht einmal in einem Land so nah wie Großbritannien wiederfinden konnte – trade names that she knew from Germany but which she could not locate abroad, even in a country as close by as Britain. Dinge, mit denen sie groß geworden war, die man in ihrer Familie regelmäßig und gerne benutzte und die Teil unserer Kultur sind – specific things that stem from a specific practice, from habits and from tradition that are intregral to her family, culture and not least to her own life. Und wo ich gerade die Kultur erwähne – speaking of »Kultur«, it crosses my mind what a »Kulturbeutel« is in the US and who it was that re-invented the toiletry bag for the American market. Der deutsche Einwanderer Charles Doppelt hatte 1919 gewissermaßen die amerikanische Version des Kulturbeutels erfunden, die in den USA seitdem »dopp kit« oder nur »dopp« genannt wird. Briten sagen dazu »sponge bag«. Später verkaufte Herr Doppelt sein Unternehmen an Samsonite, ein anderer Markenname, der lange Zeit für ein bestimmtes Produkt stand: Hartschalenkoffer. So wie Metallkoffer heute oft mit der deutschen Marke »Rimowa« gleichgesetzt werden.

Man könnte sich die deutsche Muttersprache als ein großes Haus vorstellen, und in jedem Raum könnte man einige dieser speziellen Dinge antreffen: Wenn der Hunger kommt, isst man in der Küche ein »Pumpernickel«. Gegen Durst hilft ein »Selters«. Lässt man das Wasser fallen, saugt das »Zewa«-Küchenpapier es auf. Mit den Freunden wird im Wohnzimmer »gekniffelt«. Oder man sitzt im Garten, wo man sich mit »Autan« gegen die Mücken einsprühen sollte. In der Handtasche sind vielleicht ein Döschen »Nivea« und ein »Knirps«. Im Bad sorgen die »WC Ente« und der »Meister Proper« für Sauberkeit. In der Werkstatt steht eine »Flex«. Und überall im Haus verteilt sind Dinge mit dem »grünen Punkt«.

Doch wie sagt man das alles auf Englisch? Lassen Sie uns einen Schnelldurchgang wagen:

Pumpernickel	pumpernickel
Selters	sparkling mineral water
Zewa	kitchen paper
Kniffel	Yahtzee
Autan	mosquito repellent
Nivea	face cream, hand cream und sogar Nivea (diesmal zur Freude von Beiersdorf)
Knirps	folding umbrella
WC Ente	toilet duck
Meister Proper	Mr. Clean
Flex	angle grinder
Grüner Punkt	green dot? Der ist den Menschen außerhalb von Deutschland vollständig unbekannt. Einfach nicht erwähnen!
Und wenn in der Disko »Ohropax« erforderlich sind?	Dann raus mit den »earplugs«!

Nach einigen Monaten stellte Tina fest, wie sehr gerade die deutschen Markennamen von Klebstoffen in unseren Köpfen haften: »Uhu«, »Ponal«, »Pattex«, »Pritt«. Und selbstverständlich der »Tesafilm«.

Als Architekturstudentin musste sie viele Modelle aus Papier und Pappe, Holz, Metall und Kunststoff zusammenbauen – during her architectural studies she had to assemble a lot of models. Dabei bemerkte sie, dass in England »Uhu« weder ein Inbegriff für Allzweckkleber, noch »Ponal« für Holzkleber war. Einzig der »Pritt«-Stift ist als typischer Klebestift bekannt – »Uhu« or »Ponal« are no bywords for glue. Wer den Marken also nicht auf den Leim gehen will, sagt ganz einfach immer »glue«, »gum« oder »adhesive«. However, »pritt stick« is the quintessential glue stick.

Und was bedeutet nun »Tesa«?

»Im entscheidenden Moment wusste ich es nicht«, erinnert sich Tina – she hinted at one of those everyday situations, which lead to a communication breakdown because you totally miss a word and go blank. Meistens entstehen diese Momente unerwartet und aus einem Zustand von guter Laune und Geschäftigkeit heraus, gepaart mit einer Portion Eile, Ungeduld und Unkonzentriertheit. So sagte Tina eines Tages zu ihrem Studienkollegen: »I need a teaser film!«

Es dauerte einige Minuten, bis die beiden klären konnten, dass sie ein Stück »Sellotape« benötigte. In den USA wird es »Scotch Tape« genannt.

Langsam merkte Tina, wie sich ihr englischer Wortschatz stetig vergrößerte. Einerseits lernte sie immer mehr brauchbare Übersetzungen der typischen deutschen Gattungsmarken. Gleichzeitig griff sie eine Reihe nützlicher englischer Namen auf, die sie vorher nicht gekannt hatte:

Biro – Ohne es zu wissen, hatte Tina das Ding schon oft benutzt. Denn »biro« ist im Englischen (wie auch im Italienischen) der Oberbegriff für alle Kugelschreiber – biro is the quintessential ballpoint pen, benannt nach einem früheren Unternehmen und seinem Erfinder: dem Ungarn László József Bíró – he was Hungarian.

Hoover – der Inbegriff des Staubsaugers – the quintessential »vac«, short for: »vacuum«, short for: »vacuum cleaner«. Für jeden, der zu Beginn des 20. Jahrhunderts einen hatte, wurde er zur Tätigkeit: »I hoover« – »Ich sauge Staub, also bin ich.«

Velcro – der Klettverschluss – children prefer shoes without laces but with velcros (short for: »velcro fasteners«). Das Kunstwort verschmelzt die französischen Begriffe für »Samt« (»velours«) und »Haken« (»crochet«). So klingt es, wie der Verschluss funktioniert! Es kann auch als »hook and loop fastener« bezeichnet werden.

Jiffy bag – alle Arten von gepolsterten Briefumschlägen.

Zimmer frame – ein deutsch anmutendes Wort, dessen Entsprechung wir allerdings »Rollator« oder einfach »Gehhilfe« nennen. Oma Clarkson rollte gelegentlich mit ihm an. Und wieder weg. Ein anderes Gestell, das in den USA einen Namen trägt, ist die fahrbare Krankentrage »Gurney«. (Lesen Sie mehr im Kapitel »Der Englisch-Patient«.)

Mit Sicherheit hätte Tina vor zwanzig oder dreißig Jahren noch viel mehr eigenwillige, uns unbekannte Wortmarken mit nach Hause gebracht. Und genauso hätte sie um noch viel mehr Übersetzungen ringen müssen. Denn damals sagten unsere Eltern und Großeltern zum Beispiel noch regelmäßig »Ata« zu Reinigungsmitteln oder »Penaten« zu Wundcremes. Auch das Kaffeetrinken war ungefähr so stark von Gattungsmarken geprägt wie heute nur noch die Welt der Klebstoffe: »Melitta« war die Filtertüte. »Nescafé« war als typischer Pulverkaffee in aller Munde. Und »Kaffee Hag« war der Inbegriff für entkoffeinierten Kaffee, während es heute überall heißt: »A decaf, please.«

Der Trend ist nicht zu überhören: Die neuen Gattungsmarken sind immer häufiger englisch. Wir sprechen seit Langem von »Zippos« (Benzinfeuerzeuge), »Pampers« (Windeln), »Matchbox« (Spielzeugautos), »Q-tips« (Ohrstäbchen), »Xerox« (Kopierer). Oder »Tipp-Ex«, eine Marke für das Schreibmaschinenzeitalter, die aus Großbritannien kam und in den USA eher »Wite out« hieß, und die fast wieder verschwunden ist, weil sie sich für das Bildschirmzeitalter nicht gut eignet.

In der digitalisierten und globalisierten Welt unterscheiden sich unsere Kulturen eben immer weniger voneinander, sondern verschmelzen zu einer großen Gemeinschaft von Konsumenten. Dabei entstehen immer mehr Marken – global brands –, die rund um den Globus bekannt sind und sich blitzschnell in die verschiedenen Wortschätze einpflanzen: Dort, wo die Internetverbindung leistungsfähig genug ist, »shazamt« man heute. Oder man »skypt«. Und selbstverständlich »googelt« man. Unter Ärzten ist sogar schon vom Krankheitsbild »Morbus Google« die Rede – also der zwanghafte Drang, ständig Krankheiten im Internet nachzuschauen.

Nach einem Jahr im Ausland hat Tina auf jeden Fall eins verstanden: Marken sind totaler Stress fürs Sprachenlernen. Solange es sie gibt, wird Tina ihre Füße wahrscheinlich nie hochlegen können!

I am very sick – I am German
Gesundheit II

Kranksein ist das eine, darüber zu sprechen etwas anderes. Deutsche zum Beispiel verstehen die Frage »How are you?« oft als Einladung über ihre Gebrechen zu plaudern – manchmal in einem Kauderwelsch, das krank macht.

Meine Nachbarin Julia kommt aus der Schweiz, und sie ist es gewohnt, nach einem »Rendezvous« zu fragen, wenn sie einen Arzttermin will. Deutsche Arzthelferinnen irritiert das: »Wie bitte, ein Date mit dem Chef?«

Deutsche hingegen sind berüchtigt dafür, aus echten Rendezvous wahre Arztgespräche zu machen: Ohne Hemmungen offenbaren wir unsere Leiden bei Kerzenlicht und einem Glas Wein. Und das auch in unserer Lieblingsfremdsprache oder, besser gesagt, mit einer Sprachkrankheit, die ich angemessen lateinisch »Vocabulitis« nennen möchte: Man benutzt ständig die falschen Wörter.

Hier ein typisch deutscher Gesprächsbeitrag: »You know, I am on antibiotica, and I cannot drink much wine tonight. I had thick almonds last week and my slime skins are still red. I think I partied too hard and this is the ... how do you say Rache?«

Zunächst dürfen Sie in solchen Fällen nicht von »Rache« (»revenge«) sprechen. Wie auch im Deutschen ist es der »Preis«, den man für zu viele Partys zahlt – that's the price I pay. But in all honesty, sweetheart: that's really not the main problem with this sentence!

Das größte Problem dieses konfusen Satzes liegt in dem groben Unfug, den wir gelegentlich auf Englisch über unseren gesundheitlichen Zustand verbreiten. Umso mehr verblüfft es, dass wir trotzdem so viel darüber sprechen!

Zum Beispiel über Verdauungsprobleme. Ohne Not bringen sie manche Leute während des Essens auf den Tisch. Es sind die Momente, in denen sie sich offenbar darin gefallen, vulgär zu sein. Denn anstatt den Durchfall wenigstens »diarrhoea« (»diarrhea« in den USA) zu nennen und ihn *daja-ri-ha* auszusprechen, sagen sie: »I have the shits.« Das ist nicht falsch, aber ekelhaft – that's plain vile!

Im Trend liegt seit ungefähr 500 Jahren auch die deutsche Laiendiagnose »Kreislaufprobleme«. Immer wieder höre ich, wie deutschsprachige Menschen in allen Altersgruppen versuchen, Aufmerksamkeit mit »circulation problems« auf sich zu ziehen. Das ist ungefähr so, als würde man »hirnrissig« mit »braincracked« übersetzen, obwohl es doch mit »crazy« eine fast wörtliche Übersetzung gibt. (»The jug began to craze« = »Der Krug wurde rissig«.) Das ist mit »Kreislaufproblemen« anders: Sie sind nämlich unübersetzbar – whatever that is, »Kreislaufprobleme« defies translation! Und wer sich womöglich in eine »cardiovascular disease« hineinsteigert (wie das Wörterbuch vielleicht suggeriert), riskiert einen Abtransport im Notarztwagen!

Egal, ob Sie deutschsprachiger Romantiker, Hypochonder oder ein wirklich Kranker sind: Wenn Sie sich nicht wohlfühlen, sollten Sie es bei vorsichtigen Hinweisen belassen – just hint at the problem. Etwa so: »Did you also go to that party? It was great but definitely too much. I woke up the next day, not feeling well. I am o. k. now.

One glass of wine should be fine tonight.« (Typische englische Notlüge!)

Wer während eines Rendezvous aber unbedingt medizinisch kompetent klingen will – let's face it: if you wish to sound like a nerd –, der muss die eigene Krankenakte auch in englischer Arztprosa wiedergeben. Die klingt so: »I am currently taking antibiotics. My tonsils were swollen last week and I still have a dry mouth, perhaps a mucosal irritation. So, I better not drink tonight. Probably too much partying over the last weeks.« (Am Rande sei bemerkt, dass es ausreicht, wenn Sie im Zusammenhang mit Alkohol immer nur »to drink« sagen: »I better not drink.« Es versteht sich ja von selbst, dass Sie nicht auf Wasser verzichten.)

Nun ist die deutsche Schwäche, sich hemmungslos und ungefiltert über die eigenen körperlichen Beschwerden auszulassen, keineswegs auf romantische Treffen beschränkt. Unser Repertoire an Schilderungen ist so reich und unerschöpflich, dass es auch bei vielen anderen Gelegenheiten in großer Ausführlichkeit vorgetragen wird. Etwa, wenn Nachbarn, Kollegen oder Kassierer im Supermarkt bloß die Frage stellen: »How are you?«

Offenbar wird das von vielen aufgefasst wie der Fragenkatalog einer Untersuchungskommission: Geht es Ihnen schlecht? Wenn ja, warum? Sind Sie ansteckend? Wie hat sich die Krankheit entwickelt? Wie beeinträchtigen die Beschwerden Ihr Leben?

Hier eine Auswahl ganz unterschiedlicher Antworten, die ich so oder so ähnlich schon aus deutschsprachigen Mündern gehört habe:

1. »Not so good, there is something in the air, you know. I feel it coming.« (Eine Ansteckung ist zu befürchten.)

2. »Much much better. I had such a heavy illness. A lot of slime, five days in bed. I only showered one time.« (Eine Heilung ist fast abgeschlossen.)

3. »So lala. On a winter day like this I must always think of my lung disease four years ago. I almost died, you know.« (Eine Erkrankung war traumatisch.)

4. »Great. But I heard you are not so well with your prostata and you had a gripal infect last month, right?« (Das Bedürfnis über Krankheiten zu sprechen wird dem Gesprächspartner übertragen.)

5. »The children all lie in bed and the dog has a, how do you say – a zeck?« (Man sagt zur Zecke »tick«. Was hier passiert, ist ein klarer Fall: Will der Gesprächspartner nicht über seine Leiden sprechen, siehe 4., dann sind eben seine Kinder erkrankt.)

Nun weiß jeder, der sich ein bisschen mit den Umgangsformen in englischsprachigen Kulturen auskennt, dass man gewöhnlich viel knapper antworten würde – auch wenn es einem schlecht geht. Gültiger Standard ist:

»How are you?«

»Fine. And you?«

Wer etwas genauer sein möchte, sagt: »I am not so well.« Soll heißen: »Mir geht's beschissen.«

Oder: »I am poorly.« Very British! Übersetzt könnte das so klingen: »Ich kränkle etwas.«

Genau das hat mein Vater in den Fünfzigerjahren gewagt, seinem Lehrer zu sagen. Und was hat der Lehrer entgegnet? »Wenn Sie mir nicht genau erklären können, was Sie haben, dann sind Sie nicht krank.« Ich denke oft, dass dieser Grundsatz bis heute gilt: Wer sich in Deutschland weigert, seine Krankheiten zu erklären, macht sich unglaubwürdig – he is not considered trustworthy.

Vieles deutet sogar auf eine Art krankhafte Erklärungssucht hin. Weil wir ja auch in vielen anderen Situationen zu recht überflüssigen Ausführungen neigen. Psychologen sollten sich damit einmal eingehend beschäftigen – psychologists should scrutinise this issue. Vielleicht ist »Erklärsucht« neben der schon genannten »Vocabulitis« eine weitere deutsche Krankheit – another very particularly German disease?

So plump nun Briten und Amerikaner die Art und Weise finden, wie wir den Körper und seine Gebrechen thematisieren, so sehr wundern wir uns über deren Zurückhaltung. Zum Beispiel darüber, dass selbst Ärzte ihre Patienten nicht so gerne berühren und weder genau nachfragen noch genau hinsehen: Christa, eine deutsche Bekannte, die lange in Brighton lebte, erzählte mir von einer äußerst oberflächlichen Inspektion ihrer Leberflecke durch einen britischen Arzt. Hastig urteilte er: »All fine.« Ein deutscher Arzt kam wenig später zu einem ganz anderen Schluss und diagnostizierte Probleme. Sebastian, der mit einer Britin ein Kind bekommen hat, berichtete mir, dass ihre englische Hebamme kein einziges Mal vor der Geburt die schwangere Mutter gebeten hatte, sich auszuziehen, geschweige denn sie so berührt oder betrachtet hatte, wie es wohl jede Hebamme in Deutschland gemacht hätte.

Meine Kollegin Andrea in London erklärte mir: »Briten finden den Körper, seine Macken und seine Ausscheidungen einfach nur ekelhaft.« Dagegen wird den Deutschen ein Hang zur Selbst- und sogar zur Fäkalbeschau nachgesagt. Mitverursacht haben diesen Ruf die typisch deutschen Klos mit dem, was Briten »viewing platform« nennen: die Keramikfläche, die den eigenen Stuhlgang präsentiert – and believe it or not: what you see then is called stool!

Und wenn Sie nun wirklich einmal unter die Augen eines englischsprachigen Arztes treten müssen? (In Großbritannien nennt man den Hausarzt übrigens »GP«: general practitioner. In den USA »family doctor« oder einfach »doc«.)

Genau genommen müssen Sie dann gar kein Englisch sprechen! Denn die kranken Körperteile und -funktionen lebender Menschen werden meistens hinter einem Schleier toter Sprachen versteckt, vor allem Latein. So ist es kein Zufall, dass es im Englischen eine Menge Arten gibt, Gebrechen mit antiken Lehnwörtern zu umschreiben:. Man sagt »physical deficiency« oder einfach »deficiencies«, »bodily defects«, »infirmity«, »affliction« oder »disability«.

Natürlich kann man ganz unlateinisch von »illness« und »sickness« sprechen. Oder von »headache« (Kopfschmerzen). Oder von »splitting headache« (hämmernde Kopfschmerzen), »sore throat« (Halsweh), »cold« (Erkältung) oder »cough« (Husten; es hat denselben Ursprung wie das deutsche Wort »keuchen«). Doch schon die Grippe (»flu«) stammt von einem lateinischen Terminus: »influenza«. Und sobald Sie mit einem Erreger infiziert sind, ist die Rede von »virus or bacteria infections« oder von »inflammations«, also Entzündungen. Entzündete Mandeln sind also »inflammatory tonsils«. Sie stammen von den lateinischen »tonsillae«. Die Krankheit heißt »tonsillitis«.

Hier nun rasch zehn weitere Entzündungen mit ähnlich schwierigen Namen, denen Sie im Laufe Ihres Lebens vielleicht begegnen:

conjunctivitis	Bindehautentzündung
cystitis	Blasenentzündung
urethritis	Harnwegsentzündung
pyelonephritis	Nierenbeckenentzündung
gastritis	Magenschleimhaut-entzündung
appendicitis	Blinddarmentzündung
sinus infection oder sinusitis	Nebenhöhlenentzündung
laryngitis	Kehlkopfentzündung
oeseophagitis (britisch) oder esophagitis (amerikanisch)	Speiseröhrenentzündung
otitis	Ohrentzündung; »otitis media« oder »infection of the middle ear« – Mittelohrentzündung

Falls Sie ein chronisches Leiden haben, spricht man übrigens von einer »condition«. Das bedeutet: Ich neige zu einem bestimmten Problem, mal harmlos, mal gravierend.

Es können also Schuppen sein: »I suffer from a dandruff condition«, oder entzündete Bronchien: »I suffer from a bronchia condition«. Oder aber ein Herzleiden: »I suffer from a cardiac/heart condition.« Das Wort »condition« lässt sich eigentlich hinter alle Körperteile hängen, vor allem hinter innere Organe:

Leber? – Nicht »lever« (das bedeutet »Hebel« oder »hebeln«), sondern »liver«: »liver condition«

Milz? – »spleen condition«

Galle? – »biliary condition«. Gallensteine sind übrigens »biliary calculi« oder »gall stones«

Nieren? – »kidney condition«. Nierensteine: »pebbles«, »kidney stones« oder »renal calculi«

Prostata? – »prostate condition«

Hirn? – »insanity«!

Dass wir in Gesundheitsfragen immer etwas platter und plumper rüberkommen, liegt ganz offensichtlich auch an unserer Sprache. Der amerikanische Journalist Lane Greene hat das Deutsche als »amusingly overliterary« bezeichnet, also als dermaßen wörtlich, dass es wie eine Kindergartensprache wirke und große Erheiterung auslösen könne. Greene, der das Buch »You are what you speak« geschrieben hat und als Korrespondent des britischen Magazins *The Economist* aus Berlin berichtet, nannte den »Zwölffingerdarm« als Beispiel. Im Englischen heißt er nicht »twelve-finger intestine«, sondern (wie auch unter deutschsprachigen Medizingelehrten): »duodenum«. Eine Hirnhautentzündung ist nicht etwa eine »brain skin infection«, sondern »meningitis«, und eine Lungenentzündung ist keine »lung infection« oder »lung disease«, wie ich es schon aus deutschem Mund gehört habe, sondern »pneumonia« (*nüh-mou-nia*).

Auch die »Schilddrüse« ist sehr bildhaft. Im Englischen ist sie »thyroid«, und eine Fehlfunktion heißt »thyroid dysfunction«. Ein letztes Beispiel sei die »Schleimhaut«. Obwohl Englisch auch eine alte westgermanische Sprache ist, sagt man nicht »slime skin«, sondern »mucous membranes«. Das stammt von »mucus«, was heute im Englischen noch dasselbe bedeutet wie vor 2000 Jahren bei den alten Römern: »Rotz« und »Schleim«. Für diese unangenehme Sache gibt es allerdings auch einen anderen Ausdruck, der gängiger ist als »mucus«: »phlegm«. Der ist noch älter, weil er aus dem Griechischen stammt. Jeder englischsprachige Arzt wäre begeistert, wenn Sie das wüssten und sogar richtig aussprechen könnten: *flemm*.

Wenn Sie im Arztzimmer noch ganz besondere Kenntnisse vom Stapel lassen wollen – if you really want to show off –, dann lernen Sie, kreativ zu husten! Denn früher oder später werden Sie gefragt: »What kind of a cough have you got?« Ich kenne kein anderes Leiden, über das der Engländer leidenschaftlicher spricht als Husten! Legen Sie also los, Ihre Auswahl ist riesig:

barking cough	bellender Husten
bitonal cough	Zweitonhusten
chesty cough oder irritating cough	Reizhusten
choking cough oder retching cough	Würgehusten
convulsive cough oder spasmodic cough	Krampfhusten
dry cough	trockener Husten
dry hacking cough	trockener Stoßhusten
staccato cough	Stakkatohusten
ticklish cough	kitzelnder Husten
velcro cough	Husten wie ein Klettverschluss
wet cough oder productive cough	nasser, schleimiger Husten
whooping cough	kreischender Husten
blood cough	Bluthusten

Außerdem gibt es noch den »psychogenic cough«, auch »habit cough« oder »tick cough« genannt: ein ständiges nervöses Hüsteln, das mich an Harald Schmidts Augenzwinkern erinnert. Es ist nah am »Oxford Stutter«, das Wiederholen eines Wortes, das Philip Oltermann in seinem Buch »Dichter und Denker, Spinner und Banker: Eine deutsch-englische Beziehungsgeschichte« erklärt hat: Das Oxford-Stottern gebe dem Sprecher Zeit zu denken, ohne den Fluss der Worte aufzugeben. Klingt auch sehr krank. Beim beim beim nächsten Rendezvous wissen Sie also, wie Sie sich sich sich mit einer Art Husten interessant machen können – und darüber rüber rüber sogar sprechen dürfen.

Und bevor ich es vergesse: Es gibt noch ein weiteres Leiden, das im Englischen salonfähig ist – there is another malady, which is socially accepted. Wir Deutschen thematisieren es wiederum sehr ungerne: Schlafstörungen! Sie können es entweder lateinisch ausdrücken: »I suffer from insomnia.« Oder englisch: »I suffer from sleeplessness.«

Oder Sie bemühen einen Zustand, den wir Deutschen überhaupt nicht kennen: »wakefulness«. Ich suche dafür immer noch eine passende Übersetzung. Denn »Bettflucht« gefällt mir nicht. Schon gar nicht während eines Rendezvous. Auf jeden Fall weiß jeder Mensch: Schlafmangel kann einem den letzten Nerv rauben, aber frühes Aufstehen kann auch sehr produktiv machen. Es ist also nicht einmal geklärt, ob es überhaupt ein Leiden ist. Man kann also getrost ganz britisch sein und sagen: »I'm fine.«

101 *teuflische Patzer*

self-evident – hört man immer wieder, weil es von einigen Deutschen geradezu selbstverständlich für »selbstverständlich« verwendet wird. Man kann es sagen, doch
es klingt (auf Dauer) ungelenk, zumal es normalerweise
nur genutzt wird, wenn sich aus einem Zusammenhang
kausal eine Einsicht ergibt. Das englische Wörterbuch gibt
den sehr schönen Beispielsatz an: »It is self-evident that
you cannot work 14 hours a day and have time left over
for a child.« Meinen Sie jedoch: »Das ist doch selbstverständlich!«, dann sagen Sie: »It's understood.« Oder:
»Selbstverständlich putze ich morgen deine Schuhe«. =
»It goes without saying that I will polish your shoes«. »Es
ist nicht selbstverständlich, dass Deutschland die nächste
Fußball-WM gewinnt« = »It's not a given that Germany
will win the next World-Cup«. Ich würde hier noch ergänzen: »That cannot be taken for granted, indeed!«

sensible – ist der Klassiker unter den sogenannten false
friends. Schon deshalb gehört das Adjektiv auf diese
Liste. Seinen Ursprung hat es im lateinischen Verb »sentire« (fühlen, empfinden) und dem Adjektiv »sensibilis« (empfindsam sein). Irgendwann in der Entwicklung
der englischen Sprache hat sich jedoch seine Haupt-
bedeutung gewandelt. Sie lautet nun »vernünftig« und
»angemessen« – und sie gilt nicht nur für Menschen.
Auch Dinge können »sensible« sein, zum Beispiel Ma-
mas Jacke im Regen oder Papas Schuhe auf der Wan-
derschaft. Es ist sozusagen eine positive Beschreibung für alles, was blöd aussieht, aber praktisch ist.
Wer aber jemanden als »empfindlich«, »empfindsam«
oder »sensibel« beschreiben möchte, sagt »sensitive«.

Dabei möchte ich nicht unerwähnt lassen, dass auch »sensible« noch Aspekte seiner ursprünglichen Bedeutung innewohnen: Wer vernünftig ist, kann sich in andere Menschen hineinversetzen und Situationen verstehen, ist also »empfindungsfähig«. In dieser Bedeutung wird »sensible« ebenfalls noch verwendet.

shitstorm – fällt in die Kategorie der Fäkalklopper wie auch die (im Englischen absolut gängigen) Sprüche »When the shit hits the fan« (»Die Kacke dampft«) oder »He is a brown noser« (»Schleimer«). Es ist nicht grundsätzlich falsch, »shitstorm« zu sagen. Es beunruhigt allerdings, wie gehäuft wir die Scheiße in den Mund nehmen. Im Englischen spricht man lieber von »controversy« oder »protest« oder »violent controversy« (aber bitte nicht »violent protest« – dann gibt's Tote, und das wäre oberscheiße!)

SMS – Ein Satz wie »I am going to send you a SMS in a second« erzeugt keine Vorfreude beim englischsprachigen Gegenüber, sondern eine ähnliche Ratlosigkeit wie der Gebrauch des Wortes »WLAN«, von dem Deutsche und Österreicher ständig quasseln. Wer eine »text message« versenden möchte, sagt kurz »text«: »I am sending a text« – das klingt in unseren Ohren zwar total ungenau und ein bisschen bekloppt: »Ich schicke Dir 'nen Text.« Aber keine Sorge, der »text« kommt richtig an.

sober – Sagt der deutsche Arzt zu seinem englischen Patienten: »Please be sober tomorrow morning.« Wundert sich der Patient: »Do I have an alcohol problem?« Und das Dümmste: Am nächsten Morgen erscheint er mit einem vollen Magen. Nach dem Aufstehen ein Bier oder einen Korn zu trinken, wäre ihm ohnehin nicht in den Sinn gekommen. Der Grund ist einfach: »sober« bedeutet nicht allgemein »nüchtern«, sondern lediglich »nicht alkoholisiert« (oder »ruhig«, »sachlich«, »vernünftig«). »Kommen Sie bitte mit einem leeren Magen« muss hingegen ganz bildlich und direkt mit »emtpy stomach« übersetzt werden: »Please make sure you have an empty stomach.«

to synchronise – wird oft anstelle des gängigen Verbs »to dub« verwendet, wenn von synchronisierten Filmen die Rede ist. Uhren hingegen synchronisiert man sowohl im Deutschen wie auch im Englischen.

to taste – bedeutet zwar auch »(aus)probieren«, aber nur mit Mund und Zunge. Denn es bedeutet genau genommen »schmecken«. Wer also fragt: »Can I taste the toilet?« fragt in Wahrheit, ob er das Klo schmecken könne. Und der Wunsch, etwas anprobieren zu dürfen, kann ebenfalls nicht in die Frage »Can I taste the shoes?« gekleidet werden. Jedenfalls dann nicht, wenn man nicht die Schuhsohle verzehren möchte, was mich an Schuhverköstigungen in schwarz-weißen Klamaukfilmen erinnert. Auch darf »taste« nicht als »tasten« oder »abtasten« missverstanden werden. Das wäre ein typischer »false friend«. Man sagt, je nach Anlass, »to fresh« (filzen), »to palpate« (beim Arzt) oder »to scan« (elektronisch).

television programme – ist kein Fernsehsender wie es ARD oder RTL sind, sondern eine Sendung oder Sendereihe so wie die »Tagesschau« oder das »Dschungelcamp«. Man nennt Sendungen auch ganz generell »show« oder »tv show«. Ein Sender ist hingegen »a channel« – ein Kanal. Den Programmablauf in einer Zeitschrift oder auf einer Seite im Netz kann man allerdings sehr wohl als »tv programme« bezeichnen, noch besser wäre die Mehrzahl: »tv programmes« (britisch), »tv programs« (USA).

testament – »That's the same old testament we have seen a year ago.« Was will der englischsprachige Gesprächspartner denn jetzt schon wieder sagen? Ist der Typ ein Hohepriester oder warum erwähnt er das Alte Testament? Viele Deutsche können nicht damit umgehen, dass »testament« in der englischen Sprache als alltägliches Wort dienen kann: »Growing sales figures are testament to this book's necessity« – steigende Verkaufszahlen zeigen, dass das Buch notwendig ist. Und wenn man nun seinen Letzten Willen aufschreiben will? Dann sagt man genau das: »He laid down his last will on one single piece of paper – testament to his straightforward character.«

tower – ist ein Hochhaus, ein Turm oder (wie in London) eine Festung mit Türmchen. Aber es ist kein Kirchturm. Wir würden wohl immer »church tower« sagen, dabei nennt man ihn »steeple«. Werner Lansburgh hat mich darauf hingewiesen. Und ich sag's jetzt weiter.

tricky – wird von Deutschen (ähnlich wie »offensive«) gelegentlich zu unvorsichtig zur Selbstbeschreibung benutzt, zum Beispiel in der Diplomatie: »We have tricky solutions.« Man scheint zu glauben, es bedeute »pfiffig« (»smart«, »canny«), »gerissen« (»cunning«), »ausgetüftelt« (»subtle«) oder gar »schlau« (»shrewd«). In Wahrheit ist die Bedeutung von »tricky« viel zu »heikel«, um es so zu verwenden. Zwar spricht nichts dagegen, eine Situation oder ein Themengebiet als »tricky« zu bezeichnen. Es ist dann »verzwickt«, »kniffelig«, »verfänglich«, »vermint«, »verflixt« oder »vertrackt«. Handelt allerdings jemand »tricky«, dann ist er ein Trickser und Betrüger.

I understand – ist ein häufiger Grund für Missverständnisse, und vielleicht sollte hier ganz generell vor dem Verb »to understand« gewarnt werden, denn das verstehen wir Ausländer oft nicht ausreichend: Es besitzt einige feine Bedeutungsunterschiede, die sich wunderbar eignen, um in feiner englischer Art zwischen vagen und konkreten Aussagen hin- und herzurudern. Am leichtesten ist die Verneinung: »I don't understand«. Aber »I understand« bedeutet nicht etwa »Ich verstehe«, sondern »Wie man hört« oder »Mir ist zu Ohren gekommen« oder noch vager: »Es gibt ein Gerücht, und ich habe damit nichts zu tun, aber ich spreche es trotzdem mal aus, damit Sie wissen, worüber hier so gesprochen wird …« Ein Objekt wie »it« oder »you« oder eine bestimmte Sache wie »your question« konkretisieren die Aussage auf einen Schlag: »I understand it.« Noch konkreter: »I do understand it.« Absolut wasserdicht: »I do absolutely understand it.« Das Wörtchen »as« hingegen öffnet wieder tausend Hintertürchen: »As I understand your question …« heißt »gemäß meiner Vorstellung, die aber nicht viel wert ist, weshalb Sie sich am besten noch woanders absichern …« Hier kommt der Unterschied zwischen »Verstehen« und »Verständnis« ins Spiel: »As I understand your request …« will sagen: »Sachlich ist Ihre Anfrage durch nichts gerechtfertigt, als Mensch kann ich sie aber gut nachvollziehen …« Noch komplizierter wird es in den oberen Sprachetagen. »I was given to understand that …«: »Jemand anderes hat mir gesagt, dass ich es vielleicht einmal in Erwägung ziehen sollte, die Sache so zu sehen.« Auch im Substantiv »understanding« schwingen diese Bedeutungsunterschiede mit. I do hope that you now have a clearer understanding of all this!

undertaker – ist kein Unternehmer, sondern ein Bestatter. Unternehmer nennt man pseudofranzösisch »entrepreneur« – als wäre das eine besonders elegante Betätigung!

I want something – wird ungefähr als so unhöflich wahrgenommen wie der bohrende Zeigefinger des deutschen Gesprächspartners, der einen aufzuspießen droht (siehe »but you ...«). Englische Kinder lernen den Spruch: »Want never gets.« Er soll sie dazu erziehen, »I wish ...« oder »I would like ...« zu sagen oder Fragen zu stellen wie »May I ... please?« Zugegeben: Das ist alles sehr bürgerlich (»bourgeois«), und damit nicht wesentlich anders als bei uns. Deshalb wundere ich mich über zahlreiche deutsche Erwachsene, die immer wieder in ihr Gespräch mit »I want ...« einsteigen – und dann auch noch ihren Willen bekommen ...

when – wird von uns Deutschen oft falsch verwendet, wenn wir »falls« sagen wollen. Das liegt daran, dass wir in unserer eigenen Sprache nicht so genau sind mit dem »wenn« und den unterschiedlichen »danns«: Wenn wir über das sprechen, was wir gerade machen, sagen wir: »Wenn ich dies und jenes mache ...« Auf Englisch: »When I do this and that ...« Wenn wir dagegen die Wahl haben, dies und das zu machen – oder es bleiben zu lassen –, sagen wir oft auch: »Wenn ich dies und das mache ...« Wir meinen jedoch: »Falls ich dies und das mache ...« Im Englischen muss es dann immer lauten: »If I do this and that ...« Anderes Beispiel: »Wenn ich mir die Zähne putze, dauert es drei Minuten.« Könnte man englisch auf den Moment bezogen so sagen: »When I brush my teeth, it takes 3 minutes.« Setzen Sie nun »if« ein, ändert der Satz seine Bedeutung: »If I brush my teeth, it takes 3 minutes.« And if not? Dann bekommen Sie Karies!

will – verwenden wir Deutsche sehr gerne wie die Verben
»to like« oder »to want«. Denn wir glauben, dass wir damit etwas »wollen«. Dummerweise erzeugen wir damit
immer wieder grobe Missverständnisse, weil »will« in
Wahrheit auf eine (mit Sicherheit stattfindende) Aktion in
der Zukunft deutet: »I will make it« = »Ich werde es machen«. Hochgestochen sagt man übrigens auch: »I shall
make it.« Umgekehrt fallen Deutsche aus allen Wolken,
wenn sie den Satz »I will die« hören, weil sie ihr Gegenüber für lebensmüde halten müssen, obwohl der das
doch überhaupt gar nicht sagen will!

I wish you the same – wird in Gesprächen, E-Mails, Brie-
fen häufig verwendet, ist aber Kauderwelsch und fast vom
Schlage des Filsersatzes »I wish you what«. Dabei gibt es
so viele Varianten, um im Englischen unsere deutschen
Grußformeln »ebenso«, »ebenfalls«, »Ihnen auch« oder
von mir aus das grässliche »dito« zu verwenden: Am läs-
sigsten ist »and you«: »Have a nice day.« »And you!«
»Same to you« funktioniert auch.

WLAN – ist ein ähnliches Problem wie die SMS: Man
sagt es im Deutschen und glaubt, es sei verbreitet im Englischen. Ist es aber nicht! Gerade wenn es
schnell gehen muss, an der Hotellobby, in der Flugha-
fenlounge oder bei Freunden zu Hause, und man einfach nur den verdammten Zugangsschlüssel benö-
tigt, entsteht plötzlich ein langes Gespräch über – tja,
was eigentlich? »LAN« stand in den Achtziger- und
Neunzigerjahren für »Local Area Network«. Wir haben dann später das »w« für »wireless« davorgehängt.
Im Englischen funkt man hingegen auf »wi-fi«, ein Kunstwort, das sich entweder von »hi-fi« oder von »sci-fi« ableitet: »High fidelity« stand für die Klangqualität von Mu-

sikanlagen im analogen Zeitalter. »Science fiction« ist Literatur, die in einer (vermeintlich) wissenschaftlich fortgeschrittenen Zukunft spielt. »Wi-fi« kombiniert »wireless« (kabellos) mit der Genauigkeit des Klangs oder zukünftigen Traumschlössern – im Ergebnis also mit beiden.

your time – ist die Zeit des anderen und deshalb sehr kostbar! Deswegen raubt man sie besser niemandem, auch nicht mit überflüssigen Sprachtipps, sehr wohl aber mit allem, was uns vor Peinlichkeiten schützen könnte. Deshalb dieser letzte Eintrag in die Liste unserer 101 typischen Englisch-Schnitzer: Wollen Sie sich bei jemandem dafür bedanken, dass er sich Zeit genommen hat, sagen Sie: »Thank you for taking/sparing the time.« Wollen Sie wiederum hervorheben, dass sich die Person Zeit gelassen hat, sagen Sie: »Thank you for taking your time.« Doch Vorsicht! Denn unverblümt bedeutet es: Danke fürs Trödeln!

Baby, can you drive my car?
Im Auto

Mit Autos kennen wir uns aus: Schließlich fahren wir sie schneller, verkaufen sie teurer und bauen sie oft schöner als andere. Ins Schleudern geraten wir erst, wenn wir in den englischsprachigen Gang schalten – aber nicht wissen, wie man zum Beispiel »Gangschaltung« sagt.

»What's your favourite car, Sir?« Brian warf einen prüfenden Blick in seinen Rückspiegel – he peered into his rearview mirror. Nein, ich war nicht eingeschlafen! Ich hatte es mir nur auf dem Rücksitz seines geräumigen Taxis bequem gemacht – I had made myself at home in the back seat of his spacious cab.

Es war wie fast immer in London: Ich fuhr Taxi. Und das nicht nur, um mich fortzubewegen, sondern auch, um die Ruhe und einen herrlichen Ausblick zu genießen, während draußen die Stadt vorbeizog – I did not only seek transportation but also a rest and a superb view. Dabei lenkte Brian keine goldene Kutsche – he did not steer a golden carriage. Er fuhr ein »Black Cab«: ein Auto buckeliger Bauart, dessen Hersteller London Taxi International (LTI) in Deutschland völlig unbekannt ist.

Jeden Tag flitzen Tausende dieser Black Cabs wie Aufziehautos durch die britische Hauptstadt – they scoot about the British capital like wind-up cars. Sie prägen das Straßenbild genauso wie die berühmten roten Busse –

223

they shape the image of London's traffic just as much as the famous red double-deckers. Da spielt es keine Rolle, dass viele »Cabs« gar nicht »black« sind, sondern bunt und voller Werbung. Längst sind sie ja auch keine »cabriolets« mehr: Das waren früher einmal elegante Pferdekutschen mit Verdeck.

Mein Lieblingsauto? »Your cab is my favourite car!«, rief ich Brian an den Hinterkopf. Er fragte: »My jam jar?« Das bedeutet »Marmeladenglas«, und weil es sich auf »car« reimt, ist es im Londoner »Cockney Rhyming Slang« ein gängiger Ausdruck für »Auto«. Your jam jar, indeed! Brian lachte laut. So laut wie man lacht, wenn man eine Geschichte nicht glauben mag – he laughed out loud, which was another way of saying: I don't believe you! Dabei kannte er nicht einmal die ganze Wahrheit: dass ich gar kein Auto besitze und dass ich von einem »Aston Martin DB6« träume, also von einem Oldtimer aus Großbritannien!

Eine derart verkehrte Welt nimmt Ihnen keiner ab, wenn Sie Deutscher sind – that's the kind of looking-glass logic no Brit would buy from a German: no car at home and a British car in your dreams? Sorry Sir, that's rubbish – das ist totaler Unsinn!

Unsinn ist im Englischen übrigens auch der Begriff »Oldtimer« für ein altes Auto. Man sagt »vintage car« oder »classic car« – because in English an »old-timer« is not a car at all but a very experienced person. Wir würden sagen: ein Mensch mit viel Erfahrung, ein gerissener Fuchs. (Lesen Sie im Kapitel »Der deutsche Spleen« mehr über sogenannte Scheinanglizismen.)

Es war kein Zufall, dass mir diese Gedanken ausgerechnet in England kamen. Schließlich sind es die Briten, die uns Deutsche für besonders geschäftstüchtig halten, wenn es um Autos geht – when it comes to cars *we* are the old-timers! Einer, der dafür Pate steht, ist der Schwabe Ulrich Bez – he is the godfather of German »automotive old-timerism«. Warum? Er rettete die Dienstwagen von James Bond vor der Pleite und wurde zur grauen Eminenz von »Aston Martin«.

Auch die Ingenieure und Verkäufer der Bayerischen Motoren Werke haben sich in den vergangenen Jahren einen Ruf erarbeitet. Einerseits gelang es BMW, das kleine Lieblingsauto von Mr Bean ganz groß zu machen: den »Mini«. Andererseits hat BMW die allergrößten Autos weiter aufgeblasen. Die Rede ist von den »Rolls-Royce Motor Cars«. Als Lordsiegelbewahrer der Traditionsmarke hat sich ein Mann bewährt, der so viele Umlaute in seinem Namen trägt, dass den Briten davon ganz schwindelig wird. Er heißt Torsten Müller-Ötvös. Doch was sind schon Namen? Müller-Ötvös gelingt es von Jahr zu Jahr mehr Luxuskarossen zu verkaufen: 2014 waren es 4000, so viele wie noch nie. Hauptsache, er tauft die Autos nicht irgendwann in »Rölls-Röyce«.

Dass den gewitzten deutschen Autoexperten allerdings manchmal das englische Sprachgefühl abgeht, hat VW bewiesen, als der Konzern vor ein paar Jahren das Automodell »Black up!« in Großbritannien vorstellte – the car model launched by Volkswagen a few years ago sounded like an invitation to colour your skin! Es kam der Aufforderung gleich, sich die Haut dunkel zu färben! Ein Journalist des *Daily Telegraph* kam deshalb zum Schluss: »silly name, good car«. Er empfahl VW, mit jedem Fahrzeug eine Packung Aspirin zu liefern. Der Name bereite schließlich nur Kopfschmerzen!

In diesem Moment fuhr Brian an einem Café vorbei, das in die prunkvollen Räume der längst verblichenen britischen Automarke »Wolseley« eingezogen ist. Für Brian ist der Ort eine Mahnung: »Fine British car manufacturing, all gone downhill«, he complained. Dann zeigte er auf ein schwarzes Taxi, das neben uns fuhr – it was driving next to us: Ein »Mercedes« vom Modell »Vito«, umgebaut in ein Black Cab! »You Germans are even taking over our business!« Tatsächlich verändert sich das Londoner Straßenbild seit einiger Zeit: Immer mehr Taxis fahren den Stern aus Stuttgart vor sich her.

Vor einem Jahr sah ich im Fernsehprogramm der BBC eine einstündige Dokumentation: »Das Auto – The Germans and Their Cars«. Der Journalist Dominic Sandbrook, der selbst einen VW Golf fährt, erklärte darin, warum die Briten auf deutsche Autos abfahren – why they are wild about German cars. Sie scheinen zu glauben, dass wir angeborene Fähigkeiten besitzen, die besten Autos zu bauen – they seem to believe that we possess innate qualities for building the best cars. Und sie behaupten, wir würden mit unseren Autos die Weltherrschaft anstreben – believe it or not: Germans want to rule the world with cars! »This time, they come with their Passats and Polos, not with panzers«, lästerte Sandbrook.

Für uns Deutsche wäre es in dieser Lage selbstverständlich zwecklos sich doof zu stellen – there is no point in feigning ignorance (not when the British hold a conspiracy theory against you!) Vielmehr sollten wir

Verständnis dafür zeigen, dass man überall auf Autos angesprochen wird: Es ist nun einmal das deutsche Markenzeichen, mehr noch als Bier und Fußball – there is a widely held notion of the car being quintessentially German.

Wären da nicht ein paar Nachteile, die ich selbst immer wieder erlebe: Erstens wird man ständig in den Rang eines Autoexperten erhoben, obwohl man sich womöglich mit Fahrrädern oder Spaziergehen viel besser auskennt. Und zweitens sind wir oft gar nicht imstande, ein flüssiges Gespräch über das Automobil zu führen! Wer etwa aus dem Stand von seinem »Cabrio«, dem »Kofferraum« oder einem »Anhänger«, vielleicht auch von der »Gangschaltung«, der »Kupplung« oder der »Zündung« sprechen möchte, wird mit »cabrio«, »suitcase space«, »hanger«, »gang box«, »coupling« oder »sparking« nicht weit kommen. Verständlich wären hingegen die Worte »convertible«, »boot« (UK) oder »trunk« (USA), »trailer«, »gear box«, »clutch« und »ignition«.

Nun versuchen Sie einmal die folgenden einfachen Sätze zu übersetzen:

1. Ich schalte einen Gang runter.

2. Schalten Sie das Fernlicht aus!

3. Ich schalte den Motor an.

Auflösung: 1. I am dropping a gear (UK), I am shifting down a gear (USA); 2. Turn off the full beam! (UK), Turn off the high beam/the brights! (USA); 3. I start the engine.

Während sich Brian am Green Park durch den Stau kämpfte, fragte er auf einmal: »Wanna see my favourite car?« Diesmal war neben uns eine Rennmaschine aus Deutschland aufgekreuzt: ein Audi R8. Obwohl ich mich damit überhaupt nicht auskannte, machte ich den großen Fehler zu antworteten: »Great car!« Das ist ja am Anfang immer das Schöne am Small Talk: Er setzt keine Kenntnisse voraus – it does not require any specific knowledge.

Selbstverständlich fühlte sich Brian eingeladen weiter zu plaudern. Jetzt wurde die Luft schnell sehr dünn für mich. Er sagte: »I love the sound of the Audi revving up.«

Zuerst dachte ich, er hätte »raving« gesagt, also etwas mit »rasen«, »toben«. Das Verb »to rev« hatte ich hingegen nie gehört! Stress kam auf. Meine Ruhe auf der bequemen Rückbank war gefährdet – my peace was in jeopardy. Ich schaute in meiner Wörterbuch-App nach und lernte, dass »to rev« gängig ist, um »Gas geben« zu sagen. Brian brabbelte bereits irgendetwas von »hatchback«, »fastback« und »shooting brake«: alles Begriffe, um das Fließheck eines Autos zu beschreiben. Doch ich konnte seinen Worten schon längst nicht mehr folgen. Während er sprach, sah ich gewissermaßen nur noch seine Rücklichter. Briten sagen: »I lost sight of his rear lights.« Für Amerikaner sind es »tail lights«.

Der Kraftverkehr kann das Englische schnell in eine vollkommen fremde Sprache verwandeln! Will man im Alltag nur über ein paar Autoreparaturen sprechen, ist man bereits geliefert. Ich selbst habe das 1993 in Neuseeland erlebt, nachdem ich bei »Turner's Car Auction« einen (sehr) gebrauchten Toyota erstanden hatte. In der

Werkstatt wurden mir im Laufe der Zeit die folgenden Schäden erklärt. Kennen Sie die Bedeutungen?

1. A spark plug is dead.
2. The clutch is slipping.
3. The fan belt is ripped.
4. A tyre is flat.
5. The sun roof is leaking.
6. The boot door is jammed.
7. The underbody is rusting through.

Auflösung: 1. Eine Zündkerze ist durch; 2. Die Kupplung schleift; 3. Der Keilriemen ist gerissen; 4. Ein Reifen ist platt; 5. Das Schiebedach leckt; 6. Die Kofferraumtür klemmt; 7. Der Boden rostet durch.

Noch schwieriger wird es, wenn man eine Panne auf offener Straße erklären soll und einem die Worte für den »Seitenstreifen«, das »Warndreieck« oder einen »Abschleppwagen« fehlen – it can get worse if your car breaks down and still, you don't know how to explain the situation, let alone how to say »hard shoulder«, »hazard (warning) triangle« and »breakdown van«.

Vor einigen Jahren war ich selbst einmal Zeuge eines Unfalls in Südengland. Im Nachhinein muss ich ihn als einen Tiefpunkt meiner Englischkarriere betrachten – it was a low point in my English-speaking career. Ich hatte keine Ahnung, was ich sagen sollte! Hier die Übersetzungen, die mir damals spontan fehlten. Halten Sie die rechte Spalte zu und testen Sie Ihre Kenntnisse:

Beule	dent
Kotflügel	wing (UK), fender (USA)
Blechschaden	car body damage (In den USA gibt es die ironische Bezeichnung »fender bender«.)
Geschwindigkeits-überschreitung	excessive speed, speeding
Verkehrsdelikt	traffic violation/offence (UK), offense (USA)

Was das Auto-Englisch zusätzlich erschwert, ist sein doppelter Boden: Hat man erst einmal alle britischen Wörter gelernt, kommt man damit in Amerika nicht *auto*-matisch weiter! Die Wahrscheinlichkeit, auf irgendeiner Straße liegen zu bleiben, ist sogar ziemlich groß, zum Beispiel auf dem »Bürgersteig«, der in London »pavement« und in New York »sidewalk« heißt. In den USA ist »pavement« Straßenbelag, was in England wiederum »road surface« (*ßö-fiss*) ist. (Lesen Sie dazu auch das Kapitel über britisch-amerikanische Missverständnisse: »Wir landen kurz und heben dann wieder ab!«)

Offenbar wurde das Auto auf beiden Seiten des Atlantiks vollkommen unabhängig voneinander entwickelt. Nicht einmal die einfachsten Teile sind identisch:

Blinker	indicator (UK), turn signal (USA)
Stoßdämpfer	shocker (UK), damper (USA)
Lastwagen	lorry (UK), truck (USA)
Führerschein	driving licence (UK), driver's license (USA)
Kreisverkehr	roundabout (UK), traffic circle (USA)
Kupplung	clutch (UK), gearshift (USA)
Auspuff	exhaust pipe (UK), tail pipe (USA)
Motorhaube	bonnet (UK), hood (USA)
Tacho(meter)	in beiden Ländern: speedometer; mileage indicator (UK), odometer (USA)
Rückscheibe	rear window
Windschutzscheibe	windscreen (UK), windshield (USA)
Außenspiegel	door mirror oder wing mirror (UK), side(-view) mirror oder exterior mirror (USA)
Überbrückungskabel	jump leads (UK), jumper cable (US)

In Gedanken an meine letzte Autofahrt durch die Weiten der USA schaute ich über die Dächer der vielen blitzblank geputzten Fahrzeuge, die sich mit uns durch die Straßen von London quälten. Es ist unbeschreiblich, wie viele teure Gefährte man dort sehen kann. Viele waren regelrechte Rennautos, rollende Bonuszahlungen an Anwälte, Banker und andere Clowns! Hier ein Ferrari. Dort ein Porsche oder ein Lamborghini. Offenbar haben reiche Menschen

in London Spaß daran, luxuriöse Geschosse im Schritt-
tempo zu bewegen – wealthy people in London seem to
take delight in moving classy racing cars at walking speed.

Aus deutscher Sicht ist das unvorstellbar! Schließlich
will man bei uns angeben *und* schnell fahren, wenn man
schon viel Geld ausgibt – anyone who blows a lot of money on a motorcar in Germany wants to boast and bomb
(gesprochen wie jede englische Bombe, ohne »b« hinten:
bo-hm). Unverzichtbar für diese Doppelstrategie sind unsere Autobahnen, die vielen Besuchern aus dem Ausland
die Sprache verschlagen – they leave a lot of foreign visi-
tors speechless. So erzählte der Schauspieler Tom Hanks
einmal aufgeregt im amerikanischen Fernsehen von den
unbegrenzten Möglichkeiten auf deutschen Autobahnen:
»Boy, government is off your back in Germany! You go as
fast as you can!« In den USA darf man hingegen auf keiner einzigen Straße schneller fahren als 129 Stundenkilo-
meter – you must not go faster than 80 miles on any high-
way. Und im gesamten Vereinigten Königreich gilt eine
Geschwindigkeitsbegrenzung von gerade einmal 113 Stun-
denkilometern – the speed limit on British motorways is
precisely 70 miles.

Offen gesagt: Ich finde das alles äußerst kurios. So kurios wie die Einfahrt zum prächtigen Savoy-Hotel, an der
mich Brian auch vorbeifuhr und mir erklärte, dass es die
einzige Straße in Großbritannien mit Rechtsverkehr ist.
Warum? Damit der Taxifahrer links herum einfahren und
mit einem schnellen Griff nach hinten seinen Fahrgäs-
ten auf der Seite des Hotelportals aus dem Fahrzeug helfen kann.

Während ich auf den letzten Metern in Brians Taxi den vielen Luxusschlitten hinterherschaute, fragte ich mich, warum ihre Besitzer nicht Taxi fahren. Geld haben sie doch genug! In ihren Autos müssen sie sich fühlen wie auf einer sehr, sehr kleinen Insel. Oder wie Tiger in einem Umzugskarton! Ich spürte jedenfalls, dass ich die richtige Wahl getroffen hatte, mich von Brian fahren zu lassen. Und wenn ich das nächste Mal einfach nicht mehr über Autos spreche, dann geht es mir richtig gut!

OMG – ich finde das Klo nicht!
Abkürzungen (mit Liste)

18. Kapitel

Je mehr uns die Maschinen beherrschen, desto mehr werden wir selbst zu welchen – denn wir kürzen immer mehr Worte ab! Das spart Zeit. Doch wenn man sich in einer Fremdsprache verständigen soll, kostet es oft eine Menge Nerven. Oder wissen Sie, wie man auf Englisch das WC findet?

Als Tom 1989 in Leipzig zur Welt kam, ahnten seine Eltern nicht, dass er 25 Jahre später in der schottischen Hauptstadt Edinburgh als »EA« eines »MD« für »HR« eines »SME« arbeiten würde. Wie bitte?

»Mama«, erklärte Tom während seines ersten Besuchs in der sächsischen Heimat, »ich bin Assistent – executive assistant – eines Geschäftsführers – managing director –, der die Personalabteilung – human resources – in einem mittelständischen Unternehmen – a small and medium-sized enterprise – leitet.«

»Ach so!«, antwortete Toms Mutter, komplett überfordert von der Information – Tom's job description had overwhelmed her. Aber sie wollte auf gar keinen Fall desinteressiert wirken – in no way did she want to come across as being uninterested or even dismissive. Also fragte sie voller mütterlicher Zuneigung: »Und wie war dein erster Arbeitstag?«

Falsche Frage, dachte Tom. Schließlich wäre sein erster Tag beinahe ein Debakel geworden – it almost turned into a debacle. Oder wenn ich etwas genauer sein darf: eine

Peinlichkeit ersten Ranges! Fast hätte Tom den Tag mit einer nassen Hose beendet – he still felt hugely embarrassed that on his first day he had almost wet himself. Und das alles wegen einer Abkürzung.

Seine Kollegen hatten ihn nach der Arbeit in den Pub mitgenommen, wo er mit zwei Bier intus der Frau hinterm Tresen die Frage stellte: »Where is the *vi-ßi?*« Quatsch, dachte er noch. Der Buchstabe »w« ist ja *dabble-ju!* Also noch mal: »Where is the *dabble-ju-ßi*« – Wo ist das WC? (Die Frage nach einem »VC«, also einem »Venture Capitalist«, wäre nicht weniger amüsant gewesen.)

Die Frau schaute kurz auf und widmete sich dann wieder dem Zapfhahn. Sie hatte keine Ahnung, was der Typ wollte! Eine Bestellung war das auf jeden Fall nicht. Tom sprach, während er immer verzweifelter das WC suchte, noch drei andere Leute an: »Where is the *dabble-ju-ßi?*« Eine andere Formulierung kam ihm gar nicht in den Sinn. Schließlich ist WC doch Englisch. Oder etwa nicht?

Ja und nein, lautet die zutreffende Antwort. »WC« ist die Abkürzung von »water closet« – and there's no doubt, that's English! Trotzdem ist sie heutzutage so gut wie unbekannt – however, in these days »WC« is an almost unknown English expression. Die Abkürzung wird gelegentlich als Bezeichnung für die Weltmeisterschaft aller Weltmeisterschaften, die Fußball-WM, benutzt, aber so gut wie nie für den Lokus – some people use it to say »World Cup« but hardly anyone will use it to describe the »loo«, whether in Britain or in the States.

Falls Sie nun gerade ganz dringend wissen müssen, wie Sie den Abort garantiert finden:

- Britische Arbeiter und der Adel sprechen vom »loo«: »Where is the loo?«

- Die britische Mehrheit (lower middle class, middle class, upper middle class) fragt: »Where is the toilet?« Oder: »Where's the lavatory?« Arbeitern erscheint das zu etepetete und dem Adel zu spießig.

- Wer unbedingt eine Abkürzung benutzen will, fragt: »Where's the Gents/Ladies?« Das wird auch in den USA verstanden, wo man normalerweise ganz gesittet »bathrooms« oder »restrooms« aufsucht.

Doch nun mal runter vom Pott – get off the bog! Das Meer der Abkürzungen ist in beiden Sprachen viel zu groß, um sich mit dem »WC« aufzuhalten. Tom bemerkte übrigens recht schnell, dass er auch mit zwei anderen Akronymen vorsichtig sein muss: Sie stammen aus dem Englischen, aber werden im englischsprachigen Alltag so gut wie nie verwendet: »SMS« (»short messaging service«) und »WLAN« (»wireless local area network«). Man sagt dafür normalerweise: »text« und »wi-fi«.

Allgemein halten wir das Abkürzen von Worten für einen besonders deutschen Fimmel, geradezu für eine Manie – abbreviating is often considered a German fad and obsession. Der Song »MfG« der »Fantastischen Vier« hat zu diesem Ruf viel beigetragen. Andererseits sind immer mehr Abkürzungen, die uns aus E-Mails und sozialen Netzen entgegenpurzeln, englisch. So schreibt heute (fast) niemand mehr »z. Hd.«, dafür erhält man das Kürzel »fyi«: »for your information« oder »for your interest«. Man liest auch oft »fao« oder »attn« (»for the attention of«).

Die Liste dieser englischen Akronyme wird immer länger, so dass sie längst so etwas wie eine eigene Sprache formen – they already frame a language of their own. Jeder kennt »asap« (»as soon as possible«) oder vielleicht auch die schroffe Steigerung »pdq« (»pretty damn quick«). Auch die deutsche »Abwesenheitsnotiz« wird von drei Buchstaben verdrängt: »ooo«. Sie stehen für »out of office«, könnten aber auch »out of order« bedeuten, also »kaputt«, was den automatischen Nachrichten, die ich zum Beispiel aus dem Hause Google bekomme, stets eine unfreiwillige Komik verleiht.

Umso mehr hat es Tom verblüfft, dass in der englischsprachigen Bürokorrespondenz weiterhin viel auf Latein abgekürzt wird. Die drei Standardkürzel lauten:

■ »i. e.« Das entspricht unserem »d. h.« und kommt von den lateinischen Worten »id est«: »das ist«.

■ »e. g.« Das bedeutet »exempli gratia«. Und das bedeutet »zum Beispiel«.

■ »re« ohne Punkt! Entspricht unserem »betr.«. Seine Herkunft ist umstritten und kann auf zwei Arten erklärt werden: Entweder von der lateinischen »Sache«: »res«, (an alle Lateiner: ein Ablativ!), es bedeutet also »eine Sache betreffend«. Es könnten aber auch die ersten Buchstaben des Worts »regarding« sein: Das heißt ebenfalls »betreffend«, im Ergebnis also dieselbe Erklärung.

Toms Unternehmen wird als »limited corporation« bezeichnet und »Ltd.« abgekürzt, was unserer GmbH ähnlich ist. Wäre sie eine Aktiengesellschaft, also eine AG, wäre sie in Großbritannien eine »public limited company«, abgekürzt: »plc«. In den USA sind diese Unternehmen »incorporated« und werden als »Inc.« bezeichnet.

Hochgradig verwirrend können Abkürzungen sein, wenn sie in ein und derselben Sprache mehrere Bedeutungen haben – the ambiguity can be very confusing. In Deutschland leiden darunter zum Beispiel die Zoodiektoren und die Zeitschriftenverleger, da sie beide im »VDZ« Mitglied sind: die einen im »Verband Deutscher Zoodirektoren« und die anderen im »Verband Deutscher Zeitschriftenverleger«.

Zwei noch unangenehmere Beispiele kenne ich aus den USA:

1. Das Zahlenakronym »911« stand bis zum 11. September 2001 für einen Sportwagen und für den telefonischen Notruf in den USA.

2. Die Abkürzung »NSA«, die wir wohl alle inzwischen mit dem US-Geheimdienst »National Security Agency« verbinden, hat ironischerweise auch die internationale Bedeutung »Native Speakers of Arabic«. Außerdem steht sie für »no strings attached«, eine Floskel, die sagen soll: »Die Sache hat keinen Haken.« Darüber hinaus haben sich zig Organisationen den Namen »NSA« gegeben, so zum Beispiel die »National Steeplechase Association«, der Verband der Hindernisreiter, die »National Stuttering Association«, der Verband der Stotterer, oder gar die »National Stroke Association«, ein amerikanischer Verband, der sich um Menschen kümmert, die einen Schlaganfall erleiden.

Eine besondere Art englischsprachiger Abkürzungen sind Spitz- und Kosenamen – bynames and nicknames – wie »telly«. Für die Briten ist das die »Glotze«. Es stammt offensichtlich von »television«. Oder »comfy« für »comfortable«. Und »intel« (»intel inside«!) für »intelligence«.

Als Paul McCartney im Juni 2010 ein Privatkonzert im Weißen Haus gab, um den »Library of Congress Gershwin Prize for Popular Song« entgegenzunehmen, war er stolz wie ein kleiner Junge und sagte: »I am going to play for the Pres. That's a biggy!« Und was dachte wohl Barack Obama? »That's right. I am the Prez!« (Im amerikanischen Slang wird ein »z« statt eines »s« verwendet.)

Offenbar ist das Bedürfnis, die Worte schön mundgerecht zu formen, manchmal so stark ausgeprägt, dass sie dadurch länger werden als das Original – they are not necessarily shorter than the original terms. Zum Beispiel sagt man auch »potty« (von »pot«: da sind wir wieder beim Klo, bloß diesmal das »Töpfchen« für Kinder), »hottie« (von »hot«: ein sexuell anziehender Mensch), »yummy« (von »yum«: lecker), »yucky« (von »yuck«: ekelig), »mommie« (von »mom«) oder »goody« (von »good«: ein kleines Extrageschenk).

Unvergesslich ist auch der Sketch der britischen Comedians David Mitchell und Robert Webb, in dem sie sich mit den deutschen »baddies« im Zweiten Weltkrieg beschäftigen. O, did I just mention the war? (Lesen Sie dazu das Kapitel »You not shoot, we not shoot!«)

Aber wenn man englische Worte rund lutschen möchte, dann unbedingt richtig! So stieß Tom in den ersten Monaten auf eine böse Falle, die mit den Füßen zu tun hat: Während »footie« oder »footy« gängige Abkürzungen für »football« sind, ist der »Footsie« die Verlängerung einer Abkürzung, nämlich des britischen Aktienindex FTSE100. Und noch ein Drittes: »To play footsie with my boss« bedeutet nicht, mit dem Chef Fußball zu spielen, sondern mit ihm oder ihr (unter dem Tisch) zu füßeln. Deshalb Vorsicht! Das ist fast so undenkbar wie »FKK« außerhalb von Leipzig. Wenn Tom trotzdem unbedingt nackt in den Seen von Schottland baden möchte, dann wäre *eff-kay-kay* natürlich so fremd wie *dabble-ju-ßi*. Vielmehr würde er gleich einer ganzen Bewegung zugezählt und er wäre »a nudist« oder »a naturist«.

Zwei englische Abkürzungen haben hingegen einen großen Einfluss auf die Freizeitgestaltung von Leuten, die sich für überdurchschnittlich halten:

1. »posh« bezeichnet die besten Kabinen auf Schiffen: »port out, starbord home«. Heute steht es für »vornehm«, »edel«, »piekfein« oder »schnieke«.

2. »snob« stammt aus dem Französischen von »sans noblesse« und heißt »ohne Adel« oder frei übersetzt so viel wie »neureich«.

Doch wen interessiert heute noch die Herkunft, wenn das Leben so schön posh sein kann, denken sich alle Snobs. Auf jeden Fall wurden »posh« und »snob« früher einmal mit Punkten geschrieben: »p.o.s.h.« und »s.nob«. Das war lange bevor es die F.D.P. noch gab.

Eine Eingemeindung von Abkürzungen in die Alltagssprache kennen wir ganz selbstverständlich auch von Marken wie »Adidas« (Adolf Dassler) oder im Englischen »Tesco« (*T. E. S*tockwell und Jack *C*ohen). Und wissen Sie, für welche langen Würmer von Namen die Supermärkte »Rewe« und »Edeka« stehen? »Revisionsverband der Westkauf-Genossenschaften« und »Einkaufsgenossenschaft der Kolonialwarenhändler im Halleschen Torbezirk zu Berlin«. Besonders interessant ist der Fall der Märkte von »Aldi«. Die Eigentümer Karl und Theo Albrecht bildeten die Marke nach dem Zweiten Weltkrieg aus den beiden ersten Buchstaben ihres Familiennamens und den ersten Buchstaben des englischen Begriffs »Discount«. »Aldi« ist also gar keine deutsche, sondern eine englische Abkürzung!

Ich will nicht resignieren, aber ich denke, die Entwicklung lässt sich nicht mehr aufhalten: Damit unsere Kommunikation Tempo aufnehmen kann und wir mehr unter einen Hut bekommen können, überlassen wir unser Leben nicht nur immer mehr den Maschinen, sondern werden selbst zu welchen, indem wir immer mehr abkürzen! »Was ich endlich auch gelernt habe, sind die Bedeutungen von ›cc‹ und ›bcc‹«, erzählte Tom noch stolz. Wir alle verwenden diese beiden Abkürzungen jeden Tag. »Denkt mal nach, was sie bedeuten könnten«, forderte Tom seine Eltern in Leipzig auf. »Sie kommen aus dem Schreibmaschinenzeitalter!«

In der anhängenden Liste finden Sie die Erklärungen von 77 englischen Abkürzungen und Akronymen, die Sie kennen sollten. All you have to do is to read the manual – oder wenn ich das noch einmal knackig abkürzen darf: rtm!

77 englische Abkürzungen

AB-END – *ab*normal + *en*ding; was früher in der Bundesrepublik die Mainzelmännchen den Zuschauern entgegengrölten (»N'Aaabend«), tippen heute die Programmierer in aller Welt, um auf einen Abbruch oder Absturz hinzuweisen.

a/c|acc. = account; bedeutet schlicht »Konto«, doch viele Leute halten gerade »a/c« für eine physikalische Abkürzung und assoziieren sie mit Stromschlägen – vielleicht liegt es an den Kontoständen?

AC/DC – alternating current/direct current: Wechselstrom/ Gleichstrom; Angus und Malcom Young tauften so auch ihre Band im Jahr 1973. Längst hat die markante Abkürzung eine weitere Bedeutung hinzugewonnen: »bisexuell«.

AFK – away from keyboard; was im Kaufhaus die »13« (»Die 15 an die 13« bedeutet: »Mitarbeiter Nr. 15 ist auf dem Klo«.), ist AFK unter Tastaturbenutzern. Wenn man ein Buch schreibt, kann man es sich kaum leisten.

AGM – annual general meeting: Jahreshauptversammlung.

AKA|a.k.a – also known as: »auch bekannt als …« Funktioniert so ähnlich wie der Nachsatz »alias«: »Jorge Mario Bergoglio a.k.a Pope Francis«.

AOB – any other business; am Ende jeder Tagesordnung das »Sonstige« oder »Verschiedenes«. Auf Schubladen und im Leben kürzt man es »misc.« ab: »miscellaneous«.

ASAP – as soon as possible; auf gut Deutsch: Machen Se mal hinne!

approx. – approximately; wenn's länger nicht geht! Man könnte ja auch einfach »ca.« schreiben, das bedeutet auch »ungefähr«, ist manchen aber zu kurz.

AR – augmented reality; eine Erweiterung unser Realität? Ohne Drogen? Ist dank Computer inzwischen möglich! Wenn wir zum Beispiel vor einem Restaurant stehen und das Telefon signalisiert: »Nicht reingehen, schlechtes Essen!« Oder wenn auf der Windschutzscheibe unseres Autos Informationen eingeblendet und absichtlich mit dem Straßenbild vermischt werden, zum Beispiel der Abstand zu anderen Fahrzeugen. Oder wenn Sie die App »Word Lens« benutzen, die Sie mal ausprobieren sollten! Sie halten Ihre Kamera auf irgendein Schild mit englischem Text: Dann übersetzt die App nicht nur die Worte, sondern ersetzt sie auch in der passenden Schrift und Größe!

ATTN – for the attention of; »zu Händen« oder »z. Hd.«.

B2B | b-to-b – business to business; jede Form des Geschäfts mit einem anderen Unternehmen. Entsprechend bedeutet »B2C« (»b-to-c«) »business to consumer«: jede Form des Geschäfts mit einem Privatkunden.

B&B | bnb – bed and breakfast; wenn man es ins Deutsche übersetzen möchte, ist es das »Hotel garni« oder die »Pension«. Dort übernachtet man (meistens) in privaten Räumen und frühstückt (meistens) in privaten Küchen und Esszimmern, sodass man (meistens) diejenigen auch ein bisschen kennenlernen kann, die das B&B betreiben. Man sagt: »It's a very nice bnb«, oder: »We did bnb«.

BNT – bridge and tunnel; ursprünglich die abschätzige Beschreibung für alles, was mit Menschen zu tun hat, die nicht in Manhattan wohnen und am Wochenende Brücken und Tunnel benutzen müssen, um am sozialen Leben der Stadt teilnehmen zu können. Inzwischen hat BNT auch im übertragenen Sinne Karriere gemacht. Ein typischer Satz lautet zum Beispiel: »This restaurant is really not my place, it's so BNT!« Zu Deutsch: »Das ist mir viel zu spießig.«

bot – robot; obwohl der englische »robot« schon eine Silbe kürzer ist als unser »Roboter«, ist das den »techies« (das Wörterbuch sagt: »Technikfreaks«) noch nicht kurz genug. Deshalb lassen sie im Netz überall »bots« los. Vielleicht auch, weil das so unheimlich unauffällig klingt, und wir so gar nicht ahnen, was so ein kleiner programmierter Roboter alles kann ...

BRIC – Brasil, Russia, India, China; als Chefvolkswirt von Goldman Sachs in London prägte Jim O'Neill diese Abkürzung im Jahr 2001, um die vier Länder hervorzuheben, denen er die größten Chancen gab, wirtschaftlich zu wachsen. Damit lag er größtenteils auch richtig. (Kritiker sagen, die Vorhersage sei keine Kunst gewesen.) BRIC wurde zum Inbegriff für besonders geschwind aufstrebende Volkswirtschafen. O'Neills neuester Sammeltipp lautet übrigens MINT – Mexico, Indonesia, Nigeria, Turkey.

BYO – bring your own; eine meiner Lieblingsabkürzungen, die ich in Neuseeland kennengelernt habe. Dort durfte ich meinen eigenen Wein mit ins Restaurant bringen. Kann manchmal von Vorteil sein – preislich und geschmacklich. Ist es aber selten in Neuseeland. Zu Deutsch: Selbstversorger.

BTW – by the way; »übrigens«, »am Rande bemerkt«.

cc|c.c. – carbon copy; stammt aus der Zeit der Schreibmaschinen und wurde angeblich schon 1806 (vor den Schreibmaschinen) in England erfunden. Das gesamte 20. Jahrhundert hindurch wurde sogenanntes Durchschlagpapier benutzt, das auch Kohlepapier genannt wurde, weil eine Seite anfangs mit Kohlepartikeln (englisch: »carbon«) eingefärbt war, später zum Beispiel mit Tinte. Der Durchschlag war also die Kopie eines Briefs. Um den Empfänger darüber zu informieren, dass eine Kopie existierte, wurde das meist auf dem Brief »cc« vermerkt (in Deutschland: »zur Kenntnis«). War der Durchschlag vertraulich, also geheim, erhielt der Empfänger des Vertrauens eine Kopie mit dem Vermerk »bcc«: blind carbon copy.

CEO – chief executive officer; wird bei uns meistens als »Vorstandsvorsitzender« übersetzt. Er leitet eine Aktiengesellschaft.

COSA – comfortable outdoor smoking area; »bequeme Sitzecke für Raucher«; unter Kellnern auch »sickbay« genannt, was beim Militär das Lazarett ist.

cu – see you; der totale Internetjargon! »4u« – for you. »4u2c« bedeutet also »for you too see«. So eine Art »cc«.

DIY – do it yourself; für alle Hobbybastler und Heimwerker ist »good old Germany« ein Paradies: »For there are so many great DIY shops!« Zu Deutsch: Baumärkte.

EBT|EBITA – earnings before tax|earnings before interest, taxes and amortisation; der Jahresgewinn eines Unternehmens, von dem allerdings noch nicht Steuern (taxes), zu tilgende Zinsen (interests) oder Abschreibungen (amortisation) abgezogen sind. Also der Bruttogewinn.

EFL|ESL – English as a foreign language, English as a second language; in aller Kürze: der Gegenstand dieses Buchs.

e. g. – exempli gratia (lateinisch); das heißt »zum Beispiel« (absolut gängig, wird nur abgekürzt verwendet).

ER – emergency room; in den USA gängig für die Notaufnahme eines Krankenhauses; in Großbritannien sagt man »A&E« (»accidents and emergencies«) oder »casualty department«, kurz: »casualty«.

FAQ – frequently asked questions; Hersteller oder Dienstleister, die nicht immer dieselben Fragen gestellt bekommen wollen, beantworten sie einfach einmal für alle. Oft sind FAQs aber bloß Fragen, die Ihnen bis eben nie eingefallen wären.

F&B – food and beverages; alles, was mit Speisen und Getränken in Zusammenhang steht: Es könnte ein Posten auf einer Abrechnung sein, die Zuständigkeit eines Mitarbeiters – oder auch einfach nur seine Leidenschaft ...

FYI – for your interest; bedeutet »zur Ihrer/Deiner Kenntnis«.

GIF – graphics interchange format; seit 2012 ein offizielles Wort.

GDP – gross domestic product; Bruttoinlandsprodukt.

GP – general practitioner; überall dort, wo die Queen Königin ist, ist der GP der Hausarzt.

i. e. – id est (lateinisch); das heißt »das heißt« (absolut gängig, wird nur abgekürzt verwendet).

IOU – I owe you; eine Schuldanerkennung, die schriftlich als offizielles Dokument oder mündlich abgegeben werden kann. Die Abkürzung stammt bereits aus dem 18. Jahrhundert und steht für den Klang der Worte, daher »U« für »you«.

k. o. – knockout; das Leben ist ein Boxkampf!

LAA – least acceptable agreement; Berater- und Strategensprache für das absolut Geringste, das Sie aus einer Verhandlung für sich oder Ihr Team herausholen dürfen, ohne sich lächerlich zu machen. Der große starke Bruder von »LAA« ist »MDO« – most desirable outcome: das bestmögliche Ergebnis, das Sie erzielen können.

lb. – pound: Pfund (in den USA häufig lbs. für mehr als ein Pfund); verwirrend für alle, die nichts a) über englische Maßeinheiten und b) über ihren lateinischen Ursprung wissen. Eigentlich ist es einfach: »lb.« ist die Abkürzung des lateinischen »libra«, aus dem sich übrigens auch die Lira und das £-Zeichen ableitet. Spanier nennen das Pfund heute noch »libra«. Es bedeutete im alten Rom ursprünglich »Waage« und wurde bereits dort zur Maßeinheit. In der britischen Händler- und Krämernation wurde daraus eine Währung und eine Maßeinheit. Ein Pfund entspricht ungefähr 0,45 Kilogramm.

LOI – letter of intent; eine Vereinbarung zwischen zwei Geschäftspartnern über ein beabsichtigtes Projekt, also eine

Art Vorvertrag oder Präambel über die gemeinsame Absicht, bevor der endgültige Vertrag steht.

lol – laughing out loud; Internetjargon für »Ich lach mich tot«.

Mif | Tif – milk-in-first | tea-in-first; zwei verschiedene Prinzipien des Teegenusses. Soll schon deutsche Spione in Großbritannien überführt haben, die alles kannten, alles wussten und makelloses Englisch sprachen, bloß mit Mif und Tif nicht wirklich sattelfest waren. Es gibt dazu ganze Abhandlungen und Abendseminare.

MD – managing director; der in Großbritannien gängige Titel für einen Geschäftsführer. Alternativ und in den USA gebräuchlicher: »GM«. Damit ist hier nicht die Automarke General Motors, sondern der »General Manager« gemeint.

MoD – Ministry of Defence; ein weiteres Ministerium der Briten, das (fast) nur in Abkürzungsform existiert, so wie auch das »FCO« – The Foreign and Commonwealth Office, zu Deutsch: das Außenministerium.

moofer – mobile out-of-office worker; ein Beispiel für den Versuch von Konzernen, Abkürzungen zu prägen. In diesem Fall war es Microsoft. Allerdings hat sie sich nicht richtig durchgesetzt, wohl auch, weil sie zu nah am »moo« der (englischsprachigen) Kühe ist. Das »Urban Dictionary« nennt (neben einigen typischen vulgären Erklärungen) auch jene: » A term used to describe a person as resembling a cow«.

n/a | N/A – not applicable; offiziell heißt es bei uns »keine Angaben« und inoffiziell »null Ahnung«.

NMD – never mind; was in den Neunzigerjahren für das amerikanische Raketenabwehrprogramm »National Missile Defense« stand, ist heute ganz einfach »egal«. Gut so!

O.K. – der absolute Klassiker unter den Abkürzungen; denken Sie sich selbst aus, wofür die Buchstaben stehen könnten – es gibt 1001 Theorien. O.K.?

OMG – Oh my god; oh mein Gott, ist das wieder eine lange Liste!

OOO – out of office, oder: »out of order«. Als wäre eine Abwesenheit immer gleichbedeutend mit einer Betriebsstörung!

OTC – over the counter; zu Deutsch: »über den Ladentisch«. Marketingenglisch und -denglisch für alle Waren, die entweder ohne Beschränkungen (zum Beispiel die Verschreibungspflicht durch Ärzte) oder in relativ kleinen Packungsgrößen verkauft werden. Die Bezeichnung soll signalisieren, dass es sich um schnell verkäufliche Massenprodukte handelt.

Oz | fl oz – ounce, fluid ounce; steht auf den Verpackungen fast aller Alltagsprodukte, die man abwiegt. Die Abkürzung »oz« leitet sich vom italienischen Wort »onza« ab. Die Unze ist eine in der englischsprachigen Welt gängige Maßeinheit, und sie entspricht ungefähr 28,35 Gramm. »fl oz« ist die »Flüssigunze«.

PA – personal assistant (EA – executive assistant); sehr gängige Berufsbezeichnungen, obwohl dahinter ja selten eine Berufung steckt. Vielmehr sollen die Jobs als Sprungbretter für die Karriere dienen, damit man irgendwann selber einen oder eine hat.

p. a. – per annum; bedeutet »pro Jahr« (absolut gängig, wird nur abgekürzt verwendet).

POS – parents over shoulder. Erklärung einer 14-Jährigen: »Bin massiv in meiner Handlungsfreiheit eingeschränkt, Eltern stehen hinter mir.«

posh – port out, starbord home; eine alte Abkürzung für die besten Schiffskabinen, bedeutet heute »piekfein«.

PoW – prisoner of war; Kriegsgefangene(r).

PR – public relations; die (wörtlich übersetzt) »öffentlichen Beziehungen« sollen dazu dienen, drei Fragen zu beantworten, die sich manche Personen und fast jedes Unternehmen stellen: Was denken die Menschen über uns? Was sollten sie im Idealfall denken? Und wie stellen wir diesen Idealfall her?

R&D – research and development; Forschung und Entwicklung, zum Beispiel als Abteilung, als Strategie, als Kostenpunkt etc.

re – res (lateinisch) oder regarding; ist im Schriftverkehr das englische Pendant zum deutschen »betr.«, allerdings ohne Punkt! Wird zunehmend auch als Präposition verwendet: »I spoke to the publisher re the book.« Die »Betreffzeile« einer E-Mail heißt übrigens »subject line«.

R. I. P. – rest in peace; »Ruhe in Frieden«.

R. S. V. P – Répondez s'il vous plaît; stimmt, ist französisch, bedeutet »Bitte antworten Sie«, steht aber auf vielen englischsprachigen Einladungskarten.

SEO – search engine optimisation; wer's kennt, kann es einfach nicht mehr hören. Wer's noch nicht kennt, lebt noch glücklich auf einer verpuffenden Wolke aus dem 20. Jahrhundert. Wer im Internet auffindbar sein möchte, nutzt (feine und sehr unfeine) Tricks, um die Auffindbarkeit seiner Internetinhalte in den Suchmaschinen, also vor allem bei Google, zu verbessern.

SNAFU – situation normal, all fucked up; wenn die Kacke dampft (»when shit hits the fan«), sprechen vor allem Amerikaner von »SNAFU«. Auch eine Art, »Mayday« oder »SOS« zu sagen. Funktioniert als Verb und Adjektiv: »We SNAFU«, oder »it's SNAFU«.

snob – sans noblesse (französisch); bezeichnet Menschen, die großen Wert auf viel Status und Besitz legen und auf Menschen mit weniger Status und Besitz hinabsehen. Angesagt ist aber im Moment die Umkehrung der »inverted snobs«: Menschen, die wenig Status und Besitz vorziehen. Sie sind die wahren »Snobs«!

SWOT – strengths, weaknesses, opportunities and threats; seine Stärken, Schwächen, Chancen und Bedrohungen sollte man immer kennen. Bloß was dann?

TBC – to be confirmed; was früher als Abkürzung für Tuberkulose gängig war, bedeutet heute: »muss noch bestätigt werden«. Wenn also in einem Veranstaltungsprogramm steht: »Peter Littger (TBC)«, bedeutet das nicht, dass ich schwer krank bin, sondern, dass meine Teilnahme noch nicht sicher geklärt ist. Varianten sind »TBA« – »to be announced«; »TBD« – »to be defined«.

tbs | tbsp | tbsps – tablespoonful; ein Esslöffel: »You ought to take one tablespoonful of the medicine.« Nicht zu verwechseln mit »tsp« oder »tsps« – »teaspoonful«, also ein Teelöffel.

THX – thanks!

TMI – too much information; der Dünnschiss deiner Kinder interessiert mich nicht. TMI!

TTFN – tata for now; großer Bruder von »BFN« – »bye for now«. Was einmal die Abkürzung für den Britischen Militärsender war (British Forces Network), wird heute ganz zivil als Verabschiedung benutzt: »Erst mal tschüss!« Tata ist keine Abkürzung, obwohl es so wirkt. Briten sagen es zum Abschied, so wie sie auch »cheerio!« rufen.

USP – unique selling proposition (or point); das, was ein Produkt einzigartig und deshalb (hoffentlich) besonders erforderlich und beliebt macht.

UX – User experience; Jargon von Menschen, die anderen Menschen nur die besten Erfahrungen als Konsumenten wünschen. Und wenn die Erfahrung schlecht ist, dann ist das »bad UX«. »BUX« steht hingegen für »Best User Experience«. Nicht, dass Sie demnächst so sprechen sollten. Aber so verstehen Sie es wenigstens.

VAT – value added tax; wir nennen sie »Mehrwertsteuer« (und in der Finanzfachsprache »Umsatzsteuer«). Wer sie nicht mag, sollte die Kanalinseln besuchen: Dort gibt es keine VAT. (Die Preise sind trotzdem fast genauso hoch wie in London.)

WMD – weapons of mass destruction.

WTF – what the fuck; »was zum Teufel« ist das für eine nutzlose Abkürzung? Stimmt nicht! Manchmal ist sie ganz nützlich, um Empörung, Skepsis und Ungläubigkeit (man sagt übrigens »incredulity«) auszudrücken.

xxx – pornografische Inhalte; im Netz bedeuten die drei x immer nur vier Sachen: »suck, squeeze, bang, blow«. (Das ist auch die englische Erklärung, wie eine Flugzeugturbine funktioniert.)

YABA – yet another bloody acronym; wieder so eine dämliche Abkürzung! Großer Bruder von »YAA«: »Yet another acronym«. Dienen beide als ironische Kommentierungen des allgemeinen Abkürzungswahns.

Unendlich viel mehr Abkürzungen und Erklärungen in englischer Sprache finden Sie unter www.abbreviations.com und www.acronymfinder.com.

Supercalifragilisticexpialidocious
Adjektive

19. Kapitel

*Ach, ihr englischen Adjektive! Schön seid ihr und geheimnisvoll.
Mal ellenlang, mal superkurz. Verleiht den Sätzen einen Sinn
und dem Sprecher eine Meinung. Und trotzdem seid ihr eine
Qual – schon weil man euch kaum im Kopf behalten kann!*

Quentin Peel sitzt in seinem Lieblingssessel. Er hat ihn
mitgebracht, als er nach Deutschland kam. So wie den
Schreibtisch, das Sofa, den Zeitungsständer und wohl
auch die Wandfarbe im Ton von Aprikosen. Im Jahr 2010
wurde er Korrespondent der *Financial Times* in Berlin und
zog in den Westen der Stadt, in die Nollendorfstraße 17.
Wie es der Zufall wollte, hatte schon Christopher Isher-
wood hier gewohnt. In Quentins Wohnung! Am Haus-
eingang hängt ein Schild, das an den Schriftsteller aus
London erinnert, der zwischen 1929 und der Machtergrei-
fung der Nazis in Berlin gewesen war und der über seine
Liebesbeziehungen zu Männern in der Stadt geschrieben
hatte. Für Quentin und seine Frau ist dieser Zufall allerdings ohne Bedeutung.

Viel wichtiger sind für ihn die Adjektive! Obwohl man
doch so leicht auf sie verzichten kann, wie alleine der erste
Absatz dieses Textes zeigt. »Im Deutschen kann man das,
im Englischen nicht«, sagt Quentin und lacht vielbedeu-
tend. Er spricht Deutsch fließend – he speaks fluent German. Geradezu fehlerfrei – impeccably! Mit einem leichten
englischen Akzent, der ihn sehr sympathisch macht – with

a light accent that makes him very likeable but don't say »sympathetic« for that means »verständnisvoll«.

Selbstverständlich kennt Quentin den Trick, wie man die deutschen Wörter, die uns in der Grundschule als »Wieworte« vorgestellt wurden, ganz einfach auslassen kann: Man nimmt Hauptworte mit einer ähnlichen Bedeutung und hängt sie aneinander. Anstatt »liebster Sessel« zu sagen, koppelt man »Liebling« und »Sessel« zu »Lieblingssessel«. Doch das überzeugt Quentin nicht: »Auch die deutsche Sprache ist mit schlagkräftigen Adjektiven ...«, er zögert, »... überzeugender und viel schöner – more persuasive and much more beautiful!« Dann lässt er sich noch etwas tiefer in seinen allerliebsten Sessel vor der aprikosenfarbigen Wand sinken.

Quentin ist ein großgewachsener Herr mit sonorer Stimme und grau meliertem Haar – a tall gentleman with a distinctive voice and pepper-and-salt hair. Man kann sich ihn auch leicht als wortgewandten Diplomaten vorstellen – one can easily imagine him being an articulate diplomat. Oder als leicht verschrobenen Gelehrten – an eccentric scholar. Als geduldigen Lehrer – a patient teacher. Als schlauen General – an astute general. Als einfallsreichen Museumsdirektor – an imaginative director of a museum. Oder als Politiker ... nein, nicht als Politiker! Aber alles andere schon, verschmolzen in einer besonderen Aufgabe, die zeitlebens seine Berufung war – blended into one special assignment that has been a lifelong calling: politischer Berichterstatter zu sein, und zwar einer der besten – one of the most acclaimed commentators in and for the United Kingdom!

Fast 40 Jahre lang hat Quentin für die *Financial Times* gearbeitet. Er war für sie in Moskau, Johannesburg und Washington. Und er leitete die Auslandsredaktion in London. »Meine Hauptaufgabe bestand darin, Texte zu kürzen und überflüssige Wörter zu streichen, vor allem die Adjektive. Man darf mit ihnen nicht inflationär um sich werfen!«

Wolf Schneider, der mit Büchern wie »Deutsch für Profis« zu einem bekannten deutschen Sprachpolizisten wurde, warnte einmal sehr anschaulich vor Adjektiven: »Sie legen sich wie Schwabbelfett auf die Wörter.« Damit sie ihre Wirkung entfalten könnten, solle man sie sparsam einsetzen, forderte er – go easy on them! Quentin sieht das genauso – he could not agree more. Und er macht es vor: Wladimir Putin bezeichnete er in einem längeren Artikel als »out of date«, »intransigent« und »authoritarian«: »altmodisch«, »hartleibig« und »gebieterisch«. Damit hatte er über den Russen alles gesagt. Und Angela Merkel nennt er »assertive«, »straightforward«, »determined«: »durchsetzungsfähig«, »schnörkellos«, »zielstrebig«. Außerdem sei sie weder »uncompromising« (»knallhart«, »rücksichtslos«) noch »compromising«. Letzteres sagen deutsche Kommentatoren immer wieder, wenn sie in der englischen Sprache »kompromissbereit« ausdrücken wollen. In Wahrheit bedeutet es jedoch »kompromittierend«, als würde Frau Merkel andere bloßstellen und erniedrigen. Nein, sie höre zu, habe Ahnung und beweise Vernunft. »She is prepared to compromise«, korrigiert Quentin.

Ich frage Quentin, woran es eigentlich liege, dass deutschsprachige Menschen regelmäßig danebenhauen, wenn sie sich Urteile im Englischen herausnehmen? Er denkt nach. In Gesprächen mit Politikern in Berlin sei es ihm auch aufgefallen. »I guess they simply don't know the right terms, but they keep talking nevertheless.«

Wie sehr es bereits drei Buchstaben in sich haben können, das erlebte Katarina Witt im Jahr 2012 im englischen Fernsehen. Arglos übersetzte die frühere Eisprinzessin während der Sendung »Dancing on Ice« die Redewendung »großes Mädchen« und sagte zu einer Kandidatin: »Chemmy, you are a pretty big woman.« Doch »big« bedeutet eben nicht »großgewachsen« (das ist »tall«). Vielmehr beschreibt es eine Menge Körpermasse – »big« is like saying: »You are pretty fat!« Nachdem das Publikum und die Presse Kati Witt für diesen Klopper kleingemacht hatten, erklärte sie voller Reue: »I meant it in a complimentary (*kommpli-mäntri*) way, that she is a tall girl. I am sorry. I think it was really a language thing so sorry, sorry Great Britain.«

Ganz besonders verblüfft es mich immer wieder, wie unheimlich sprachlos viele deutsche Mitmenschen sind, wenn sie über eines unserer Lieblingsthemen sprechen: »Geiz«. Sie scheinen gar nicht zu wissen, wie man »geizig« ausdrückt. Dasselbe gilt auch für »sparsam«. Immer wieder werden diese beiden Begriffe mit »jealous« und »envious« (»neidisch«) oder »greedy« (»gierig«) verwechselt, als sei das alles dasselbe. Versuchen Sie bitte selbst einmal, und halten Sie dabei die rechte Seite zu:

Mein Nachbar ist geizig	My neighbour is miserly. (»miser« = »Geizhals«)
Je älter ich bin, desto sparsamer werde ich	The older I get, the more economical I become.
Geiz ist geil	Tight is right!

Auch im Englischen gibt es einen reichen Strauß an Bezeichnungen für knickerige Leute. Denken Sie nur an den Geizkragen (»scrooge«) in Charles Dickens' Weihnachtsgeschichte. Hier rasch einige andere Wörter, die Sie kennen sollten: »niggardly«, »stingy«, »thrifty«, »parsimonious«, »close-fisted«. Das Wort »avaricious« verbindet tatsächlich die Eigenschaften »geizig« und »gierig«. »Thrifty« eignet sich hingegen, um eine Sache auch einfach als »günstig« zu beschreiben. Genauso wie »economical«, »reasonable«, »inexpensive« oder »low-priced«.

Auf ganz ähnliches Glatteis begeben sich übrigens auch Leute, die gerne mit den launischen Lieblingsurteilen »spießig« und »kleinbürgerlich« um sich werfen. Was heißt denn das noch gleich im Englischen? »Stupid«? Nein! »Small-minded«? Auch nicht. »Narrow-minded«? Möglich. Versuchen Sie es mal mit »smug«, »stuffy«, »suburban«, »petty bourgeois«, »petty minded«, »prissy«, »square«, »philistine«, »pernickety«.

Quentin hat in der Zwischenzeit in seinem Lieblingssessel nach einem Buch gegriffen: »Germania« von Simon Winder über Deutschland und die Deutschen. »Ich habe eine mitreißende Stelle gefunden, die ich vorlesen möchte«, sagt er. Es ist eine Passage, mit der Simon Winder die Eigenschaften seiner Deutschlehrer beschreibt: »stern, bland, desirable (*di-sai-rö-bl*), desiccated, impatient, prim, fiery, resigned, bitter, bilious, despairing.« Quentin ist anzumerken, dass ihn diese Aufzählung begeistert. Und er übersetzt sie mit seinen Worten: »Streng, ausdruckslos und doch begehrenswert! Vertrocknet, ungeduldig, prüde und doch ein wenig glühend! Am Ende nur gleichgültig, verbittert, reizbar und verzweifelt. Besser kann man die Qual gar nicht ausdrücken!« Doch warum hat es der Autor überhaupt auf sich genommen, Deutsch zu lernen? »Weil er nicht gefangen bleiben wollte in dem, was er ›the roomy but overfamiliar cage of English‹ nennt.« Quentin hüpft beinahe aus seinem Sessel vor Aufregung – he is excited, almost thrilled. »Auch das ist eine fantastische Beschreibung«, sagt er. »Ich kenne keine bessere für das Problem der ignoranten Engländer und Amerikaner: Wir sind oft gefangen in unserem geräumigen, übermäßig vertrauten Käfig der englischen Sprache!«

Für mich ist es umgekehrt immer wieder ein lehrreiches Vergnügen, den Worten zu lauschen, die aus dem Käfig der englischen Sprache herausdringen. Zum Beispiel, als Quentin ein wenig später über den neuen Eigentümer der Zeitung spricht, für die Simon Winder arbeitet: der *Evening Standard* in London. »The *Standard* now belongs to a Russian oligarch«, sagt er. »An incalculable character. Insatiable (*inn-säy-schö-bl*). Yet versatile and apt!«

Ach du liebe Meinung! Da war es wieder, und das ganz beiläufig – in passing: das kurze, schnelle und selbstbewusste Urteil über Menschen und Umstände – a quick, strong and confident judgement. Quentin beschreibt den russischen Oligarchen als »unberechenbar«, »unersättlich«, »vielseitig begabt« und »fähig«. Ich kann nicht sagen, ob er damit richtig liegt oder falsch. Aber darum geht es nicht. Mich fasziniert, dass Beobachtungen und Urteile im Englischen oft mit besonderer Wucht und Eleganz daherkommen. Quentin sagt es in einem Atemzug, auf eine bestimmte Art, die mir typisch erscheint für Menschen, die Englisch seit ihrer Kindheit sprechen. Man spürt eine Lust zu beschreiben. Aus der Hüfte zu schießen. Treffsicher. Und das alles doch ganz unaufgeregt – without much ado!

Es darf uns deshalb nicht überraschen, dass im Englischen von früh an großer Wert auf Anschaulichkeit, auf Meinung und auf eine Haltung gelegt wird. Denn erst die Anschaulichkeit gibt den Gegenständen ihre Gestalt. Erst die Meinung kitzelt aus den Gedanken eine Bedeutung. Und erst die Haltung verleiht dem Sprecher eine Position. Nichts ist mir in zwanzig Jahren Pendeln zwischen Deutschland und Großbritannien stärker aufgefallen als die oft krassen Unterschiede im sprachlichen Ausdruck oder besser gesagt: in der Distinktion durch Sprache. Wer sich die Welt im Deutschen bildhaft ausmalt, ihr meinungsfreudig begegnet und eine Haltung an den Tag legt, gilt schnell als verhaltensauffällig. In Großbritannien liegt darin oft der Anfang von Karrieren!

Quentin und ich sind uns deshalb einig: Es gibt noch eine andere Erklärung, warum der englische Ausdruck deutscher Sprecher gelegentlich etwas eintönig, mutlos und weit hergeholt wirkt. Wir sind es einfach nicht in derselben Art gewöhnt zuzuschlagen! Unsere Aussagen sind deshalb das Gegenteil von »spitz« (»acute«): Sie werden von englischen Gesprächspartnern als »stumpf« empfunden, was im Englischen mit »obtuse« übersetzt wird und im übertragenen Sinn auch »stumpfsinnig« und »begriffsstutzig« bedeutet.

Zu dieser Begriffsstutzigkeit trägt auch bei, dass wir dazu neigen, immer dieselben Attribute zu bemühen. Überprüfen Sie sich selbst! Sagen Sie auch ständig ...

crazy – anstatt zum Beispiel »mad«, »pathetic«, »insane«, »silly«, »lunatic«

great – anstatt zum Beispiel »awesome«, »terrific«, »fantastic«, »splendid«, »stunning«, »gorgeous«, »smashing«, »fabulous«, »superb«, »premier«, »classy«, »wicked«, »brilliant«, »epic«, »lovely«, »grand«, »cracking«, »excellent«, »tremendous«, »top«, »hot«, »first-rate«, »first class«, »top notch«

cool – anstatt zum Beispiel alle Vorschläge für »great«

hardcore – anstatt zum Beispiel »dedicated«, »severe«, »intense«, »essential«, »die-hard«, »firm«, »tight«, »sound«, »salient«

important – anstatt zum Beispiel »influential«, »vital«, »major«, »weighty«, »crucial«, »pivotal«, »salient«

stupid – anstatt zum Beispiel »silly«, »foolhardy«, »foolish«, »dumb«, »thick«, »ignorant, »imbecile«, »messed up«

famous – anstatt zum Beispiel »well known«, »celebrated«, »prominent«, »famed«, »popular«, »renowned«, »noted«, »notable«, »eminent«, »pre-eminent«, »leading«, »distinguished«, »esteemed«, »respected«, »venerable«, »august«, »illustrious«, »acclaimed«, »honoured«, »glorious«, »remarkable«, »legendary«, »notorious« und sogar »infamous«

Wer nun im Englischen nach neuer Schlagkraft sucht, sollte nicht länger zögern, sich mit neuen Adjektiven zu bewaffnen. Egal, ob superlang oder superkurz, probieren

Sie in Zukunft einfach ein paar neue und faszinierende Wörter aus: »discombobulated« (»verwirrt«), »flabbergasted« (»verblüfft«), »shambolic« (»chaotisch«), »flashy« (»protzig«), »savvy« (»gerissen«), »sloppy« (»schludrig«), »tacky« (»kitschig«), »touchy« (»reizbar«), »unruly« (»widerspenstig«) oder »stellar« (»herausragend«). Und von wegen, im Englischen gebe es kein Wort für »gemütlich«! Hier ist es: »snug«. Und hier ist noch eins: »comfy«.

Und lassen Sie sich nicht abschrecken! Oft höre ich, dass gerade englische Adjektive verflixt seien, weil man sie sich nicht merken könne und sie zudem unaussprechlich seien – are they difficult to bear in mind and often ineffable? Der Inbegriff für das Problem ist für mich das Kunstwort der Mary Poppins: »supercalifragilisticexpialidocious«. Doch es wirkt bloß intelligent, in Wahrheit entbehrt es jeder sinnvollen Aussage. Ich bin deshalb überzeugt: Wörter, die man einmal verstanden hat, behält man auch!

Quentin Peel ist mittlerweile etwas ungeduldig geworden. Ich merke es daran, dass er auf seinem Lieblingssessel nervös hin- und herrutscht und in immer kürzeren Abständen »sorry« sagt – he appears somewhat impatient and antsy, and he utters the occasional »sorry«, indicating that he would like to wrap up our afternoon meeting. Also erhebt er sich aus seinem Lieblingssessel, um mich zu verabschieden.

Zum Abschluss gibt er mir noch eine Bemerkung mit auf den Weg: »Brits and Germans are bedevilled by mutual misunderstandings.« »Bedevilled«? »Verteufelt«? Nein! »Verhext«? Auch nicht. Sie sind einfach nur »geplagt« von gegenseitigen Missverständnissen. Diese amerikanische Formulierung, die er selbst gerne benutze, habe er als Korrespondent in Washington aus den USA mitgebracht. Sozusagen für mich. Ich bedanke mich und sage noch, dass sie ja tatsächlich wie gemacht sei für dieses Buch.

PS: Falls Sie am Ende doch Schwierigkeiten haben, sich englische Adjektive zu merken, dann habe ich einen praktischen Tipp: Sie können sich mit der Endung »-ish« leicht eigene Attribute zusammenbauen. Das funktioniert ähnlich wie mit unseren Endungen »-mäßig« oder »-artig«. Und falls Sie außerdem nicht so fest zuschlagen wollen, dann können Sie auf diese Weise sogar das Urteil ein wenig abmildern – »-ish« lessens judgements in intensity:

The wall is yellowish	Die Wand ist ein bisschen gelb
His present was smallish	Sein Geschenk war ein bisschen klein
We'll drop by at eight-ish	Wir kommen gegen acht vorbei
He is tall-ish and behaves a bit prima donna-ish	Er ist ziemlich groß und verhält sich etwas divenhaft
This book chapter was again a bit over-the-top-ish weisenheimer-ish	Ja, vielleicht. Dafür kennen Sie jetzt eine ausgezeichnete englische Beschreibung für besserwisser-isch

Wir landen kurz und heben dann wieder ab!
Briten gegen Amerikaner

Von wegen Englisch versteht jeder – welches denn? Briten und US-Amerikaner liegen sprachlich so weit auseinander, dass sie sich manchmal nicht einmal zu einem Telefonat verabreden können! Umso wichtiger ist es, dass wir die feinen Unterschiede kennen.

Wer glaubt, dass Briten und Amerikaner uns brauchen, um sich über schräges Englisch zu amüsieren, der irrt. Schließlich haben sie sich gegenseitig – after all, they have one another!

So käme es John, meinem lieben Kollegen aus den USA, niemals in den Sinn, »codswallop« oder »rubbish« zu sagen. Oder gar »bollocks«, was wörtlich übersetzt »Hoden« bedeutet! Die Briten sprechen mit diesen Wörtern über »Unsinn«, »Stuss« oder »Schwachsinn«. Auch die Beschreibungen »daft« oder »naff« klingen in Johns Ohren so wie das, was sie in Großbritannien bedeuten: »bekloppt« und »billig«.

Richard hingegen, mein Telefonjoker aus England, wirft sich am anderen Ende des Atlantiks weg, wenn amerikanische Touristen zuhauf mit ihren »fanny packs« um die Ecke biegen. Dabei sind das in den USA bloß »Gürteltaschen« und nicht ... ja was? Um britische Hüften herum heißen sie »bum bags«, was auch nicht sonderlich elegant klingt, aber durchgeht, denn »bum« ist nur ein »Hintern«.

Der hat in den USA die Bedeutung von »fanny«. Das wiederum ist in England eine Beschreibung für »Vagina«.

Im vergangenen Sommer verbrachte ich wieder eine längere Zeit in den USA. Seitdem weiß ich, dass es ein Leichtes wäre, dieses Buch nur mit den Irrtümern und Missverständnissen der zwei Nationen zu füllen, die durch eine gemeinsame Sprache getrennt sind – »two nations divided by a common language«. Diesen treffenden Satz über Briten und US-Amerikaner soll ein Mann geprägt haben, der gewissermaßen zwischen den »fannies« und den »bums« zur Welt kam: George Bernard Shaw. Er erhielt 1925 den Nobelpreis für Literatur und stammte aus Irland.

Wer nun glaubt, die Unterschiede hätten sich vielleicht dadurch bereinigt, dass Englisch in den vergangenen hundert Jahren zur Weltsprache geworden ist, der irrt gewaltig. Sie sind nicht nur nicht verschwunden, sondern haben sich sogar verstärkt! Deshalb dürfen wir den atlantischen Ozean auch weiterhin als riesengroßen Sprachgraben begreifen, an dessen westlichem Ende »fanny« völlig ok ist, während man im Osten darüber kichert und rot wird. Dasselbe gilt umgekehrt für »fag«: Was in Großbritannien eine gewöhnliche »Zigarette«, ist in den USA eine »Tunte«. Man sollte vielleicht einen Übersetzungsdienst gründen, um Amerikanern und Briten zu helfen sich besser zu verstehen. Ich würde ihm den Namen »fanny & fag« geben!

Nun nehme ich an, dass Ihnen das Problem schon vertraut ist: Briten und Amerikaner sprechen (oft) nicht dieselbe Sprache. Wir haben das ja alle in der Schule gelernt. Briten schreiben: »colour«, »cosy« »centre«, »to realise«, »to fulfill«, »traveller«. Amerikaner schreiben: »color«, »cozy«, »center«, »to realize«, »to fulfil«, »traveler«.

Auch in der Aussprache unterscheiden sie sich, was damit anfängt (oder besser gesagt: aufhört), dass die Briten das »Z«, also den letzten Buchstaben im Alphabet, wie *»sed«* und die Amerikaner wie *»sie«* aussprechen. Ein anderer bemerkenswerter Unterschied ist »th«, also das von uns gefürchtete *Tie-äytsch:* Während es in den USA oft klingt wie ein weiches gerapptes »d«, klingt es aus den spitzen Mündern vieler Engländer wie ein »f«. Achten Sie mal darauf!

Vor allem aber benutzen die beiden Völker eine unendlich lange Latte verschiedener Wörter für dieselben Bedeutungen, und zwar nicht nur für die zotigen, die ich schon verraten habe. Den Flugsteig nennen Amerikaner »jetway«. Briten sagen »air jetty« oder »air bridge«, was nicht verwechselt werden darf mit einer Luftbrücke wie der »Berlin Air Bridge«. (Am Rande sei bemerkt, dass unsere denglische Bezeichnung »gangway« den Gang durch ein Flugzeug und nicht die Brücke dorthin bezeichnet.)

Bestimmt sind Ihnen noch viele andere Beispiele vertraut wie »autumn« und »fall« (Herbst), »bill« und »check« (Restaurantrechnung), »filling station« und »gas station« (Tankstelle), »queue« und »line« (Warteschlange), »lorry« und »truck« (Laster), »shop« und »store« und so weiter.

Hier nun 25 weitere Wortpaare, die Sie vielleicht auch kennen sollten:

British English	American English	Übersetzung
bill	note	Geldnote
bird	chick	Küken (junge Frau)
bloke	dude	Kumpel
curriculum vitae (CV)	résumé	Lebenslauf
(baby) dummy	pacifier	Schnuller
engaged	busy	besetzt (Leitung)
ground floor	first floor	Erdgeschoss
first floor	second floor	erster Stock
full stop	period	Punkt, Endpunkt
gherkin	pickle	Essiggurke
inventory	stock	(Lager-)Bestand
ladybird	ladybug	Marienkäfer
loo, bog, khazi	pot, can, john	Klo
petrol	gas	Kraftstoff
plaster	band-aid	Pflaster
post code	zip code	Postleitzahl
purse	wallet	Geldbörse
rubber	eraser	Radiergummi
smart-arse	smart-ass	Schlaumeier
sponge bag	toiletries bag|toiletry kit|Dopp	Kulturbeutel
torch	flashlight	Taschenlampe

British English	American English	Übersetzung
trolley	cart	Einkaufswagen
underground	subway	U-Bahn
value added tax (VAT)	sales tax	Mehrwertsteuer
wasp	yellowjacket	Wespe
Wellingtons (wellies)	rubber boots	Gummistiefel

Dass Amerikaner längst nicht immer zur kürzeren Form neigen, beweisen die knackigen britischen Wörter »flat«, »lift«, »plane«, »pram« oder »tap«. Im amerikanischen Englisch sagt man zu ihnen »apartment«, »elevator« »airplane«, »baby carriage« oder »faucet«. Wenn Sie noch mehr über diese Unterschiede erfahren wollen, besorgen Sie sich das Buch »A to Zed, A to Zee – a Guide to the Differences Between British and American English« von Glen Darragh.

Nun habe ich beobachtet, dass die heftigsten Missverständnisse von unscheinbaren und zugleich identischen Wörtern ausgelöst werden. Ein witziges Beispiel dafür sind »pants«. Überprüfen Sie damit doch einmal spontan, von welcher Seite des Sprachgrabens Sie stärker geprägt wurden: Bedeuten »pants« Hosen oder Unterhosen? Das Problem habe ich damit bereits erklärt. Für Briten sind »pants« (immer Mehrzahl) »Unterhosen«. Für Amerikaner sind sie gewöhnliche Hosen, die der Brite wiederum »trousers« nennt. Wenn Sie nun der Forderung eines Arztes folgen wollen, der »please take off your pants« sagt, wäre es wichtig zu wissen, ob er Amerikaner oder Brite ist.

Für uns Deutsche sind viele dieser Fallstricke und Feinheiten fremd. Umso besser ist es, dass wir sie kennen, um in dem Wirrwarr nicht verloren zu gehen. Die Gefahr ist schließlich groß, dass wir nur die Hälfte kapieren und selbst Missverständnisse erzeugen. Etwa, wenn wir in London arbeiten und einer Kollegin in New York vorschlagen: »I will give you a ring tomorrow!« Es darf Sie dann nicht wundern, wenn sie kurz zögert und verlegen antwortet: »Sorry, I am undivorced – ich bin verheiratet.« Dabei wollten Sie der Dame keinen Ring schenken, sondern sie bloß anrufen (»to ring«). Die Briten sagen es schließlich immer so!

Selbstverständlich könnten wir als deutschsprachige Außenstehende den oft kleinen, aber manchmal auch sehr großen und prinzipiellen Differenzen zwischen Briten und Amerikanern jederzeit ahnungslos und unbefangen begegnen. Ich würde allerdings immer die stille Kenntnis vorziehen. Wer sie richtig im Alltag einzusetzen weiß, kann auf beiden Seiten des Sprachgrabens punkten. Das fängt ganz leicht damit an, zwischen britischen Ferien (»holiday« – Einzahl!) und den amerikanischen (»vacation« – Einzahl!) zu unterscheiden. Ein besonders dezentes Erkennungszeichen haftet an jedem Wochenende: In Großbritannien sagt man »at the weekend« und in den USA »on the weekend«. Wenn Sie beginnen solche Feinheiten zu beherrschen, tappen Sie schon bald nicht mehr in die »fanny & fag«-Falle!

Wären da nicht noch die Verwirrspiele, die sich beide Seiten absichtlich leisten! So lassen Amerikaner immer häufiger das Wort »not« aus, wenn sie etwas verneinen wollen. Früher sagte man überall: »I couldn't care less.« Der Satz bedeutet sinngemäß: »Es interessiert mich einen Dreck.« Die neuere amerikanische Kurzversion lautet: »I could care less.« Das drückt eigentlich aus, dass es noch etwas dreckiger werden könnte. Meinen Telefonjoker Richard in London regt diese Ungenauigkeit auf, auch, weil sie langsam Einzug im britischen Sprachgebrauch hält.

Andere importierte Wendungen aus den USA sind »funner«, als grammatikalisch nicht einwandfreie Steigerung von »fun«. Und »healthful«. Sie bedeutet, dass etwas der Gesundheit dient, und wurde ausgerechnet von einem anderen Nobelpreisträger für Literatur geprägt: dem Amerikaner Saul Bellow. Wer will da noch behaupten, dass es schlechtes Englisch sei?

»Fiddlesticks! I do!«, ruft Richard. Er ist überzeugt, dass mit »healthy« alles gesagt ist. Und wer unbedingt über den Nutzen sprechen möchte, solle es ausführlich machen: »something is conducive to good health«.

Unter Sprachwissenschaftlern hält sich übrigens die Annahme, dass die britische Form des Englischen die neuere, moderne ist – ganz einfach, weil die Einwanderer aus Europa in Amerika ihr Englisch bewahrten, während es in der alten Heimat weiterentwickelt wurde. Ein bekanntes Beispiel für diese Annahme ist der Gebrauch von »gotten« in den USA. Es wurde als Partizip von »to get« (bekommen) vor zweihundert Jahren in England benutzt und ist dort inzwischen auf »got« verkürzt worden: »I have gotten« (USA) – »I have got« (UK).

Doch ganz gleich, ob britisches Englisch tatsächlich moderner ist oder nicht: Ich finde es oft vielseitiger im Wortschatz (gut!), aber genauso oft auch bemühter im Ausdruck (anstrengend!). Nehmen Sie nur britische Sätze und Worte wie:

- I am feeling peckish – Ich schiebe Kohldampf
- The queue behaviour at the lift was utterly shambolic – Das Verhalten in der Warteschlange am Lift war ausgesprochen chaotisch
- Blimey! (God blind/blame me) – Wahnsinn!
- Die Verabschiedung »Cheerio«
- Kerfuffle – ein Wort mit schottischem Ursprung, das es sich in unserem Mund so bequem macht wie die deutsche »Kartoffel«. Ich höre es immer häufiger im Vereinigten Königreich und in den Vereinigten Staaten. Und es bringt alles, was ich hier ausführe, wunderbar auf einen Punkt: »Wirrwarr, Durcheinander, Wirbel, Gedöns«

Die britische Art, Englisch zu sprechen, wirkt pointiert und bestechend und kann zugleich ziemlich affektiert und arrogant, kauzig und abgehoben klingen. Genau diese Mischung ist es, die Amerikaner an den »Britishers«, wie die Briten in den USA auch genannt werden, schätzen. Boris Johnson, der exzentrische Bürgermeister von London, der ausgerechnet in New York geboren wurde (und somit wie schon Winston Churchill Amerikaner ist!), verleiht den typisch britischen Eigenschaften für das amerikanische Publikum ein Gesicht. Als er im Frühjahr 2012 auf David Lettermans Fernsehsofa saß, erklärte er die USA kurzerhand zu einer geistigen Kolonie

Londons: »I regard America as the proudest creation of London. It was the idea of liberty and democracy, Habeas corpus and freedom of speech that grew up in 18th century London ...«. Als der Gastgeber sein Gesicht immer stärker und schmerzvoller verzerrte, fragte Johnson nach: »Would you not say?« Doch David Letterman war so schockiert darüber, wie sich Johnson bemühte, die USA klein- und Großbritannien großzureden, dass er den drolligen Bürgermeister mit gespielter Freundlichkeit unterbrach: »You're fine. You're among friends. Calm down!« Dem Applaus hat es gedient: Das Publikum liebt solche Schaukämpfe der beiden stolzen Nationen.

So wundert es mich nicht, dass in letzter Zeit immer mehr Briten Fernsehsendungen in den USA moderieren. Allerdings funktioniert das manchmal nicht. So wie mit dem englischen Boulevardjournalisten Piers Morgan, der im Januar 2011 bei CNN den Sendeplatz von Larry King übernommen hatte, aber bereits wieder von der Bildfläche verschwunden ist. Er litt unter einer zu großen britischen Arroganz (anstrengend!) und legte sich mit der US-Waffenlobby an (gut!).

Der Star unter den Briten in den USA ist im Moment der Satiriker John Oliver. Seine bissigen Kommentare in der HBO-Sendung »Last Week Tonight« sind großartig, und das auch, weil er nicht nur mit vielen Unsitten der Amerikaner ins Gericht geht, sondern immer wieder auch mit gekonnter Selbstironie die Europäer, die Briten und sich selbst hochnimmt. (Sie können viele Folgen bei YouTube sehen.)

Dass gerade der Austausch von Gehässigkeiten zwischen Briten und Amerikanern eine große Tradition hat, haben nicht nur die Filme »Gosford Park« des Amerikaners Robert Altman über die britische Oberschicht und »American Beauty« des Briten Sam Mendes über die amerikanische Mittelschicht gezeigt. Auch die abschätzigen Formulierungen »English mouth« (über die faulen Zähne der Briten) und »loudmouth« (über großspurige Amerikaner) bringen es auf den Punkt.

Ricky Gervais, Erfinder der Comedyserie »The Office«, hat den Briten in der alten Rivalität den wohl größten Punktsieg der letzten Jahre eingebracht. Dreimal durfte er die Preisverleihung der »Golden Globes« moderieren und dabei reihenweise amerikanische Schauspieler beleidigen. Vor allem aber ließ er keinen Zweifel daran, wie gehässig und gleichzeitig extrem unterhaltsam sein Volk sein kann. (Schauen Sie sich unbedingt auch diese Auftritte bei YouTube an!)

Sogar auf der Ebene der hohen Diplomatie schenken sich beide Seiten nichts. Dass britische Soldaten im Jahr 1814 das Weiße Haus niederbrannten, überrascht uns nicht. Verblüffend ist allerdings, was sich der britische Botschafter in Washington im vergangenen Jahr erlaubte: Er brachte die amerikanische Regierungszentrale in Form einer großen Torte noch einmal zum Brennen. Per Twitter verkündete er: »Commemorating the 200th anniversary of burning the White House. Only sparklers this time!« Diesmal nur Wunderkerzen.

Die Aufregung, die folgte, zeigt, wie speziell die Beziehungen auch heute noch sind. Britischer Humor wird in den USA nicht immer verstanden, und amerikanischer Humor wird in Großbritannien oft vermisst.

Damit Sie in Zukunft nicht unfreiwillig gehässig oder unterhaltsam wirken, möchte ich Ihnen drei Formulierungen mit auf den Weg geben, vor denen mich John und Richard gewarnt haben. Sie werden recht unterschiedlich verwendet und verstanden:

1. In britischen Flugzeugen hören Sie die Durchsage: »We will land in a moment.« In amerikanischen Flugzeugen hören Sie: »We will land momentarily.« Briten verulken gerne die amerikanische Version, weil sie klingt wie: »Wir werden jetzt ganz kurz landen (aufsetzen) und dann wieder abheben.« Richard erkennt auch hier eine sprachliche Ungenauigkeit der Amerikaner, die unter Kollegen zu Verunsicherungen führen kann: »Mrs Brown will be with you momentarily.« (Sie hat nur ganz kurz Zeit, obwohl es bedeuten soll: Sie ist jeden Moment bei Ihnen.)

2. Wenn Sie ohne Hintergedanken von einem Vorhaben oder einer konkreten schematischen Darstellung sprechen wollen, dann seien sie vorsichtig mit dem Wort »scheme« (gesprochen: *skiem*). Es ist immer wieder herrlich, wie sehr es Amerikaner verstört, wenn es britische Kollegen sagen. In amerikanischen Ohren scheint »scheme« so abschreckend zu klingen wie Steuerhinterziehung, Geldwäsche und Drogenhandel zusammen. Plus alles andere Illegale. Wer also nicht zu fragwürdigen, möglicherweise mafiösen Plänen neigt, würde sich in den USA niemals einen »scheme« zu eigen machen. Dass es die Briten trotzdem tun, erklärt für mich, warum sie in den USA auf viel Bewunderung und zugleich Ablehnung stoßen.

3. Wenn Sie in den USA auf jemanden sauer sind, sagen Sie: »I am pissed (at …)«. Wenn Sie sich in Großbritannien zu viel hinter die Binde gekippt haben und sternhagelvoll sind, sagen Sie auch: »I am pissed.«

Doch wie sang der Brite Gordon Matthew Thomas Sumner, der sich »Sting« nennt, in seiner Ballade über den Engländer in New York so treffend? »Be yourself, no matter what they say!«

Word wedding
Wortpaare (mit Liste)

21. Kapitel

Warum mit Müh und Not komplizierte Sätze formulieren, wenn's kurz und bündig geht? Wir kennen es aus dem Deutschen: Fügen Sie einfach zwei Worte zusammen, und schon versteht Sie Gott und die Welt viel besser – solange Sie nicht »god and the world« sagen!

Als ich meinem Freund Axel (der aus Wuppervalley!) von diesem Kapitel erzählte, verstand er mich zuerst nicht: »Was hat denn das für einen Sinn und Zweck?«

Für mich war das ein schöner Anlass, eine Erklärung als »Limerick« zu dichten:

*Wer zwei Worte reimt
und mit »und« verleimt,
wird rasch sehen, dass die Leut' ihn verstehen,
weil sein Gedanke spielend in den Köpfen keimt.*

Axel, der viele Jahre in New York gelebt und gearbeitet hat, verstand mich aber erst, als ich ihm drei Worte an den Kopf warf – he finally got my point when I told him a simple phrase: »hire and fire«.

»Ah!«, sagte er und war auf einmal hin und weg: »Du meinst diese praktischen Sprüche, die man überall hört und auf einen Schlag kapiert? Diese kurzen und bündigen Kommandos, die ich selbst so oft in Präsentationen und Vorträgen benutze?«

Blitz und Donner, genau die!

Eine Reihe dieser englischen Wortpaare haben wir längst in unser Alltagsdenglisch übernommen. Eine Übersetzung kann ich mir deshalb ersparen: »copy and paste«, »pros and cons«, »trial and error«, »quick and dirty« oder »plug and play«.

Wer nun den Sinn und Zweck dieser sprachlichen Fertigkost ergründen will, der stellt rasch fest, dass uns die meisten Wortpärchen als Gebrauchsanweisungen fürs Leben dienen: »bed and breakfast«, »cash and carry«, »park and ride«, »wait and see« oder »wheeling and dealing«. In manche Köpfe sind sie sogar eingebrannt wie Gesetze, wenn ich nur an »law and order« denke. Und gelegentlich sind sie beides, so wie der »Gin and Tonic«, das Getränk, das über die letzten Jahre hinweg auch zur Pflicht auf jeder deutschen Party geworden ist.

Einige besonders schöne Beispiele erzählte mir mein amerikanischer Nachbar Irwin Collier, ein Professor für Wirtschaftswissenschaften, der das John-F.-Kennedy-Institut in Berlin leitet. Als er an der Yale University in New Haven war, wurden bestimmte Studienfächer mit dieser Art von Reimen umschrieben und zugleich verballhornt – some of the classes were dubbed and spoofed in that rhyming fashion:

Cowboys and Indians – Geschichte des amerikanischen Westens

Cops and Robbers – Kriminalwissenschaft

Nuts and Sluts – (»Verrückte und Nutten«) Psychologie des Abnormen. Die Ärzte untersuchen besonders merkwür-

dige und krankhafte Fälle, zum Beispiel Menschen mit
Angst vor Kühlschränken oder erotischen Beziehungen
zu Bäumen.

Als besonders ehrgeizig in der englischen Wortpaarung
fallen mir übrigens ausgerechnet die früheren deutschen Staatsbetriebe auf. So führte die Telekom bereits
zu Urzeiten des Internet den »Call and Surf«-Tarif ein.
Unfreiwillig muss ich dabei an das Gericht »Surf and
Turf« denken: Da treffen sich toter Fisch und totes Vieh
auf einem Teller. Die Lufthansa betreibt seit mehr als
zwanzig Jahren ihren Kundenverein »Miles and More«.
Und die Deutsche Bahn scheint einen eigenen Vorstand
für flottes Reimen zu beschäftigen, wenn ich nur einen
kurzen Blick auf ihre Angebote werfe: »Bahn and Bike«,
»Touch and Travel«, »Lost and Found«, »Track & Trace«,
»Partner & Friend«. Hinzu kommen Bahn- und Flugti-
ckets »Rail and Fly«, die Bahn und Lufthansa gemeinsam anbieten.

Dass auch wir im Deutschen gut und gerne Wörter ver-
heiraten, kommt uns natürlich zugute: So wissen wir die
Vorzüge zu schätzen, sich (manchmal) klipp und klar auszudrücken anstatt mit Ach und Krach lange, komplizierte
Sätze zu bilden. Wenn ich bloß an so prägnante Pärchen
wie »Angst und Schrecken«, »Brief und Siegel«, »drunter
und drüber«, »dumm und dämlich« oder »kreuchen und
fleuchen« denke.

Dabei ist es kein Nachteil, dass sich längst nicht alle
Wortpärchen reimen. Schließlich wäre es allzu langweilig, wenn es bloß Verbindungen wie »Lug und Trug«

oder »Sack und Pack« gäbe. Vor allem wäre es eine viel zu kleinkarierte Bedingung, die etwa »Hinz und Kunz« oder »sang- und klanglos« verböte. Während »Hinz und Kunz« ein absichtlich schlechter Reim ist, um die beiden Gesellen noch lausiger wirken lässt, grenzt »sang- und klanglos« an Genialität, weil es den Reim zuerst erzeugt (»sang und klang«), ihn aber umgehend wieder aufhebt (»los«). Damit lässt sich der ganze Schmerz über das, sagen wir mal, sang- und klanglose Ausscheiden einer Fußballmannschaft kurz und schmerzlos auf den Punkt bringen.

Was die Alltagsreime in Wahrheit ausmacht, ist das fröhliche Zusammenspiel der Wortbedeutungen. Sie sind entweder bewusst ähnlich wie bei »doom and gloom«, »signs and symbols«, »Risiken und Nebenwirkungen«, »body and soul« oder »Tuten und Blasen«. Oder sie leben davon, dass beide Wortpartner grundverschieden sind, sich also widersprechen: »give and take«, »Licht und Schatten«, »Berg und Tal«, »ups and downs«. Höchstspannung entsteht dann, wenn es einem Sprecher gelingt, Unklarheit darüber zu erzeugen, ob ein Wortpaar nun einen inneren Widerspruch hat oder nicht. Klaus Wowereit ist das gelungen, als er Berlin »arm und sexy« nannte. »Poor and sexy« ist mittlerweile in aller Welt der englischsprachige Inbegriff für die deutsche Hauptstadt.

Doch darf uns das Beispiel nicht zur Illusion verleiten, es sei a) einfach und b) immer möglich, deutsche Wortpaare samt und sonders ins Englisch zu übersetzen oder umgekehrt. So hat mir zwar die Kreativität der Jungen Union gefallen, die den englischen Appell, die Ruhe zu bewahren, der aus der Zeit des Zweiten Weltkriegs stammt (»Keep calm and carry on«), während des letzten Bundestagswahlkampfs ummünzte in: »Ruhig bleiben und Kanzlerin wählen.«

Andererseits sieht man bereits am Klassiker der Wortpaare, dem lateinischen »panem et circenses«, wie unmöglich oft eine direkte Übersetzung ist: Im Deutschen sagen wir »Brot und Spiele« (weil »Zirkusse« nicht gut klingen würde), im Englischen sind es hingegen »bread and circuses«.

Fest steht: Direkte Übersetzungen deutscher Wortpaare erzeugen oft nur unverständlichen Wortbrei. Ich bin zum Beispiel einmal am Lieblingsfluch meiner Mutter ganz übel gescheitert: »Verflixt und zugenäht.« Sagt man »damn and sewn up«? Natürlich nicht! »Damnation« und »Bleeding hell« wären wohl am nächsten dran.

Was die deutschen Wortpaare von den englischen vor allem unterscheidet, ist unser zwanghafter Drang, sie mit demselben Buchstaben beginnen zu lassen. Das Phänomen der sogenannten Alliterationen gipfelte bereits in Versuchen deutscher Politiker, auf Konferenzen »Kinder, Küche, Kirche« ins Englische zu übersetzen: »Children, kitchen, church«. What?

Hier einige andere Beispiele missratener Übersetzungen, die ich in den vergangenen Jahren gehört habe: »with folding and breaking«, »to pay it back twofold and threefold«, »stinking and lying«, »to be on fire and flame«, »with skin and hair«, »coffee and cake«, »clipp and clear«, »over stick and stone« oder »open door and gate«. Und hier nun die verständlichen englischen Übersetzungen dazu:

auf Biegen und Brechen	it's make or break; hell-or-high-waters
es doppelt und dreifach zurückzahlen	to pay back ... with interest.
erstunken und erlogen	a pack of lies
Feuer und Flamme sein	to be on fire; to be hooked
Haus und Hof	house and farm
mit Haut und Haar	completely; lock, stock and barrel
Kaffee und Kuchen	–
klipp und klar	point-blank; to lay it on the line; it is as clear as the daylight
Sturm und Drang	sturm und drang
über Stock und Stein	across the country; over hetch and ditch
Tür und Tor öffnen	to open the floodgates to ...

Wenn Sie in Zukunft im Englischen mit Klarheit und Originalität punkten wollen, bedienen Sie sich einfach aus der folgenden Liste von alltäglichen Wortpaaren. Ich habe einfach mal meine 88 Lieblingsreime und ihre Bedeutungen für Sie aufgeschrieben:

88 praktische Wortpaare

Wortpaare mit Substantiven

ayes and nays – Ja- und Neinstimmen

aches and paines – Schmerzen

airs and graces – Starallüren

apples and pears – Treppe (Ein bekanntes Beispiel für den Londoner »Cockney Rhyming Slang«: Das Wortpaar für »Äpfel und Birnen« reimt sich auf »stairs«; man sagt nur »apples«: »Walking down the apples.«)

arts and crafts – Kunsthandwerk

bed and breakfast – Frühstücksherberge

beer and lemonade – Alsterwasser

(the) birds and (the) bees – Sexualkunde für Kinder

body and soul – unsere gesamte (materielle und immaterielle) Existenz

bread and butter – das Normale (zum Beispiel Alltagstätigkeit, Alltagsverdienst und vieles Alltägliches mehr); ursprünglich: Butterbrot

bricks and mortar – 1. Immobilien; 2. im übertragenen Sinn alles, was noch aus Ziegeln und Mörtel gebaut ist, also kurz gesagt: Wirtschaft vor der digitalen Zeit. Oder noch kürzer: 20. Jahrhundert

casks and cases – Rollgut

elders and betters – Respektpersonen

flotsam and jetsam – Strandgut

frills and furbelows – Firlefanz

hit-and-miss – wechselnder Erfolg (nicht zu verwechseln mit »hit or miss«: »aufs Geratewohl«)

hustle and bustle – Halligalli, Rummel

ins and outs – Besonderheiten

Jack and Jill – Durchgangsbadezimmer

movers and shakers – Macher und Querdenker

meat and potatoes – das Wesentliche (vor allem in den USA)

nuts and bolts – das Einmaleins einer bestimmten Sache

pepper and salt – Leute mit grau meliertem Haar

pros and cons – Vor- und Nachteile

signs and symbols – Legende

slings and arrows – Gehässigkeiten

smoke and mirrors – Blendwerk

son and heir – Stammhalter

the Stars and Stripes – Sternenbanner (Flagge der USA)

surf and turf – Proteinbombe! (bedeutet wörtlich »Brandung und Weide« und steht für ein Hauptgericht aus Meeresfrüchten, meistens Hummer, und Fleisch, meistens Filet)

trial and error – Versuch und Irrtum

twists and turns – Irrungen und Wirrungen

ups and downs – Schwankungen

wheeling and dealing – Machenschaften, Seilschaften, Kungelei, Klüngel

Wortpaare mit Verben

to cash and carry – Waren zu günstigen Preisen kaufen und selbst abholen

to bow and scrape – sich an jemanden ranwanzen oder anschleimen

to dine and dash – Zeche prellen

to grin and bear (it) – gute Miene zum bösen Spiel machen

to hire and fire – Mitarbeiter unkompliziert einstellen und wieder kündigen (für mich bedeutet es: keine Loyalität gegenüber Mitarbeitern zeigen und sie auch nicht von ihnen verlangen)

to hit and run – Fahrerflucht begehen

to kiss and tell – eine (eigene) Affäre öffentlich machen

to meet and greet – ungezwungenes Zusammentreffen mit Personen des öffentlichen Lebens (funktioniert auch als Ausdruck für das schöne deutsche »Stelldichein«)

to name and shame – jemanden öffentlich bloßstellen

to pick and choose – Rosinen picken

to pinch and scrape – kleinlich sein

to pitch and toss – schaukeln

to plug and play – kinderleicht bedienen, ohne Zeit mit Anleitungen verschwenden zu müssen

to puff and blow – keuchen

to rant and rave – herumwettern

to rock and roll – wiegen und wälzen

to show and tell – etwas zeigen und erklären (Ausbildungs- und Erziehungsprinzip, vor allem für kleine Kinder)

to sort and shelve – einsortieren

to stop and go – zäh fließender Verkehr (er hat noch keinen Stau gebildet; der Begriff wird im übertragenen Sinn auch für andere Abläufe und Prozesse als den Straßenverkehr verwendet.)

to toil and moil – sich abrackern

touch and go – auf Messers Schneide (wird als Adjektiv verwendet)

to um and err – herumdrucksen (auch: to hem and haw)

to wait and see – abwarten und Tee trinken

to walk and talk – alles Wichtige im Gehen besprechen (nicht zu verwechseln mit »walk the talk« – seinen Worten Taten folgen lassen)

to wine and dine – fürstlich essen

Wortpaare mit Adjektiven

above and beyond – zusätzlich

back and forth – hin und her

bold and simple – plakativ

born and bred | born and raised | born and reared – waschecht aus ...

bright and cheerful – poppig

by and large – insgesamt

cloak and dagger – heimlich, geheimnisumwittert

fair and beautiful – wunderschön

fair and square – offen/anständig und ehrlich

first and foremost – vorrangig zu besprechen

fit and proper – sehr passend

free and easy – ungezwungen

hard and fast – verbindlich

hither and thither/to and fro/back and forth –
    hin und her

onwards and upwards! – Weitermachen! (Kopf hoch!)

open and unbiased – ergebnisoffen

out and about – unterwegs

poor and sexy – Berlin

quick and easy – unkompliziert

quick and dirty – provisorisch

rough and tumble – wild, heftig (auch Schlägerei)

(to be) sick and tired (of) – die Nase voll haben von …

signed and sealed – unter Dach und Fach

soft and cuddly – kuschelig

spick and span – blitzblank

tried and tested – bewährt

up and down – durchwachsen

up and about – munter

up and coming – aufstrebend

Sehr nützlich sind übrigens auch zwei unvollständige Wortpaare. Sie funktionieren genauso wie im Deutschen:

... and whathaveyou – ... und dergleichen mehr

... and whatnot – ... und was weiß denn ich!

The tale of Mr Black and Mrs Bag
Im Büro

*Kann es sein, dass wir gelegentlich die »Trottel-Olympiade«
der Monty Python nachspielen? Yes, it can! Auf jeden Fall ist es
verblüffend, wie oft wir zu tollpatschiger Höchstform auflau-
fen, wenn wir gezwungen sind, Englisch zu sprechen – meistens mit den lieben Kollegen.*

Was würden Sie machen? Sie sind englischsprachiger
Chef eines deutschen Unternehmens und zwei Mitarbei-
ter stellen sich per Handschlag und mit den Worten vor:
»Hallo, ich bin Herr Black.«
»Und ich bin Frau Bag.«
Sie würden wohl ein wenig staunen. Das jedenfalls tat
der englische Geschäftsführer einer strauchelnden deutschen Kaufhauskette – his tenure (*tänn-ja*) as the CEO of
the ailing department store chain ended with the year 2013.
In seinem Kalender waren die beiden als »Herr Schwarz«
und »Frau Tasche« angekündigt worden, nicht als »Mr
Black« und »Mrs Bag«. Also bat er sie, ihre Namen noch
einmal zu wiederholen – excuse me! Oder: »Say it again –
wie bitte?« Vielleicht hatte er sich verhört. Ohne ein Augenzwinkern wiederholten die beiden jedoch genau dasselbe. Der Geschäftsführer war sich sicher: Hier stimmt
was nicht. Entweder spinne ich. Oder die spinnen!
Tatsächlich hatte er es mit zwei Angestellten zu tun, die
ihre Nachnamen ins Englische übersetzt hatten. Sinngemäß erklärten sie, dass sie es ihm damit leichter machen

wollten, schließlich sei er Engländer und spreche nicht so gut Deutsch. Der Geschäftsführer war verblüfft und wähnte sich in einer Episode der Monty Python – he was flabbergasted when, in the heart of Germany, two German employees introduced themselves with fancy English family names.

Sicherlich ereignet sich nicht jeden Tag eine so rätselhafte Geschichte. Trotzdem ist sie ein schönes Beispiel für den unberechenbaren englischsprachigen Unsinn, den wir manchmal verzapfen, wenn wir unter Kollegen sind, die von uns verlangen Englisch zu sprechen. Heraus kommt oft eine eigenwillige Mischung aus peinlichen Ausrutschern und absichtlicher Provokation – when awkward slips meet deliberate provocation. Es sind Situationen, die auf mich wie das wirken, was wir denglisch »Performances« nennen: kleine Spaßeinlagen, deren Situationskomik sich oft gar nicht beschreiben lässt – it is difficult to describe the comicalness of many of such typically German performances.

Los geht es schon, wenn wir uns ganz harmlos kennenlernen und vor allem wiedersehen. Die Momente der Begegnung sind deshalb etwas kniffelig, da man nur beim allerersten Mal die Formel »nice to meet you« sagt und danach ein Leben lang: »nice to see you«. Wer das nicht weiß und seinen langjährigen Kollegen immerfort mit »nice to meet you« begrüßt oder verabschiedet, wirkt ziemlich vergesslich oder deutet an, dass sein Gegenüber so unauffällig und blass ist, dass man sich einfach nicht erinnern kann. Auf Dauer wirkt das äußerst komisch und sogar arrogant.

Oft straucheln wir auch, wenn wir englische Floskeln zur Begrüßung oder Verabschiedung wörtlich nehmen:

»Take it easy!«
What?
»See you later.«
When?
»Have a good one!«
Who?

Für Irritationen kann der englischsprachige Chef sorgen, wenn er den deutschsprachigen Mitarbeiter ohne böse Absicht auffordert: »Please get the door.« (»Bitte öffnen Sie die Tür und sehen nach, wer dort ist.«) Warum? Weil sich der deutsche Mitarbeiter zuvor sicherheitshalber auf die gnadenlose angelsächsische Arbeitswelt vorbereitet und für seinen plötzlichen Rausschmiss Vokabeln gelernt hat: »I get the gate«, »I get the boot«, »I get the axe«. Hat der Chef vielleicht gerade dasselbe gemeint? Mit Sicherheit hätte er es dann anders formuliert, zum Beispiel: »Consider yourself dismissed – betrachten Sie sich als gekündigt!« Sollte das wirklich mal passieren, dürfen Sie wiederum auf keinen Fall zu Hause berichten: »I got the chair.« Denn dieser Stuhl ist noch schlimmer, weil er elektrisch und damit ihr letzter wäre!

Immer wieder kommt es auch dazu, dass wir unnütz herumstehen und Zeit totschlagen müssen, bloß weil wir die Verabredung mit einem Kollegen nicht richtig verstanden haben, der sich doch um halb zehn treffen wollte, oder nicht? The colleague was suggesting a meeting at »half ten«. Mal abgesehen davon, dass unklar bleibt, ob er abends oder morgens meint, sagt er damit allerdings

»halb elf«. Denn während »halb zehn« bei uns bedeutet, dass 30 Minuten der zehnten Stunde aufgebraucht sind, ist im Englischen die Formulierung »half past ten«, die ich noch in der Schule gelernt habe, zu »half ten« geschrumpft.

Neben solchen kleineren Missverständnissen und Patzern geben wir auch immer wieder Sätze von uns, die nicht einmal auf die toleranteste englischsprachige Kuhhaut gehen – there are gaffes that are absolutely staggering. Es sind die Momente, in denen es im Erdboden schöner ist, weil man (unfreiwillig) zum Gespött der Firma wird – you become the scorn of the shop.

Dazu kommt es zum Beispiel, wenn Sie anfangen kleine Spitzen zu verteilen, die Sie selbst gar nicht verstehen. Aber alle anderen! Sie wollen zum Beispiel ihrem Chef danken, dass er sich Zeit genommen hat und sagen: »Thank you, Andrew, for taking your time.« Dafür hätten Sie allerdings sagen müssen: »Thank you, Andrew, for taking the time.« Tatsächlich sagen Sie ihm: »Danke, dass du dir so viel deiner Zeit genommen und sie uns damit gestohlen hast. Du Lahmarsch!« Solche Momente wirken dann beinahe wie die berühmte Szene im Film »Das Leben des Brian«, als Brian gesagt wird: »Setz dich. Nimm dir'n Keks. Mach es dir schön bequem. Du Arsch!« Bloß, dass das Zitat in der englischen Originalfassung nicht auf »Du Arsch«, sondern auf das jiddische Wort »klutz« und damit auf »Du Volltrottel« endet: »Sit down. Have a scone. Make yourself at home. You klutz!«

Besonders heikel sind (wie immer) unfreiwillige Anzüglichkeiten – unintentionally saucy comments. Vorsicht ist vor allem im prüden Amerika geboten, wo man uns Deutsche sowieso für ein recht freizügiges Völkchen hält. Wer dort über einen »Nachteil« oder eine »Kehrseite« sprechen möchte, darf dazu niemals »backside« sagen. Das bedeutet schlicht »Po«. Und wer im Büro »Lust« auf irgendetwas hat, sollte »I feel like doing ...« sagen oder als Steigerung auch »I fancy« oder »I desire ...«. Es sollte hingegen tabu bleiben, von »lust« zu sprechen. Und wer in aller Ernsthaftigkeit eine Gehaltszulage verhandeln will, darf auch nicht über eine zu geringe »gratification« klagen, um mehr davon zu fordern, da es nach mangelnder sexueller Befriedigung klingt. Vielmehr thematisiert man »bonus payment«, »additional pay« oder schlicht eine Gehaltserhöhung, in Großbritannien »pay rise« (*päj rai-ß*) genannt und in den USA »pay raise« (*päj räj-ß*).

Viele Patzer entstehen in der Illusion, dass wir uns auf die englischsprachigen Menschen zubewegen müssen, ähnlich vielleicht wie Frau Bag und Herr Black. Um angenehm verbindlich zu klingen, übertragen manche Kollegen hemmungslos lockere deutsche Redewendungen wie »Lass uns Nägel mit Köpfen machen« ins Englische: »Let's make nails with heads.« Danach wundern sie sich, dass sich niemand regt, sondern alle bloß verwirrt gucken.

Ähnliche Reaktionen löste einmal ein Kollege aus, der eine gemeinsame Idee als »salonfähig« bezeichnen wollte und der versammelten Belegschaft erklärte: »Your idea ist perfect for the living-room.« Verwirrender kann es nur noch mit der deutschen Standardfloskel »08/15« werden, die selbstverständlich nicht als »zeroeightfifteen« übersetzt werden kann: Erstens, weil sie niemand versteht. Und zweitens war sie mal die Marke eines deutschen Maschinengewehrs, und man will ja nicht unfreiwillig den Krieg erwähnen!

Doch wer behauptet heute nicht, »fluent English« zu beherrschen, selbst wenn der Lebenslauf von oben bis unten holprig übersetzt ist? Apropos Lebenslauf: Was mir in Hunderten von sogenannten »CVs« (in den USA spricht man oft auch von »résumés«) aufgefallen ist: Deutschsprachige Kandidaten setzen das Unwichtigste in ihrem Leben gerne an den Anfang – they begin with their least relevant positions – zum Beispiel die Station der Grundschule! (Falls Sie darauf Wert legen: Sie wird in den USA mit »grammar school« und in Großbritannien mit »primary school« übersetzt.) Dasselbe gilt für bedeutungslose Praktika – insignificant internships. Damit erwecken sie leider immer wieder den Eindruck, dass ihnen ihre aktuelle Aufgabe nicht so viel Spaß macht. Sie findet nicht selten auf Seite drei oder vier Erwähnung.

Nach vielen Jahren als Zuschauer und gelegentlich auch als Darsteller tollpatschiger Performances würde ich sagen, dass drei Arten von Patzern unserem sprachlichen Fluss und vor allem unserer makellosen Erscheinung im Weg sind. Das Gute: Mehr sind es nicht. Das Schlechte: Sie kommen selten allein!

1. Der »Filmriss«: Im Englischen würde man dazu »blackout« sagen, was im Wörterbuch als »temporary loss of consciousness«, also als »vorübergehender Verlust des Bewusstseins« beschrieben wird. Es sind die Momente, in denen wir ein Wort nicht kennen oder erinnern, ins Stocken geraten, verzweifelt unseren Vokabelspeicher abtas-

ten und uns doch nur im Kreis drehen. Es ist ein Zustand, der uns schließlich zwingt zu schweigen – in the end, we go blank! Für jeden, der Englisch fließend spricht, gleicht der Moment einem Aufprall – it's a language crash. Ein netter Kollege beim *Spiegel* beichtete mir ein Beispiel: Er wollte einem australischen Kollegen am Telefon seine E-Mail-Adresse diktieren, wusste aber nicht, dass der Unterstrich im Englischen »underscore« heißt. Also legte er rasch auf, schaute schnell nach und schob später alles auf die Technik. (Also eine Notlüge – a white lie: »Die Verbindung war plötzlich weg – we were cut off!«)

2. Der »Stuss«: Er ist so nutzlos wie die rote Teekanne auf diesem Buch. Im Englischen können Sie dazu »humbug« sagen. Der amerikanische Moralphilosoph Harry G. Frankfurt nennt in seinem lesenswerten Essay »On Bullshit« noch andere Begriffe: »balderdash«, »claptrap«, »hokum«, »drivel«, »buncombe«, »imposture«, »quackery«. Das alles beginnt dort, wo wir mit Gewalt deutsche Redewendungen wie »die Kirche im Dorf lassen« oder »in Teufels Küche kommen« ins Englische übersetzen. Außerdem wird Ihre rhetorische Integrität durch Scheinanglizismen und Denglisch-Floskeln bedroht. Zum Beispiel, wenn Sie von »invest« schwafeln, was es nicht gibt. Man sagt ganz einfach »investment«. Gefährlich sind falsche Freunde, also leichtsinnige Übersetzungen wie »concurrence« anstatt »competition«. Besonders dämliche Missverständnisse erzeugen irreführende Metaphern wie »out of the box« (Standardideen) anstatt »outside the box« (neue Ideen) oder »hitlist« (»Abschussliste«) anstatt »bestseller list«, »chart«, »ranking« oder »favourites« (oder »favorites« in den USA). Auch ich habe eine Narrenkappe verdient, weil ich »the beamer in the conference room« suchte, bis ich aufgeklärt wurde, dass ich wohl den »projector« meine. »Beamer« (oder »beemer«) ist in den USA

ein Ausdruck für den BMW. (Lesen Sie mehr über sogenannte Scheinanglizismen im Kapitel »Der deutsche
Spleen«).

3. Der »Höllenritt«: Es sind die Momente, in denen wir fest-
stellen, dass unser Speicher völlig überladen ist mit Wissen, Halbwissen und Unwissen, ganz zu schweigen von
englischen Vokabeln und schicken deutschen Redewendungen, die uns zu Hause immer helfen, das Halb- und
Unwissen zu überspielen. Dazu noch einmal der Philosoph Harry Frankfurt. Er fragte: »Why is there so much
bullshit?« Und er kommt zu einer Antwort: »Bullshit is
unavoidable whenever circumstances require someone
to talk without knowing what he is talking about. Thus,
the production of bullshit is stimulated whenever a person's obligations or opportunities to speak about some
topic exceed his knowledge of the facts that are relevant
to that topic.« Lassen Sie sich also nie auf Themen ein,
von denen Sie wenig oder nichts verstehen! Sonst geraten Sie tatsächlich schnell in Teufels Küche – otherwise
you'll get into hot water or end up in a hell of a mess. Und
für diesen Ritt in die Hölle des Fehlerteufels gibt es keinen Rückfahrschein!

Ich kenne drei todsichere Routen für den Ritt in Teufels
Küche:

1. Von uns verhunzte und damit unverständliche englische
Redewendungen: »Don't pull my arm« anstatt »don't
pull my leg«. (»Verarsch mich nicht!«) Oder: »Don't twist
my leg« anstatt »don't twist my arm«. (»Dräng mich
nicht!«)

2. Von uns verhunzte deutsche Redewendungen, wörtlich übersetzt: »You cannot steal horses with him« oder

»you can eat cherries with him«. Anstatt: »Mit ihm kann man Pferde stehlen« und »mit ihm ist nicht gut Kirschen essen«.

3. Gängige deutsche Redewendung, wörtlich übersetzt: »This was a grip in the loo.«

Das vielleicht schönste Beispiel für die Fahrt zur Hölle finden Sie auf diesem Buch: Es ist das Ergebnis einer geradezu teuflischen Pirouette. Im Deutschen sagt man: »Der Teufel steckt im Detail« und im Englischen »the devil is in the details«. Doch was ich immer wieder höre, ist die doppeldeutige Variante »The devil lies in the detail«. Wer nun glaubt, der Teufel liege, erweckt zugleich den Eindruck, dass er ebenso lüge. Und auch das mag zutreffen! Wie leicht es sein kann, einen feststehenden deutschen Spruch wie »die Kirche im Dorf lassen« ins Englische zu übersetzen, hat das renommierte amerikanische Magazin *The New Yorker* neulich vorgemacht. Es zitierte Gerhard Schröder mit seinem legendären Ausspruch nach der Bundestagswahl 2005: »I will continue to be Chancellor. Do you really believe that my party would take up an offer from Merkel to talk when she says she would like to become Chancellor? I think we should leave the church in the village.« Die Übersetzung, die der Journalist George Packer für den Satz lieferte, war bestechend: »Quit dreaming.«

Und was nun die Geschichte von Herrn Schwarz und Frau Tasche betrifft, gibt es zwei mögliche Enden: Entweder waren die beiden wirklich bloß ein bisschen trottelig. Oder sie wollten ihren Chef zum Trottel machen. Schließlich war er jener Andrew Jennings, den der »Verein Deut-

sche Sprache« zum »Sprachpanscher des Jahres 2012«
erklärt hatte. Unter Jennings Führung habe das Not lei-
dende deutsche Unternehmen Karstadt mit zu vielen Anglizismen gegenüber den Kunden kommuniziert. »Wir
schlagen ungern einen toten Hund, aber leider erkennt
man eine deutsche Pleitefirma sehr oft daran, dass sie mit
ihren Kunden englisch spricht«, lautete die Begründung
des Vereins.

Vielleicht denken Sie, was ich denke: So pauschal kann
man das Problem wohl nur sehen, wenn man ein Verein ist, der sich pauschal gegen die Überfremdung der
deutschen Sprache wendet. Und möglicherweise hat dieser Verein Herrn Schwarz und Frau Tasche angestiftet.
Wer weiß das schon, bei all dem Unsinn, den wir uns im
englischsprachigen Arbeitsalltag einfallen lassen. Auf jeden Fall sind wir dabei furchtbar unberechenbar. Im Englischen nennt man diese Eigenschaft übrigens »loose can-
non«.

Im Vintage liegt die Wahrheit
Alte Wörter, neue Schätze

Es gibt ein Englisch, das gibt's gar nicht mehr! Wenn es die Eltern sprechen, kichern die Kinder. Dabei gleichen die Worte alten Möbeln: Die einen sind oller Schrott, die anderen bezaubernde Sammlerstücke. Sichern Sie sich noch schnell die schönsten, bevor Sie dieses Buch zur Seite legen.

Vielleicht erinnern Sie sich an die Zeit, als Mikrofone noch Kabel hatten – a time when microphones weren't yet wireless. Ich habe neulich einen Film aus dieser Zeit gesehen: Er zeigte Diana Ross, die in hypnotisierenden Diskoklamotten hinreißend sang und gleichzeitig mit dem Kabel kämpfte – she performed like a queen while she was busy with the cable.

So oder so ähnlich stelle ich mir Wörter vor, die wir vergessen haben. Mal sind sie mega-schick – »swagger« – und so cool – »groovy« – wie Diana Ross! Und mal sind sie so unpraktisch wie ein altes Mikrofon – steam-powered or even from the stone-age. Einige Wörter wollen wir unbedingt wiederhaben. Und andere braucht kein Mensch, weil sie verstaubt, verbraucht und altbacken sind. So wie die Witze alter Männer – for they are old-hat and played out like the »hoary« jokes of Fleet Street editors. In der Fleet Street entstanden mal die größten Zeitungen Londons. Die Journalisten – the hacks – sind in Rente. Ihre Witze sind es auch. Wie sagten Engländer früher? Toodle-pip – und tschüss!

Im Englischen wie im Deutschen kennen wir viele so genannte »archaic words« und »dated terms«. Als Diana Ross auch bei uns gefeiert wurde, galten junge Frauen noch als »kesse Bienen« oder »heiße Feger«. Damals sprach man im Englischen von »foxy ladies«. Doch all diese Formulierungen wirken heute wie schlechte Witze. Sie funktionieren nur noch ironisch. Und was ist mit den »birds«? So nannte Fotograf Thomas die Mädchen, die ihn umgaben wie die Motten das Licht – like bees round a honeypot. Er war die Hauptfigur in Michelangelo Antonionis Film »Blow up« im London der »Swinging Sixties« und er wirkte frisch und cool. As if he had just stepped out of the bandbox – als wäre er aus einer Hutschachtel gesprungen! Eine alte Formulierung, die mir wieder gefällt.

Nun sind es gerade die Fernsehserien und Kinofilme, die manchen Wörter zur Wiedergeburt verhelfen. Zum Beispiel Matthew Weiners Serie »Mad Men« mit ihren Geschichten von den Verrückten in den New Yorker Werbeagenturen der Sechzigerjahre. Damals war es modisch »swell« zu sagen. Es bedeutete »toll«, »prima«, »bombig« oder »dufte«. Doch es kam aus der Mode. So wie auch »wizard«, das die Briten immer sagten, wenn sie von etwas begeistert waren: »how abolutely wizard!« Wer es in der Zwischenzeit benutzte, wirkte wie ein alter, schlecht angezogener Kauz aus einer anderen Zeit – it would have made you come across like some old fogey in a tacky and »unseasonable« dress from a different time. Bis Peter Campbell auftauchte, einer der Verrückten. Er ist ein Schnösel (»a city swell«) im bombigen Vintage-Look der

Serie. Und er ist für mich »Mr. Swell«, der alles Mögliche wieder »dufte« finden darf, die Partys und vor allem die Frauen, die nicht seine eigenen sind: the »natty babies« in the office. Heiße Männer und Frauen heißen heutzutage übrigens »hotties«. Mal abwarten, wie lange noch.

Jeder hat ein paar zopfige Lieblingswörter. Im Deutschen mag ich zum Beispiel »Hagestolz«, »Schneckenpost« oder das Verb »kabeln«: Ja, ja, ich kable Ihnen gleich diesen Text! Obwohl sie altmodisch sind, treffen diese Begriffe weiterhin einen Nerv – although they are »fuddy-duddy« they still strike a chord. Natürlich ist es immer auch Geschmacksache. So wie mit den »Platten«, die manche noch gerne auflegen, während sie die anderen furchtbar überkommen finden. Und wieder andere entdecken sie gerade erst neu!

Das führt mich noch einmal zu »groovy«. Direkt übersetzt bedeutet es »rillig«. Denn »groove« ist neben vielen anderen Spuren, Kerben und Furchen auch die Rille einer Schallplatte. Im Deutschen oder besser im Denglischen der Sechziger- und Siebzigerjahre war es angesagt »rillig« zu sein. Heute hört man das oft wieder: »Ich bin so groovy.« Und es klingt gut! Dagegen wirkt das Wort »groggy« schal. Das war man früher, wenn man zu viel gearbeitet hatte. Oder zu lange getanzt. Deutschsprachige Jugendliche nannten Tanzen damals auch unheimlich gerne »schwofen« – they went for a bop or they just went bopping. Und sie »pooften« bei Freunden – they crashed at their friends' places, Americans say: they slept over. Zwei unschöne Wörter, die wohl niemand vermisst!

Der neuseeländische Linguist Eric Partridge veröffentlichte 1940 in London ein Buch, das er »Wörterbuch der Floskeln« nannte: »A Dictionary of Clichés«. Darin erklärte er, wann das Haltbarkeitsdatum von Wörtern und Formulierungen abläuft. Zum Beispiel, wenn Begriffe ihren technischen Sinn verlieren. Obwohl die legendäre Frage aus dem Musical »Linie 1« natürlich weiterhin einen Reiz hat: »Haste mal 'ne Mark?« Ohne Zweifel ist die Währung Geschichte, aber gebettelt wird ja trotzdem: leider mehr denn je! Partridge schrieb auch über Worte und Redensarten, die nicht mehr dem Zeitgeist und dem gesellschaftlichen Verständnis entsprechen. Im Englischen zum Beispiel das militärische »cadet« als Name für den jüngsten Sohn einer Familie, das »Nesthäkchen«. Ein witziges Beispiel für den Wandel von Bedeutungen liefert Betty Ford, die Gattin eines früheren US-Präsidenten. Unter ihrem Namen versteht niemand mehr eine First Lady, sondern den Aufenthalt in einer Klinik, die nach ihr benannt wurde, einer sogenannten »rehab«. »He is at Betty Ford« bedeutet heute: Er ist auf Entzug.

Auch wenn ich mich in diesem Buch hauptsächlich mit Missverständnissen beschäftigt habe, die entstehen, wenn wir Sprachgrenzen überqueren, dürfen wir nicht vergessen, dass ganz ähnliche Grenzen mitten durch unsere eigene Sprache verlaufen. Es sind die Grenzen der Generationen. Sie können auch für jede Menge Missverständnisse sorgen. Fiona McPherson, Chefredakteurin des »Oxford English Dictionary« hat dazu einen treffenden Satz formuliert – a trenchant explanation: »One person's centuries-old tradition becomes another's incomprehensible slang.« Oder anders herum.

Ich denke zum Beispiel an das Wörtchen »code«. Für unsere Eltern waren es Prinzipien und Regeln (der Moralkodex) oder ein Zeichensystem (der Morse-Code) – a system of principles (moral) or of signals for communication (morse). Im heutigen Sprachverständnis wird der »Code« von Menschen für Maschinen programmiert. Auch das Zwitschern der Vögel hat seine Bedeutung verändert – the tweeting of birds (and girls): today it's any message on the social network »Twitter«. Für die Eltern und Großeltern bedeutete das Verb »to swipe« einmal »stehlen«. Heute wird damit bezahlt: »Please swipe your card – bitte ziehen Sie Ihre Karte durch das Gerät.« Oder der Rand eines Gebäcks: Früher war ein »muffin top« aus Teig, für die Jugend von heute ist es die Schwarte über dem Hosenbund.

Übrigens faszinieren manche altmodische Wörter besonders dadurch, dass sie zwischendurch völlig in Vergessenheit geraten waren, aber auf einmal wieder eine große Aktualität besitzen. Zum Beispiel die »grassroot democracy« des 17. und 18. Jahrhunderts! Andererseits wäre eine »Boston Marriage« in Zeiten von »LGBT« schlicht »L«. Das bedeutet im sogenannten »Queer Baukasten« von heute »lesbian«, und genau das waren Frauen, die im 18. und 19. Jahrhundert (zumeist in Boston) zusammenlebten. Und apropos »queer«: Das Wort bedeutete früher nicht »homosexuell«, sondern »sonderbar«, »seltsam« und »verdächtig«. Auch hat das Wort »gay« seine Bedeutung gewandelt: Früher bedeutete es »fröhlich«, »heiter«, »ausschweifend« oder »bunt«. Später wurde es zu »halbseiden« und mittlerweile wird es allgemein als »schwul« verstanden. Allerdings versteht es sich von selbst, dass weiterhin mit den alten Bedeutungen dieser Begriffe gespielt und provoziert wird.

Dazu passt auch das Wort »loose«, das uns heute nicht mehr in seiner alten Bedeutung geläufig ist. 1945 wurde im Handbuch für britische Soldaten in Deutschland gewarnt: »Avoid loose talk and loose conduct.« Es stammt aus einer Zeit, als es bei uns noch »die Sitte« gab, und es lässt sich wohl am besten mit »ungezügelt«, »ausschweifend« oder »liederlich« übersetzen. Und selbstverständlich mit »anzüglich« und »anstößig«. Die Regel für die Soldaten lautete also: »Führen Sie keine Gespräche über Sex und haben Sie auch keinen!«

Wenn Sie Missverständnisse dieser Art vermeiden wollen, benutzen Sie einfach alte Begriffe, die unzweideutig sind. Hauptsache, sie sind »vintage«! Dieses Wort, das früher nur für den Jahrgang eines Weins oder etwas anderes Erlesenes stand, ist heutzutage in aller Munde für schöne und elegante Gegenstände: eine »Anglepoise«-Lampe des Briten George Carwardine, ein Stuhl des Deutschen Egon Eiermann oder ein Holztisch des Amerikaners Charles Eames. Und wenn Sie einmal kurz darüber nachdenken: »Vintage« für sich genommen ist die perfekte Wiedergeburt eines gut gelagerten englischen Wortes!

Zum Abschluss habe ich einige der schönsten englischen Vintage-Vokabeln gesammelt und in einer kleinen Liste für Sie zusammengestellt.

afar	in der Ferne
bats	behämmert, bekloppt
catchpenny	ein »zugkräftiges« und »publikumswirksames« Wort in Zeiten, in denen alle über Marketing und virale Werbekampagnen sprechen: What a catchpenny commercial that is – was für eine ansprechende Werbung
gamesome	verspielt und munter
ill off	ein altes Wort für »knapp bei Kasse«. Wieder hochaktuell in Zeiten, in denen wir über den Mindestlohn diskutieren – as we are discussing the minimum wage
to lollygag	sich die Zeit vertreiben und sogar schmusen
ripping yarn	eine mitreißende Geschichte, die früher wörtlich übersetzt ein »zerreißendes Garn« war. Auch wir kennen das »Seemannsgarn«. Und das ist oft besser als die Wirklichkeit.
rum|rummy	merkwürdig, seltsam, komisch
swell|wizard	bombig, spitze, prima
United Statesman	eine Abwechslung zu »US citizen«
wont	gibt es als Hauptwort: It was her wont to drink a coffee at 1 o'clock.« Oder als Adjektiv: »She was wont to drink ...« Ausdruck für eine Gepflogenheit, deren Wortursprung sich auch im deutschen Wort »gewohnt« wiederfindet. Machen Sie es sich ruhig wieder zur Gewohnheit!

Sehr viel mehr alte englische Begriffe und Formulierungen finden Sie auch bei Wikipedia unter »English dated terms«.

Afterword
Schlussgedanken

Liebe Leser, als Sie dieses Buch zum ersten Mal in den Händen hielten, ist Ihnen bestimmt die rote englische Teekanne ins Auge gesprungen, die die Titelseite schmückt. Meine Kinder waren sich einig: »Die ist kaputt!« Für mich ist sie zum Symbol für den Unsinn geworden, den wir allzu oft in der englischen Sprache fabrizieren – the teapot with the spout pointing downwards is the perfect symbol for what I like to call: »English made in Germany«.

Bestimmt kennen Sie die Momente und das Gefühl dazu: Wenn uns der englische Fehlerteufel im Nacken sitzt und sich ins Fäustchen lacht, während wir wieder einmal grübeln. Zum Beispiel über diesen verflixten roten Teepott. Wie sagt man denn bloß »Ausguss« im Englischen? Wie bitte, »spout«? Nie gehört!

Dabei bin ich mir bewusst, dass unsere Englischkenntnisse nie besser waren als heute. Wir waren auch nie ehrgeiziger. Schließlich ist Englisch nicht irgendeine Fremdsprache, die man freiwillig lernt oder es einfach bleiben lässt. Sie ist längst ein fester Bestandteil unseres alltäglichen Lebens, im Beruf genauso wie privat.

In der Welt, in der ich mich bewege, dient Englisch wie selbstverständlich der Kommunikation. Ich spreche und schreibe es jeden Tag mindestens eine Stunde und meistens mehr. Ich nehme an, dass das nicht viele machen. Aber ich betrachte mich trotzdem nicht als außergewöhnlich im Sinn von sonderbar und weltfremd, sondern nur als extrem. Mein Vorteil ist meine Praxis. Dass man heutzutage, mitten im Leben stehend, ohne Englisch auskommen könnte, das kann ich mir nicht vorstellen. Ich glaube, dass es diesen Fall einfach nicht mehr gibt.

Hans-Dietrich Genscher, ein äußerst reise- und spracherfahrener Deutscher, hat einmal gesagt: »Ich habe dasselbe Verhältnis zu Englisch wie zu meiner Frau: Ich liebe es, aber ich beherrsche es nicht.« Ich gehe sogar noch weiter: Englisch ist für uns längst wie eine Muttersprache. Doch bedauerlicherweise für die meisten ohne Mutter! Oder Vater. Es ist deshalb eine verkappte Muttersprache. Dieser Zustand fördert Patzer, passive und aktive. In vielen Fällen verstellen sie die Aussage nicht und bleiben deshalb ohne Folgen. Doch immer wieder sorgen sie auch für Missverständnisse, die uns lächerlich machen oder sogar ernste Konsequenzen mit sich bringen.

Ich will mich hier nicht mit bildungspolitischen Vorschlägen aus dem Fenster lehnen. Dennoch sehe ich als Fazit meiner Beobachtungen, Erfahrungen und Beschreibungen keine Alternative: Englisch muss für uns alle selbstverständlich werden! Jede Schule sollte sichere Sprecher beschäftigen, die unseren Kindern erklären, wie schön und vielseitig, wie klar und wandlungsfähig, wie direkt und einfach Englisch sein kann. Und wie knifflig es zugleich immer ist. Außerdem halte ich es für unerlässlich, dass alle Jugendlichen in denselben Genuss kommen wie ich und Erfahrungen im englischsprachigen Ausland sammeln, ganz gleich wie viel Geld ihre Eltern besitzen.

Dass ich selbst ohne den Hintergrund eines Lehrers oder Linguisten, Bildungspolitikers, Sprachpflegers oder vielleicht Sprecherziehers auf die Idee kam, zunächst die SPIEGEL ONLINE-Kolumne »Fluent English« und dann auch dieses Buch zu schreiben, verdanke ich unzähligen Situationen und vor allem Menschen. Oft beschreibe ich meine eigenen Erlebnisse. Schließlich habe ich in mehr als zwei Jahrzehnten zwischen der deutsch- und der englischsprachigen Welt selbst viele Missverständnisse erzeugt. Zugleich habe ich noch viel mehr gehört und gelesen, die anderen passierten.

Ich danke deshalb jedem, der meinen Unsinn ertragen hat, so wie ich all jenen danke, die mich unwissentlich oder wissentlich mit Munition für dieses Buch ausgestattet haben. Namentlich sind es: Andrea Whittaker, Richard Edgar, Brit Felmberg, George Weidenfeld, Patrick Smith, Daryl Lindsey, Charles Hawley, Thomas Kielinger, Harry Mount, Regine und Charles Aldington, John F. Jungclaussen, Quentin Peel, Robert Lane Greene, Philip Oltermann, James Shotter, Denis MacShane, Hans Kundnani, Michael Hecker, Alexander Rodert, Hans-Peter Siebenhaar, Rowan Barrett, Vassilios Theodossiou, Gunda Lepthien und Axel Erhard.

Tobias Gostomzyk danke ich für seinen Rat. Und vielen Lesern danke ich für die Anregungen, die sie mir geschrieben haben. Auch möchte ich den lieben Kollegen beim SPIEGEL und SPIEGEL ONLINE danken: allen voran Rüdiger Ditz, Jochen Leffers, Markus Verbeet, Angelika Mette, Matthias Kaufmann und dem Team vom KARRIERE SPIEGEL.

Dankbar bin ich auch für die sagenhafte Infrastruktur, die ich für meine Recherche nutzen durfte und die a) unvorstellbar gewesen wäre, als ich vor 30 Jahren begann Englisch zu lernen oder b) heute noch unvorstellbar ist. Unter a) fallen vor allem Wikipedia, Wiktionary und YouTube sowie die digitalen Nachschlagewerke der Oxford University Press (www.oxforddictionaries.com), der Encyclopædia Britannica (www.britannica.com, www.merriam-webster.com), www.dict.cc, www.leo.org, www.urbandictionary.com oder www.genius.com. Unter b) fallen die traumhaft schönen Schreiborte, die mir zur Verfügung gestellt wurden: vom King's College in Cambridge und von Airbnb in den USA.

Ein außergewöhnlicher Dank gilt dem Zufall. Denn er hat dafür gesorgt, dass ich in Berlin-Schöneberg in derselben Straße wohne, in der Werner Lansburgh von 1919 bis 1933 lebte. Seine herrlichen deutsch-englischen Bücher (»Dear Doosie«) haben mich sehr amüsiert und inspiriert und darüber hinaus ermutigt, zweisprachig zu schreiben.

Mein größter Dank geht an meine Familie, die sehr viel Geduld mit mir bewiesen hat: Anton, Johanna und Frederick. Und vor allem meine liebe Anke, der ich für viele Ideen und Hinweise und für die erforderliche Kraft und Freiheit danke, dieses Buch schreiben zu können.

Die i-Pünktchen auf der »Motivation«, das Werk zum Abschluss zu bringen, verdanke ich zu guter Letzt meiner Lektorin Stephanie Kratz bei Kiepenheuer & Witsch in Köln. Ohne sie würden Sie, liebe Leser, das Buch heute gar nicht in den Händen halten. Dann hätten Sie keine Vorstellung davon, was eine kaputte rote Teekanne alles bedeuten kann.

Testen Sie Ihr Wissen!

Heiteres und Wissenswertes

Jochen Leffers. Kollegen sind
die Pest. Das Lästerlexikon.
Taschenbuch. Verfügbar auch
als eBook

Stefan Schultz. »Wer lacht, hat
noch Reserven«. Die schönsten
Chefweisheiten. Taschenbuch.
Verfügbar auch als eBook

Helene Endres/Klaus Werle.
Können Sie Chef? Der große
Test vom manager magazin.
Taschenbuch.

Tom König. Ich bin ein Kunde,
holt mich hier raus. Irrwitziges
aus der Servicewelt. Taschenbuch. Verfügbar auch als eBook

Zum Lesen, Lachen und Nachschlagen

Bastian Sick. Der Dativ ist ... Folge 1.
Taschenbuch. Verfügbar auch
als eBook

Bastian Sick. Der Dativ ist ... Folge 2.
Taschenbuch. Verfügbar auch
als eBook

Bastian Sick. Der Dativ ist ... Folge 3.
Taschenbuch. Verfügbar auch
als eBook

Bastian Sick. Der Dativ ist ... Folge 4.
Taschenbuch. Verfügbar auch
als eBook

Bastian Sick. Der Dativ ist ... Folge 5.
Taschenbuch. Verfügbar auch
als eBook

Witzig und unterhaltsam – Bastian Sicks Sprachkolumne begeisterte bereits Millionen Leser und
zeigt immer wieder: Man lernt nie aus!

Leseproben und mehr unter www.kiwi-verlag.de

Christian Rickens. Das Glühbirnenkomplott. Die spektakulärsten Verschwörungstheorien – und was an ihnen dran ist. Taschenbuch. Verfügbar auch als EBook

Warum Glühbirnen nach 1.000 Stunden verlöschen – und durch Energiesparlampen ersetzt werden. Wie Porsche mit Manta-Witzen die Opel-Konkurrenz fertig machte. Und wer hinter alldem steckt. Die Reporter von SPIEGEL ONLINE haben die spannendsten und kuriosesten dieser Theorien zusammengetragen. Eine heiter-gruselige Lektüre, immer verbunden mit der beklemmenden Frage: Und wenn es jetzt doch wahr wäre?